本书为国家自然科学基金项目"重大工程牵动基础研究的理论模型
（71603254）成果

重大工程牵引基础研究

理论模型与关键机制

张志会◎著

Major Engineering Projects Stimulating Basic Research

Theoretical Models and Dynamic Mechanisms

科学出版社

北 京

内 容 简 介

重大工程建设是提升国家科技实力的重要手段，可为发展基础研究和提高原始创新能力提供契机。本书将重大工程视作科学知识生产的场所之一，基于当代知识生产模式的现代转型，探索国家重大工程对基础研究的牵引作用。基于档案查阅、文献梳理、案例研究、实地调研和专家访谈等研究方法，本书以三峡工程、"东方红"人造卫星工程、深空探测工程、量子科学实验卫星工程、爆轰驱动激波风洞工程、500米口径球面射电望远镜（FAST）工程等不同工程类型的案例研究为切入点，建立"重大工程—基础研究"系统模型，并与经验案例相互验证，对原有理论假设进行修正，提炼出重大工程牵引基础研究的三大机制，并就未来发展提出政策建议。

本书可供工程科技管理人员、从事应用基础研究的科研人员与项目评估者、管理学和工程学专业的本科生及研究生，以及对重大工程和基础研究领域感兴趣的读者阅读参考。

图书在版编目（CIP）数据

重大工程牵引基础研究：理论模型与关键机制 / 张志会著. —北京：科学出版社，2023.5
ISBN 978-7-03-074953-6

I. ①重… II. ①张… III. ①重大建设项目–研究–中国 IV. ①F282

中国国家版本馆CIP数据核字（2023）第031995号

责任编辑：邹 聪 高雅琪 / 责任校对：韩 杨
责任印制：徐晓晨 / 封面设计：有道文化

科学出版社 出版
北京东黄城根北街16号
邮政编码：100717
http://www.sciencep.com

北京建宏印刷有限公司 印刷
科学出版社发行 各地新华书店经销
*
2023年5月第 一 版 开本：720×1000 1/16
2023年5月第一次印刷 印张：16 1/2
字数：320 000
定价：128.00元
（如有印装质量问题，我社负责调换）

前　　言

工程是直接和现实的生产力。[①]国家重大工程，一般是指那些由国家层面组织实施的前期科研时间动辄长达十余年至数十年，建设规模巨大，投入资金动辄数亿元乃至上百亿元的超级工程。国家重大工程往往被视作国家整体实力的重要组成部分。

中国重大工程建设是独立自主地发展起来的，其本身就是一部不断自主创新、实现科技自立自强的历史。中国重大工程建设自20世纪50年代开始起步，经过70余年的发展，在水利、航天、铁路、空间探测、信息与通信工程等诸多领域已经取得了举世瞩目的成就。中国始终将自主创新作为这些国家重大工程持续发展的战略基点。

21世纪以来，中国开展了史无前例的重大工程建设，目前正在实施的一大批重大科技工程，涉及载人航天工程、天文探测工程等不同领域。在这些国家重大工程中，中国通过举国体制，集中全国不同领域的顶尖科技、人才与经济资源，坚持独立自主、自立更生的方针，攻克了一大批工程建设中的关键技术难题，创造了世界工程奇迹。

在2014年国际工程科技大会上，习近平主席指出："未来几十年，新一轮科技革命和产业变革将同人类社会发展形成历史性交汇，工程科技进步和创新将成为推动人类社会发展的重要引擎。"[②]

迄今为止，中国已经当之无愧地成为世界工程大国，正在向着工程强国努力迈进。恰如习近平总书记在中国共产党第二十次全国代表大会中所提到的，中国"建成世界最大的高速铁路网、高速公路网、机场港口、水利、能源、信息等基础设施建设取得重大成就。我们加快推进科技自立自强，全社会研发经费支出从一万亿元增加到二万八千亿元，居世界第二位，研发人员总量居世界首位。基础研究和原始创新不断加强，一些关键核心技术实现突破，战略性新兴产业发展壮大，载人航天、探月探火、深海深地探测、超级计算机、卫星导航、量子信息、核电技术、新能源技术、大飞机

---

① 李伯聪. 2020. 工程科学的对象、内容和意义——工程哲学视野的分析和思考[J]. 工程研究——跨学科视野中的工程，（5）：467.

② 习近平. 2014. 让工程科技造福人类、创造未来——在2014年国际工程科技大会上的主旨演讲[EB/OL]. http://www.gov.cn/xinwen/2014-06/03/content_2692596.htm[2023-02-01].

制造、生物医药等取得重大成果，进入创新型国家行列"①。

国家重大工程也成为牵引基础研究的重要契机。中国的大坝工程、地基天文望远镜和空间科学探测工程这三种工程类型，与国内其他科技行业相比，涉及的基础研究与工程技术范围更广泛，独立自主的程度更高，在国际上的影响力也更大，在世界工程科技领域具有举足轻重的地位。特别是空间科学探测领域，中国在人造卫星、载人航天、月球和深空探测的科学和技术试验等方面接连取得重大科技成就，在基础研究领域也取得了一批世界级的重要成果。

有关中国载人航天工程、三峡工程等国家重大工程的发展经验和科技创新管理研究的著作目前已有不少，这些著作多数从科技管理、工程项目管理的角度，对以往中国大型工程的管理经验进行总结，并与国外同类工程的管理体制进行比较分析，提出提升中国大型工程管理水平的建议。笔者也曾从刘家峡水电站、三峡工程、"墨子号"量子科学实验卫星工程、探月工程等国家重大工程的案例入手，探讨了中国重大工程的发展路径与管理创新。本书则独辟蹊径，以典型水利工程、航天工程与大科学装置的历史发展线索的梳理为基础，对这些典型国家重大工程进行长时间、大跨度的案例深描，结合文献研究、理论分析、案例研究等手段，从多维度对中国重大工程的管理特征进行探究，提炼出国家重大工程牵引基础研究的关键机制，并分析为了巩固与增强这种牵引作用所需的政策工具。

西方学者以往的研究已经意识到重大工程对基础研究的牵引作用，学者们在部分案例研究中也进行过探讨。但是，对重大工程牵引基础研究的途径、特征与政策工具，国际学术界尚未展开深入的研究。而且，作为正在向世界工程强国迈进的发展中国家，中国科技界关于重大工程对基础研究的牵引作用的重要性的认识还很欠缺。其实，重大工程对增强国家创新能力和提升自主创新的作用，不仅仅限于一般意义上的通过技术引进和后续自主研发来实现集成创新和引进消化吸收再创新，还包括原始创新。国家重大工程对于原始创新的意义何在，也正是本书的切入点。全面而深入地研究中国重大工程牵引基础研究的理论模型与关键机制，对建设创新型国家具有重要的示范意义，对国内相关科技管理部门、科研机构、高校和科研团队具有一定的参考与启发意义。

本书主要包括以下内容：第一，概括了国内外学界对重大工程牵引基础研究这一主题的研究现状，并从钱学森的工程科学思想的确立与发展出发，对重大工程牵引基

---

① 习近平. 2022. 高举中国特色社会主义伟大旗帜 为全面建设社会主义现代化国家而团结奋斗——在中国共产党第二十次全国代表大会上的报告[EB/OL]. http://www.gov.cn/xinwen/2022-10-25/content_5721685.htm[2023-01-31].

础研究的作用机制进行了理论溯源，并简述了复杂性理论、多元利益相关者理论、协同创新理论等多维度理论基础。第二，从工程全生命周期的角度，探究以三峡工程为代表的重大建设类工程的相关基础研究的历程与特征。第三，以"东方红一号"人造卫星、中国深空探测、量子科学实验卫星为案例，探究航天工程牵引中国空间科学发展的路径与阶段性特征。第四，以爆轰驱动激波风洞、500米口径球面射电望远镜为例，探究大科学装置牵引基础研究的机制。对开放科学情境下大科学装置开放共享的进展与问题进行分析，并提出改进其开放共享状况的政策建议。对中国牵头组织国际大科学计划和大科学工程的成效与影响、问题与挑战进行分析，提出相关保障机制。第五，总结和提炼重大工程牵引基础研究的关键机制，在分析既有问题的基础上，围绕如何更好地以重大工程为契机来推动基础研究提出政策工具。

　　作为一项开拓性的研究工作，本书中缺点和错误在所难免，切望专家学者和读者们提出批评和建议。

张志会

2022 年 2 月 15 日

目　　录

第一篇　重大工程牵引基础研究的现状与理论基础

这一部分将对国内外学界对"重大工程牵引基础研究"这一核心主题的既有研究现状进行分析，并从钱学森的工程科学思想的确立与发展出发，对重大工程牵引基础研究的作用机制进行理论溯源，并简述复杂性理论、多元利益相关者理论、协同创新理论等多维度理论基础。

第一章　绪　　论

　　基础研究分为很多种，有些是以应用为主的基础研究，有些是以自由探索为主的基础研究，还有以国家重大工程建设、大科学（big science）工程为主的基础研究。针对不同的基础研究，需要不同的驱动模式，才能推进其持续有效发展。以往学术界对于以想象力和对自然的兴趣来驱动的自由探索的基础研究，以及对于以产业需求来推动的应用基础研究已经有了一定的积累和创见。但是如何以重大工程为契机去推动基础研究，是一个亟待深入研究和探索的问题。

　　在复杂的全球政治经济形势下，国家重大工程不仅是国家综合实力和整体科技水平的体现，也是实施创新驱动发展战略的重要契机。21世纪以来，中国开展了一系列大规模工程建设，并正在实施一大批重大高科技工程，如载人航天工程、载人深潜工程等。长期以来，中国运用举国体制，集中全国优势科技、人才和经济资源，自主攻克了一大批工程建设中的关键技术难题，工程科技创新对经济、社会发展的主导作用更加突出。但是，迄今中国尚未成为工程强国，一个重要原因是相对薄弱的科学基础已成为制约工程技术取得突破的瓶颈。国内外实践表明，大规模的工程建设可为提高基础研究和原始创新能力提供重要契机。此处的基础研究主要指应用基础研究，即工程相关的基础科学的研究，这类研究从理论源头到知识应用，都与工程紧密结合。

　　科学、技术和工程是三个既有紧密联系又有本质区别的对象，人们对三者之间关系的认识不断深化。其中比较重要的一点知识生产模式的变化是：19世纪，洪堡（Wilhelm von Humboldt）在柏林大学所开展的改革的核心内容是提倡纯科学研究，并将科学研究当作大学的重要使命，大学由此重新成为科学知识生产的中心。齐曼（John Ziman）认为，19世纪德国大学的这种纯粹科学研究是一种"学院科学"（the academic science），是一种基于个人的、小规模的、非组织化的科学知识生产方式。这种"学院科学"成为美国等许多国家后期发展的主要动力。20世纪中期之后，经济危机的出现和科学技术的发展使得社会更加需要大规模、高投入、复杂化与组织化的大科学研究，简称"有组织的研究"，开展联合协同攻关。特别是以斯坦福大学为代表的创业型大学的发展，使科学研究进入了注重产学研协同创新机制的"后学院科学"时代。

1994 年，以吉本斯（Mrohael Gibbons）为代表的 6 位科学家在他们合著的《知识的新生产》（*The New Production of Knowledge*）一书里对两种截然不同的知识生产模式进行再度区分。第一种知识生产模式（模式 1）被称作"洪堡模式"，这种模式脱离现实问题，基础和应用之间的界限非常明显，后来逐渐变为一种线性的、阶梯性的、僵化的知识生产模式。第二种知识生产模式（模式 2），被称作"后洪堡模式"，主要致力于面向应用的研究与开发，因此，基础与应用之间、理论和实践之间的界限是模糊的。在模式 2 下，知识生产可以同时在大学、公共机构、研究中心和工业实验室进行，认为知识在基础研究与应用研究、理论研究与工程研究之间往返流动（项杨雪，2016）。模式 2 作为一种新的知识生产模式已成为当今科学研究的主导潮流。学者们积极探索建立基于大学的研究中心或学会、创业型大学、大学科技园等，为促进知识在大学和产业之间转移提供了制度支撑。

在 20 世纪 50 年代提出的布什线性模型后，1997 年斯托克斯（Donald Stokes）提出的巴斯德象限模型（Stokes，1997）作为非线性模型，更好地反映了基础研究与应用研究、科学研究与技术开发间的互动关系。美国学者 Brown 等（2009）打破了人们一贯以来所认为的"技术是科学的应用，工程是技术的应用"这一思维定式，提出了"工程是科学发展的基础设施，科学为工程提供知识来源，并被工程需求牵引而向前发展"这一观点。Askeland 等（2011）指出，随着科学和工程之间的关系日益紧密，学科发展越来越表现出跨学科特征，也更依赖于各种先进的试验设备。

关于重大工程对基础研究的牵引作用，学者们还开展了案例研究。Reed（2014）指出，曼哈顿工程虽以制造原子弹为目标，却牵引了物理学等学科的发展。Foraya 等（2012）认为，美国的曼哈顿工程和阿波罗工程作为国家投资的重大工程任务，其研发的目的导向创新和新技术的发展，也有利于基础科学知识的扩散。Giudice（2012）认为，大型电子对撞机这一复杂的工程技术装置为高能物理学的发展提供了强大的工具。Chao 等（2013）专门阐释了具有科学背景的工程师的工程能力和加速器这类工程技术装置对物理学发展发挥的重要作用。Clément（2011）指出，亚轨道飞行的诞生通过将生物送入太空促进了航天医学的发展。

在政策实践方面，近些年来美国国家科学基金会（National Science Foundation，NSF）每年优先支持有发展前景的工程领域相关的基础研究（Atkins et al.，2003）。我国在重大科技计划、国家科技中长期发展规划中也部署了与重大工程相关的科研项目。

综上所述，重大工程对基础研究的牵引作用，是科技政策和管理领域研究的一个重要前沿问题，在理论研究和政策实践领域均具重要价值。但是，重大工程究竟是通过何种方式与途径牵引了基础研究，相关牵引过程的特征是什么，以及需要何种政策支持等问题，亟待进行深入研究。本书将围绕如何利用重大工程牵引基础研究的问题，在理论假设的基础上，以案例深描为抓手，揭示三种不同类型的国家重大工程牵引基础研究的类型和基本特征。在此基础上，运用复杂自适应系统理论，建立"重大工程—基础研究"协同演进的复杂自适应系统模型，并提炼国家重大工程牵引基础研究的关键机制。最后对国家重大工程牵引基础研究的政策进行分析，识别政策需求，并提出合理的政策工具选择方法。

第一节　重大工程项目的重要维度研究

以往学术界对工程，特别是重大工程已经给予了较多关注。与本书主题相关的研究重点主要集中在重大工程项目的决策研究、大型工程的系统性与复杂性研究，以及"自组织"理论的相关研究。

一、重大工程项目的决策研究

有关大型工程的阶段性视角的研究已较为丰富。卢广彦等（2010）进行了中国重大工程的决策案例分析；雷丽彩等（2011）基于综合集成方法构建了大型工程决策流程；Giezen（2012）认为，决策应容纳外部影响和战略投入并保持对技术和设计的严格控制，在不增加执行阶段复杂性的同时实现最大价值；李迁和盛昭瀚（2013）对工程的适应性决策进行了相关论述；丁翔等（2015）提出基于计算实验的新型方法建立重大工程决策分析框架；梁茹和盛昭瀚（2015）从综合集成角度对工程问题的决策进行分析；费奇等（2011）对系统管理的灵活性调度进行了分析；麦强等（2019）构建了重大工程管理决策模型；Ramasesh 和 Browning（2014）提出了在管理过程中应对已知和未知的概念的框架；范晓娟和王佩琼（2016）梳理了工程的社会评估演化及指标体系；王大洲（2017）综合讨论了工程的社会评估；王安等（2020）强调工程评估有利于科学地应对工程风险，确保工程科学决策，实现工程预期效益，建议加强工程评估的知识属性及类型的研究，探讨工程评估知识的表现形式及其持续演化过程的规律，促进工程评估知识体系的构建。也有较多关于大型工程史学视角的研究，如李俊峰和王大洲（2016）对大天区面积多目标光纤光谱天文望远镜（Large Sky Area Multi-Object Fiber Specrroscopy Telescope，LAMOST，又名郭守敬望远镜）工程的历史梳理、李秀波和王大洲（2019）对兰州重离子加速器装置的历史考察、王业飞和王大洲（2020）对中国科学院武汉国家生物安全实验室的历史研究等。

二、大型工程的系统性与复杂性研究

对于大型工程的复杂性研究是随复杂性科学的兴起而发展起来的。基于大型工程的复杂特性，学者大多从管理手段与管理方法等角度来展开研究。美国沃菲尔德

（J. N. Warfield）在《社会系统：计划、政策与复杂性》中最早提出管理复杂性的问题（Warfield，1976）。

近年来，有关复杂系统工程的管理研究主要集中于复杂性表现的原因与集成管理的方式。高艳蕊（2017）基于子午工程对工程运行管理进行了综合研究；齐二石和姜琳（2008）从大型工程的时间和空间上的复杂性出发，针对信息管理、过程割裂和组织管理上的问题提出集成化管理的理念；盛昭瀚等（2008）以苏通长江公路大桥为例，提出了以构建一个"人理"协调、"事理"管理"物理"问题的新系统进行综合集成的复杂系统管理方法；晏永刚等（2009）从四个阶段剖析了大型工程的复杂性管理流程；张宪和王雪青（2011）通过复杂性测度模型通径图对复杂系统的管理进行分析；陈星光和朱振涛（2017）认为在大型工程的管理主体和客体的交互作用中应有效整合资源并发挥协同效应，实现思维方法和技术工具的创新，进而实现管理模式的创新。

组织理论研究者较早地将复杂性应用在工程管理之中。王俊鹏等（2012）指出，重大科技工程技术创新本身就是一个复杂系统。他们基于复杂系统视角，分析了重大科技工程技术创新系统的复杂性特征，在此基础上提出了利用复杂系统的理论与方法来研究重大科技工程技术创新系统的构想，并提出了如何开展重大科技工程技术创新系统复杂性研究的核心内容与方向。王俊鹏（2021）从复杂系统视角分析了重大科技工程技术创新系统组织协同的形成机理和实现机理，阐述重大科技工程技术创新系统组织协同的目标、动力机制与相应组织协同运行保障机制的一般设计。Baccarini（1996）从项目管理的复杂程度出发提出并强调了项目的定义复杂性；曹庆仁和宋学锋（2001）基于复杂性科学对企业创新与管理进行研究；张燧和王东民（2003）结合复杂性科学的基本原理提出企业战略管理行为及战略选择；胡恩华和刘洪（2007）基于复杂性科学的视角进行了管理科学的范式转换及新范式成因分析；林渊博等（2009）基于模糊理论提出了复杂结构组织概念并用度量方法进行定义；Mihm等（2010）基于信息层级结构进行了复杂组织分析；Hertogh 和 Westerveld（2011）针对重大工程的不确定性提出了动态管理方式；Bosch-Rekveldt 等（2011）提出了技术-组织-环境（technology-organization-environment，TOE）的项目管理复杂性研究框架；Motloch（2016）认为"解开复杂性"是大科学项目的目标；陈星光和朱振涛（2017）从大型工程显性和隐性两个维度的复杂性出发对管理复杂性做了研究；Dao等（2017）的研究为确定和评估项目复杂性提供了一种建设性的方法。研究团队提出了项目复杂性的新定义，并制定了衡量这些属性的关键指标，从而为制定适当的策略来有效管理项目复杂性提供启示。

项目管理不同于传统部门管理，是一种注重综合性管理的复杂系统管理方法，通过专门的柔性组织利用系统观和系统方法对绩效、时间进度、费用成本和范围等进行高效率的管控（丁锐，2009），并采用互联网应用和图文处理等现代化管理手段，实现多角度、大范围、全周期的动态综合优化管理。近代项目管理萌芽于 20 世纪 50 年代，美国海军在进行导弹核潜艇研制任务（"北极星"导弹计划）时采用了一种全新的计划评审技术（program evaluation and review technique，PERT），用以对复杂任务进度进行管理控制，从而大幅提高了"北极星"导弹计划的完成效率，使该项目提前两年研制成功。同一时期，美国杜邦（Du Pont）公司创造了关键路径法（critical path method，CPM）以用于公司的项目细条管理，取得显著效果。PERT 和 CPM 分别在效率和成本上的有效应用引起了世界范围内的关注，二者在中国被称为"统筹法"（孙东川等，2014），广泛应用于系统工程管理之中。20 世纪 60 年代，国际项目管理协会（International Project Management Association，IPMA）和美国项目管理学会（Project Management Institute，PMI）先后成立，促使项目管理迅速传播。如今，现代项目管理框架趋于成熟，为项目管理提供了完整的学科体系（冯俊文等，2009），专业化的项目管理公司和职业化的项目管理业务已成为主流（胡振华和聂艳晖，2002）。

总体来看，有关大型工程的研究大多集中于社会性影响、阶段性或史学等视角，而有关大型工程复杂性的研究大多聚焦于对工程复杂性表现的祛魅或将复杂特点按照性质分类并进行直观描述，很少有以复杂性视角为方法对工程的全生命周期进行梳理研究。大科学装置作为一种大型工程，更是缺乏深入的复杂性问题梳理和聚焦性研究。

现代科学在 20 世纪随着物理学革命的重大突破进入突飞猛进的阔步时代。经典物理学的"钟表式"定律不足以解释发生在生命有机体中的"活力"现象（齐磊磊，2008），机械论开始崩溃。第二次世界大战结束后，一系列综合性学科纷纷涌现，在学术界唤起一轮对复杂客体的认识的反思。20 世纪 40 年代后，先后诞生的信息论、控制论、系统论、耗散结构理论、协同学、突变论和超循环论一起，从不同的角度、不同的领域对不断涌现的复杂内容展开研究。1954 年，混沌理论的兴起对孕育中的复杂科学起到了推进作用，科学家开始以一种崭新的视角重新审视现代科学。联合国大学在 1984 年举办了"复杂性科学与应用研讨会"，同年美国成立了圣菲研究所（The Santa Fe Institute，SFI），致力于复杂性问题的研究。

国内学界从 20 世纪 80 年代起，已经对复杂性问题开展了较为深入的研究。沈小峰等（1987）最早讨论了复杂性范畴，曾国屏（1988）、湛垦华（1995）、成思危（1999）、苗东升（2001）、刘华杰（2001）、宋学锋（2003）、孟宪俊（2005）、吴彤（2008）等均对复杂性问题进行了深入研究。在 20 世纪初波云诡谲的科学图景上，相对论将科学推向了宏观认知的浩瀚深空，量子力学将科学引入微观探索的迷离境地，而复杂性的出现使人类可以正视万物的全貌——复杂与简单辩证统一的多样世界。21 世纪，复杂性科学正式进入了茁壮成长期，并将为越来越广泛的研究领域提供思考方向与解决办法。

从系统思想到复杂系统工程是复杂性基础理论的一个重要发展。从古代先哲对物质本原的归一探索到近代科学研究对经典力学描述的世界图景的绘制再到现代物理学对建立统一场论的尝试，贯穿其中的数学方法提供了抽象分析的工具和量化计算的手段，系统思维则提供了统筹思考的视角和发展认识的格局。20世纪80年代，以复杂性和复杂系统为研究目标的复杂性科学诞生，随着以系统观为主导的现代科学思维的兴起和系统科学的发展，系统观的特有属性使自然科学研究方法开始向社会科学渗透，开辟了社会系统研究的新路径（齐磊磊，2012）。

20世纪90年代，中国科学家钱学森基于复杂性理论和系统论方法创造性地提出了"开放的复杂巨系统"概念，形成由定性定量相结合的综合集成方法（钱学森等，1990），推动系统工程进入复杂系统工程的新领域。系统工程作为系统科学的应用学科，随着工业生产和科学技术的发展而产生。系统工程方法是解决和处理复杂工程问题的重要方法之一，是一种对工程系统规划、研究、设计、制造、试验和使用的组织管理技术（常绍舜，2016）。在复杂系统的研究方法方面，齐磊磊（2014）认为一般演绎方法、一般归纳方法、类比方法、实验概括等方法是系统科学与复杂系统科学中常见的传统研究方法。随着研究对象复杂化及计算机技术飞速发展，以模型理论为基础，计算机技术为平台的计算机模拟方法在探索复杂系统方面更胜一筹。

学者们还探讨了系统科学与工程学、科技工程之间的关联。马费成和赵志耘（2019）指出，工程活动过程要将大量不同性质的工程要素通过工程活动整合成一个具有特定功能的工程实体，当代大工程更需要按照系统科学的理论和方法去组织工程活动，如"两弹一星"、三峡水库、载人航天等。大规模科技工程属于复杂巨系统工程，具有许多区别于一般工程项目的特质。李存金（2011）认为，大规模科技工程急需采用系统管理方法论来有针对性地指导其管理实践。他以复杂巨系统思想，综合集成方法论和现代科学管理理论作为理论基础，基于组织管理者、参与主体、技术系统三维度，构建出大规模科技工程的顶层管理方法论模型，并提出了相关管理方法论。

三、"自组织"理论的相关研究

"组织"一词源于生物学，在管理学中代表为实现共同的目标而协同作用的个体的集合（孙波，2015）。作为一个总概念，"组织"描述了事物向有序化和结构化不断演化的过程（吴彤，2001）。自组织（self-organization）的概念由协同学的创始人哈肯（Hermann Haken，1998）提出，他认为"如果一个体系在没有外界特定干扰的情况下获得空间、时间或功能结构，我们就可以称它为自组织的。所谓'特定'是指结构或功能并没有强行作用在体系上，而是以非特定的方式从外部作用于该体系，例如，以完全均匀的方式在下方加热，流体可通过自组织获得其特定的六边形结构"。他组织

（heter-organization）作为对哈肯有关"组织与自组织"概念的质疑而被提出（苗东升，1988）。组织力来自系统外部而非内部。事实上，任何系统都处于一定的环境之中，环境也在不断演化，环境约束和资源供给对于系统的演化发展具有相当重要的作用。外界的他组织作用与内在生成演化的自组织行为相互关联影响，二者是一对矛盾，不应彼此独立。一切社会系统本质上都是自组织和他组织的结合体。我们谈论大型工程时，完全的自组织或他组织系统是不存在的。工程是人作为主要参与主体的社会性活动，由于人具有主观能动性，因此完全受控于他组织的系统将是僵化的、失活的、无法发展的，而完全依赖于自组织的系统又会是盲目的、混乱的、无法维系的。因此，只有将他组织和自组织有机结合起来的系统才能充分利用好二者的特点，保持发展的生机活力。2002 年，《泛化的与本意的"自组织"》一文否定了"自组织"和"自我组织"的等同，认为自组织的判定应在组织边界清晰形成之后才能予以讨论（黄永军和姜璐，2002）；2011 年，杨风禄和徐超丽（2011）对他组织概念提出了质疑，认为他组织本身就是机械化分割而形成的范畴；也有学者综合讨论了几种观点，相对中立地认为应"摒弃'自组织'和'他组织'的提法"，自组织和他组织强调的是对秩序形成的决定作用（宋爱忠，2015）。由于复杂系统不可能以机械形式将大系统简单还原为独立的小组分，且 500 米口径球面射电望远镜（Five-hundred-meter Aperture Spherical radio Telescope，FAST）工程的管理工作是在组织架构已经形成的基础上开展的，因此本书选择从组织的"智能性"反应出发，根据组织在不同方面的运作模式与行动，采用他组织和自组织概念对项目运行管理机制进行讨论。

第二节　重大工程对基础研究的牵引作用研究

关于重大工程对基础研究的牵引，在实践中已经得到验证，许多国家科技计划（专项、基金等）都配合重大工程的实施设立了基础研究项目。在理论研究方面，许多文献都涉及这一问题，但鲜有专门的深入研究。

一、关于工程与基础研究之间关系的研究状况

科学、技术和工程是三个既有紧密联系又有本质区别的对象。从人类社会发展的角度来看，未有科学，已经先有了技术和工程，现代许多工程和技术与基础研究的关系越来越密切。不仅关于科学对技术的促进已经有目共睹，工程与基础研究之间的紧密关系也很早就吸引了一些学者的重视。具有化学工程背景的美国学者盖瑞·唐尼（Gary Downey）创立了"工程研究"这一独特的学科领域。迄今为止，全世界包括中国在内已有大批工程管理者、工程师和人文学者投身"工程研究"，深刻影响了人们对工程与科学之间关系的认识。

关于工程与科学之间的紧密关系，西方管理学界很早就提出了系列创见，肯定了工程在当今科学发展中占据重要位置。Askeland 等（2011）指出，随着科学和工程之间的关系日益紧密，单是材料学这一单一学科的发展就离不开科学和工程的高度融合。与此类似，纳米科学、合成生物学等学科，不仅越来越表现出跨学科领域的特征，学科本身的发展也更加依赖于各种先进的试验设备，而制作、调试和运行这些试验设备本身就是复杂的工程技术活动（Bensaude-Vincent, 2016）。计算机科学和软件工程二者之间则更加难以区分，这在实时计算领域尤为突出（Feliciano, 2015）。随着大数据时代的到来，公共和私人组织偏向于通过大数据对海量数据进行提取和分析，而大数据处理能力的基础就是计算机基础设施（Motwani and Madan, 2015）。Hayes（2006）更是直接提出了计算机科学就是逆向工程的观点。人们对工程在科学发展中的重要性的认识，也大大影响了大学中的工程教育，工程课程渗透进更多基础科学的内容（Manning et al., 2008）。

西方学者们还针对不同类型的重大工程活动，对工程技术装置与科学发展之间的关系进行了深入探讨。一些政策制定者得出结论，美国面临的能源挑战至关重要，因此应集中投资于能源研发。Reed（2014）指出，曼哈顿工程的成功涉及众多物理学、化学等自然科学的发展，但是曼哈顿工程本身并不以科学发展为目标，而是制造原子弹这一具有军事性质的工程目标带动了物理学等学科发展。Giudice（2012）专门研究了大型电子对撞机与物理学发展之间的关系，认为对撞机这一复杂的工程技术装置为高能物理学的发展提供了强大的工具。Chao 等（2013）则专门阐释了具有科学背景的工程师在建造加速器上的重要作用，强调了工程能力和工程技术装置在以加速器为实验工具的物理学发展中扮演了不可或缺的角色。Clément（2011）则指出，亚轨道飞行的诞生或将通过将地球生物送入空间，并提供研究这些生物在相应空间的生理适应性的设备和观察仪器，从而促进航天医学的发展。O'Dell 和 Weisskopf（2006）对 NASA 所辖最大的天文台——钱德拉 X 射线天文台（the Chandra X-ray Observatory）进行了案例研究，认为该天文台在科学发现和工程技术领域都取得了杰出成就。他认为，该天文台的成就共同来源于史密森天体物理观察台、工程装置人员和一大批利用天文台的观测设备的科学家，创造性地提出了项目科学（project science）和科学系统工程（science systems engineering）的概念，指出二者在钱德拉 X 射线天文台的形成、发展、校准和执行中发挥了重要作用。

此外，欧美管理学界还从不同性质的研发活动的模型出发，从一个侧面反映了基础科学、应用科学和工程技术间的关系，先后出现了 20 世纪 50 年代提出的布什线性模型与 1997 年斯托克斯提出的巴斯德象限模型。这两种模型都在特定的历史时期对研发活动的认识以及科技政策的制定与发展等产生了很大影响。布什线性模型按照二分法将科学研究分成基础和应用两类研究。该模型认为，"基础研究是技术进步的先行者"，科研活动与应用研究和基础研究之间的距离存在反比例关系，但是基础研究最终会沿着线性路径向应用研究、技术开发和产业应用转化，这一模型后来受到了经济界和科技界的广泛质疑。我国学者王一鸣（2013）从研发互动的产业视角，提出了一种新的象限模型。

我国学者对科学、技术和工程的关系做了比较系统的研究。殷瑞钰等（2011）从"科学—技术—工程—产业—生产—社会"的知识链和价值链的网络中来认识工程，并进一步阐释了科学、技术和工程的关系，他们认为科学是社会生产力的知识形态，它要通过技术和工程才能转化为社会生产力的物质形态，而工程则是直接的、现实的生产力。至于科学与工程的关系，他们认为在知识经济中，科学（特别是工程科学）对工程的推动是重要的，其推动的机制和作用也有一个历史发展的过程。尤其在"电气革命"后，科学技术新成果不仅能迅速被原有工程选择和采纳，直接导致了一批新工程的诞生，还扩大了原有国内工程的科学知识基础。但是他们对于工程如何推动科学并没有加以更多阐释。

近年来，一些学者已经关注到重大工程对基础研究牵引的问题。栾恩杰（2014）认为，科学、技术和工程三者处于"无首尾逻辑"的不断循环的融合体状态，以中国航天经历仿制阶段、自主研制阶段、跟踪发展阶段以及开始步入创新驱动发展新时期的发展历程为例，说明了科学、技术和工程三者互相依赖、互相推动，而工程则直接联系着技术的应用和科学的基础，在这一循环中起着"扳机"和载体的作用。工程成果不仅是现代基础科学取得重大突破的必要手段和基础，还牵引着诸多基础学科的生成，完善和推动基础学科的发展。工程设施所提供的成果，既是设计成果、验证成果，也是运营的伴行装置；既是对象的物理表现，也是模型化认识的科学。但是，对于这类工程活动是如何组织和开展的，以及通过何种工程活动中的科研组织模式才达到促进工程科研的效果并未有明确的表述。

柳卸林等（2014）集中思考了中国经济发展中的创新之谜——中国科技投入不断增长，但产业突破性创新很少。他们分析了科技投入推动产业技术创新的重要机制，提出了"产业驱动型基础研究"概念。在此基础上，结合碳纤维等典型产业案例分析，阐释了国内外产业基础研究的发展绩效、资源配置机制、政策演变与组织模式。程鹏等（2011）对高铁产业需求引致基础研究的过程进行了深入研究，构建出产业需求引致基础研究的四阶段演进过程，不过对于青藏铁路对基础研究的促进作用及其机理还需进一步探究。

二、关于科研项目组织模式的研究

在知识经济条件下，基础研究和应用研究二者彼此的互补性不断加强。重大工程牵引基础研究，核心是科研的组织模式问题。较为传统的科学知识生产模式则在巴斯德象限的基础上，进一步走向了生产的组织模式。虽然也涉及学科特征，但更多的是生产的组织模式上的跨学科特征和跨机构性，强调面向应用的科学知识生产。Arnold等（1998）指出在新的条件下，原来的知识创新模式已发生变化，科学研究正在分化为两种知识创新模式。模式一是传统的科学学科模式，知识主要是在学科内产生，基础研究和应用研究的界限分明，理论研究和工程研究泾渭分明。模式二是一种新的知识生产模式，已经成为当今科学研究的主导潮流。它主要基于现代科学跨学科的特性，知识在基础研究与应用研究、理论研究与工程研究之间往返流动，形成互动，彼此促进。模式二在应用模式一的知识成果的时候，也在按照自己的方式创造新的知识，它围绕实际应用问题，集结不同的科学学科和科研资源，开展各种科学研究。当知识得到应用或发展的时候就会导致科学发现，而且新的应用成果会进一步促进基础研究的发展。米歇尔·卡龙（Michel Callon）则进一步归纳了四种科学动力学的模型：理性知识模型、竞争性事业模型、社会文化模型和拓展性转译模型（希拉·贾撒诺夫等，2004）。

国内现有的关于科研组织模式的文献中，何洁等（2013）分析了我国不同时期科研组织模式及管理机制的历程，阐释了国际科研组织模式的成功案例，认为在新的科技形势下需结合科学研究的两大使命——探索未知领域和满足社会需求，发展新的科研组织模式。不过他们并没有具体结合我国工程建设的大背景提出科研管理模式方面的建议。

近些年来，关于跨学科、不同机构共同参加的、产学研合作的协同创新组织模式成为一个研究热点，而新兴产业协同创新尤为突出。哈佛大学 Chesbrough 教授 2003 年正式提出"开放式创新"（open innovation），认为在激烈的竞争环境下，相对于传统高成本的"封闭式创新"模式而言，开放式创新在没有改变创新的内展性的基础上扩展了创新的外伸链条，实现了"创新范式的转型"。Christensen 等（2005）认为开放式创新代表了未来创新发展的重要趋势，他的研究表明开放式创新采取何种组织形式取决于组织在创新系统中的位置、科技政权的成熟阶段以及企业所追求的价值主张三个条件。在开放式创新概念的基础上，Gloor（2006）首次提出协同创新（collaborative innovation）概念，Serrano 和 Fisher（2007）认为协同创新已经成为无处不在的系统。

盛济川等（2013）从技术资源管理和利用的角度，提出了内向式企业开放式创新和外向式企业开放式创新，强调技术市场对企业的重要性。陈芳和眭纪刚（2015）从演化角度讨论了我国以新能源汽车为代表的新兴产业的开放式创新。我国重大工程活动，如高铁建设、南水北调水利工程建设虽然与产业关系密切，但其自身还不能被称为一个产业，而且工程的承建主体往往是大型国有企业。这类企业不以营利为唯一目的，不宜过度强调其自身研发能力的提高。上述研究中针对重大工程活动中企业和科研机构协同创新的组织模式的研究尚待进一步深入。

　　一些新近的研究开始根据科研活动和研究问题的不同性质，探讨应采取何种措施有效开展不同类型的研究。王永刚（2005）定义了以企业为主体的"导向性基础研究"。他将这类研究的特征定性为以工业部门为承担主体，为解决重大技术问题的科学储备，是有计划性的基础研究。这类研究包括核心业务导向、市场需求导向和创建新兴产业性三种模式。他强调其组织结构和管理应区别于企业的运作部门，应建立专门的研究实验室。柳卸林等（2014）认为，自由探索型基础研究、任务导向型（problem-solving）基础研究和产业驱动型基础研究这三种不同类型的科研活动，所应采取的科研组织模式也不同。但对于直接面向国家重大工程活动的基础研究，并没有进行专门研究。

三、面向国家重大工程开展基础研究的政策实践状况

　　近些年来，美国国家科学基金会每年增加大幅投入致力于增强信息基础设施相关的科学研究，并发布了《通过信息技术设施来变革科学和工程》的报告，以此来改变科学家和工程师能做什么、怎么做，以及这些人以何种关系参与其中（Atkins el al.，2003）。该基金会还优先支持与未来有发展前景的工程领域相关的基础研究。

　　我国通过在国家高技术研究发展计划（"863"计划）和国家重点基础研究发展计划（"973"计划）等国家科技计划中设立重大工程专项和重大科技专项，由国家自然科学基金委员会与产业部门设立联合基金等多种政策方式，为重大工程相关的基础研究提供支持，以实现重大工程对基础研究的牵引作用。

　　我国科技计划改革后，先后在不同规划中设立了重大工程专项，专门支持重大工程相关的基础研究。《国家中长期科学和技术发展规划纲要（2006—2020）》专门设立了大型先进压水堆及高温气冷堆核电站、载人航天与探月工程在内的多个重大工程专项，涉及信息、生物等战略产业领域，能源资源环境和人民健康等重大紧迫问题，以及军民两用技术和国防技术。该规划还强调要重视大型科学工程和设施对科学研究的作用，加强科学仪器设备及检测技术的自主研究开发，建设与高性能计算、大型空气动力研究试验和极端条件下进行科学实验等相关的大科学工程或大型基础设施。国家重大科技专项围绕"核高基工程"等重大工程支持开展了相关的基础研究。《国家重大科技基础设施建设中长期规划（2012—2030年）》在"十二五"期间优先安排了"中国南极天文台"和"上海光源线站工程"等16项重大科技基础设施建设。

　　为了支持面向重大工程的基础研究，国家自然科学基金委员会围绕一些重大工程设立联合基金，如先后于1994年与三峡集团联合设立了"三峡水利枢纽工程关键技术问题的应用基础研究基金"，并于2011年4月与铁道部联合设立了"高速铁路基础研究联合基金"等，旨在发挥科学基金的导向和协调作用，促进产学研结合，吸引

和调动社会科技资源开展以我国重大工程发展为背景的相关领域基础研究工作，推动我国水利、铁路运输等行业自主创新能力的提升。

"973"计划虽然旨在解决国家战略需求中的重大科学问题，但其也围绕重大工程部署了许多基础研究项目，例如设立了"高铁基础结构动态性能演变及服役安全基础研究"等项目，以推动铁路行业共性基础研究。"863"计划支持的一大批重大高科技工程，也离不开与基础相关的基础理论研究，因此"863"计划针对某些重大工程部署了一些基础研究项目。

综上所述，对于重大工程与基础研究的关系，国内外研究与政策领域都已经有了比较明确的认识，对于重大工程牵引基础研究的机理，也已经有了一些初步探讨。当前，深入研究重大工程牵引基础研究的方式、过程和政策需求，是科技政策和管理领域研究的一个前沿问题，在理论研究和政策实践领域都具有紧迫而重要的价值，亟待学者们进行系统深入的研究。

第三节　研究思路与方法

一、研究思路

本书以重大工程牵引基础研究的机制为研究对象，基于案例深描进行理论构建，揭示重大工程牵引基础研究的基本过程和组织机制，并进行政策设计分析。本书的核心研究思路如下。

1. 对不同类型的重大工程牵引基础研究的基本特征进行研究

本书按照工程对科学和基础研究发展的关系，将工程分成三种不同类型。基于典型案例研究，分析三类重大工程牵引基础研究的学科分布、时间周期、研究规模等基本特征。下面仅就本书选取的三种不同类型的典型案例进行阐释。

1）重大建设类工程带动多元学科发展

这种建设类国家重大工程将直接服务于国计民生，并产生深远复杂的综合影响，如中国长江三峡水利枢纽工程（简称三峡工程）。三峡工程作为国际上规模最大的综合水利枢纽，除了直接满足其防洪、发电、灌溉和航运等应用性目标外，科学家们还在水文学、生态学多有研究，并推动了水文地质和泥沙科学的发展。

为了推动三峡工程的前期预研、可行性研究与决策，国家实施了大量与三峡工程相关的基础研究项目，包括国家自然科学基金项目、"863"计划、"973"计划以及企业设立的科研项目，带动了材料学、物理学、化学、结构力学等基础学科的进步。

从20世纪50年代开始，国家科学技术委员会即围绕三峡工程组织全国优势科技力量开展了综合性科研，为三峡工程的规划、设计和论证提供了重要的科学依据。20 世纪 60 年代，黄河三门峡水库发生严重淤积，后又提出人防问题，三峡工程决策悬而未决。20 世纪 70 年代初，决定先上葛洲坝水利枢纽工程（简称葛洲坝工程），开展了该工程相关的地质、岩土力学等科研，为三峡工程做实战准备。1984 年，国务院成立三峡工程筹备领导小组，由国家科学技术委员会总抓三峡工程的科研工作，在同年 11 月召开的三峡工程科研工作会议上制定了 200 多项专题科研计划。结合三峡工程可行性论证的进展情况，"七五""八五"国家重点科技项目（攻关）设置了大量三峡大坝相关的关键技术研究问题，全国近 20 个部委、院和有关地方所属科研、高校、规划、勘测、设计和施工单位的约 300 位科研人员参与。1986 年以后，由水利电力部主持，以大规模科学研究重新进行三峡工程的系统论证。在领导小组下设立了地质地震、枢纽建筑物、水文、防洪、泥沙、航运、电力系统、机电设备、移民、生态与环境、综合规划与水位、施工、投资估算、综合经济评价共 14 个专家组，聘请国务院所属的 12 个院所、28 所高等院校和 8 个省市专业部门共 40 个专业的 412 位不同领域的知名专家，全面开展三峡工程的论证工作。

为了支持面向重大工程的基础研究，1994—1998 年，国家自然科学基金委员会与中国长江三峡工程开发总公司联合设立"三峡水利枢纽工程几个关键问题的应用基础研究"，双方共投资 750 万元作为项目的研究基金（贺济生，1994）。该项目由国家自然科学基金委员会与中国长江三峡工程开发总公司联合资助，其经费由双方按一定比例承担。三峡工程的建成，除工程本身产生巨大效益和带动区域经济发展外，还促进了科技进步和自主创新能力的提升，培养和造就了一大批优秀的工程科技人才和工程管理人才（中国工程院三峡工程阶段性评估项目组，2010）。2006 年 5 月 20 日，三峡大坝全线修建成功。三峡大坝在建设前有大量工程技术难题和科学问题要解决。但是三峡大坝建成后对长江流域生态系统的影响作为一个科学问题，还需要深入研究。

在三峡工程长达半个多世纪的论证过程及三峡工程的建设、运行阶段，围绕其在工程泥沙、工程水力学、岩石力学、土力学、水工建筑物结构、工程材料、爆破技术、工程安全监测等诸多科学领域开展过基础研究工作。这些工作对于攻克三峡工程相关的重大技术问题，顺利推进工程的设计、论证与决策，发挥了重要作用（王德厚，2003）。

2）以科学探索为目标的大科学装置牵引基础研究

从整体和长远来看，国际一流大科学装置不仅有望使中国实现在某一特殊科技领域的跨越式发展，还能因工程面临的重大技术难题而提出很多基础科研类问题。这些难题的攻克可推动工程建设和运行，服务于重大科学产出，并带动相关高科技行业的发展，进而促进经济发展和社会进步。

　　贵州建成的 FAST 工程作为重大科技基础设施，在前期基础研究、技术积累与人才培养的基础上，以富有创意的工程设计和满足极端技术指标的技术创新完成了工程的预期目标，服务于既定科学目标的实现，并在过程中带动了材料科学、应用力学等学科的发展，推动了中国天文学的跨越式发展。

　　20 世纪 90 年代以来，天文领域正在进行一系列革命性的变革，包括激光干涉引力波天文台（Laser Interferometer Gravitational-Wave Obserratory，LIGO）、快速射电暴（Fast Radio Burst，FRB）等。围绕这些国际前沿理论研究，中国从 20 世纪 90 年代开始积极争建大射电望远镜（Large Radio Telescope，LT）项目，争取把大望远镜的选址定在中国，并探索性地在中国本土建设单口径 LT，以期筑巢引凤。后来中国在 LT 项目中争建失败，开始自力更生建设 FAST 工程。2011 年工程开工，FAST 工程形成了以中国科学院国家天文台为项目总牵头单位，清华大学、哈尔滨工业大学、中铁十一局集团有限公司等多家单位构成的 FAST 工程共同体。

　　在工程建设过程中往往会遇到意想不到的、远超既有国内外技术水平的重大技术难题，需要开展基础研究才能从根本上解决问题。由于工程规模庞大、内容繁多，FAST 工程在攻克棘手的科学问题的过程中，直接或间接牵引了天文学、电子学、力学、机械、测量、控制等多学科领域的发展。例如，FAST 工程在确定了索网结构后，索网的抗疲劳性能这一技术难题阻碍了工程建设。FAST 团队与多家企业合作，经过试验与反复的"失败—修正—改进"过程，研制出高疲劳性能钢索结构，还通过整索实验、水密实验、节点实验等抗疲劳试验，验证了该种钢索结构可满足技术要求（姜鹏等，2015）。FAST 工程于 2016 年落成，2020 年 1 月正式开放运行。该工程突破了望远镜百米工程极限，是当今世界上最大、最灵敏的单口径巨型射电望远镜，可精确地聚集和监听宇宙中微弱的射电信号。2020 年 11 月，中国科学院国家天文台公布了 FAST 在快速射电暴领域的重要发现，两篇论文在《自然》（Nature）期刊发表，还入选《自然》2020 年十大科学发现、《科学》（Science）2020 年十大科学突破。此外，还培育出了雷达天文学等新科学知识的增长点，形成了一个活跃的创新生态。

　　这些复杂的大科学装置的设计、研制和建设本身就是一项巨大的工程。从"大工程"的视角出发，大科学装置运行后的纯科研探索也可视作大工程活动的重要分支，科学成果也是工程活动的重要产出。工程设备的改进和提升还能推动与科学探索相关的基础研究。

　　3）航天工程牵引空间科学基础研究的发展

　　空间科学是以空间飞行器为主要平台，研究发生在地球、日地空间、太阳系乃至整个宇宙的物理学、化学及生命等的自然现象及其规律的科学（顾逸东，2014）。此处仅以空间物理学为例，阐释航天工程对空间科学的牵引作用。中国空间科学长期以来在航天工程的牵引下有所发展，直到 21 世纪以来才逐步有了较为独立的发展空间。

1957 年，苏联发射第一颗人造卫星标志着人类进入太空时代。中国空间科学起步较早，基本与欧美同一时期，并在人造卫星、返回式卫星、科学卫星等航天器研究的牵引下不断向前发展。20 世纪五六十年代，国际上发现了辐射带，中国科学院地球物理研究所迅速在 1959 年成立磁暴研究组，开展了地球辐射带、太阳风和磁层的相互作用及磁暴理论和形态研究。1971 年发射的"实践一号"卫星作为科学探测与技术试验卫星，探测了宇宙线、内外辐射带粒子和太阳 X 射线，取得了一些有价值的数据。1978 年改革开放后，应用卫星和载人航天发展迅速，偶有卫星搭载空间科学实验仪器，大大带动了空间物理学的发展。20 世纪 80 年代开始实施的"863"计划，将中国载人航天研究重新列入国家重点发展计划。航天技术领域是"863"计划中的第二个重要高技术领域（简称"863-2"），国家将 100 亿元经费中的 40 亿元用在航天项目，主题项目之一为大型运载火箭和天地往返运输系统主题；另一个是空间站系统及其应用主题（佚名，2009a）。"863-2"计划支持了流体物理、材料科学和生物技术的地面研究与空间实验。1981 年升空的"实践二号"返回式卫星搭载了 11 项科学仪器，探得了关于地球附近空间的带电粒子、地球和大气的红外和紫外辐射背景及高空大气密度等数据（张永维，2001）。

20 世纪 80 年代到 90 年代，在通信卫星、"风云"系列气象卫星、资源卫星等应用卫星上搭载科学探测仪器，成为空间物理探测的重要手段，首次测量了太阳质子、重离子射线及银河系的宇宙射线的异常成分。2002 年，中国国家航天局（China National Space Administration）与欧洲航天局（European Space Agency，ESA）正式合作"地球空间双星探测计划"（Double Star mission，简称"双星计划"），这是中国在航天领域的第一次重大国际合作项目（唐琳，2018b）。"双星计划"还与 ESA"星簇计划"联合探测，实现了世界首次地球空间"六点协调探测"，利用探测数据提出的亚暴触发的新理论——"锋面理论"产生重要影响（European Space Agency，2007）。从"神舟二号"开始，中国较好解决了载人航天的科学与工程的结合问题，在不同型号的"神舟"飞船上圆满完成了空间对地观测、生命科学、微重力科学、空间天文、空间环境等 50 余项任务。2011—2015 年的空间科学战略性先导科技专项（一期）共发射了 5 颗高质量的空间科学卫星，产出了重要的原创性科学成果。2018 年启动的空间科学战略性先导科技专项（二期）计划在 2023 年之前发射 4 次新的科学卫星任务。中国正在建设的空间站将在 2024 年之后成为唯一在轨运行的空间站。中国有望借助这一空间站在空间科学领域获得有国际影响力的重大发现（王海名等，2013）。目前已确定了将空间天文学、微重力流体物理与燃烧科学等来自 17 个国家的 9 个项目作为首批国际合作项目（张保淑，2019）。

总体来看，包括空间物理学在内的中国空间科学是在航天工程的羽翼下发展起来的。但不容忽视的是，科学试验机会少、有效载荷研制经验不足、探测仪器性能低于世界先进水平等问题依旧存在，难以获取高质量的系统的探测数据（尤亮等，2015）。中国空间科学要增加取得原创性突破的机会，就需要航天工程继续发挥支撑作用，从而实现跨越式发展。

2. 对"重大工程—基础研究"协同演进的理论模型开展研究

重大工程和基础研究在关联互动中协同演进，不同主体之间不断进行交流学习，涉及知识、制度、组织等多种要素，并受到工程和基础研究政策的影响。

基于重大建设类工程、航天工程、大科学装置三个主题的相关案例，本书构建了"重大工程—基础研究"协同演进的理论预设与复杂自适应系统模型（图1-1），建立了二者相互关联的基本过程、关联路径、要素和环境条件假设，为认识"重大工程如何牵引基础研究发展"提供总体理论模型，并通过对典型案例的深入研究进行实证验证。

初步研究发现，重大工程对基础研究的牵引作用，首先体现在工程技术难题会直接转化为科学问题，围绕这些问题的基础研究在重大工程应用中得到反馈和修正，支持工程建设并不断完善科学自身；其次体现在工程中积累的大量试验数据和发现的新现象，也为开拓科学研究新方向提供了重要线索。

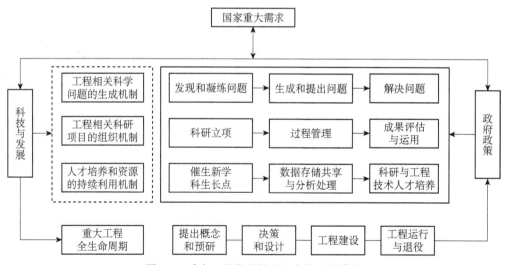

图1-1　重大工程推动基础研究的理论模型

由图1-1可知，在重大工程的全生命周期中，即在提出工程概念、进行工程决策和工程设计、开展工程建设，以及在工程完工后进行工程运行和工程退役阶段的全过程中，重大工程和基础研究在关联互动中协同演进，并在知识、制度、组织等多种因素构成的外部环境中互动，构成了一个相对独立的、逐渐从无序到有序地体现出一定自组织性的系统。政府、高校、科研机构以及有研发能力的企业是"重大工程—基础研究"这一系统的多元主体。这些多元主体在国家重大需求的牵引、科技发展以及政府政策因素的影响下，彼此之间不断进行交流学习，开展凝练科学问题、进行科学研究和组织管理，对资源进行持续利用和人才培养等具体活动，实现工程对基础研究的牵引以及基础研究对工程建设的推动。"重大工程—基础研究"系统在满足开放性、非平衡性、非线性以及系统内部涨落等自组织演化的基本条件下，会逐步经历从无序到有序、自组织聚集以及自组织跃升的发展阶段。

3. 对重大工程牵引基础研究的核心机制进行探究

"科学—技术—工程—科学"是一个循环的链条，而不是单一线性的联系。申请人的前期研究初步发现，重大工程成功牵引基础研究有三个机制：从工程技术到基础研究的科学问题生成机制、面向重大工程的基础研究项目组织机制、对工程中基础研究资源的持续利用机制。这三个机制的有效运行，对重大工程和基础研究的协同演进起着关键作用。本部分将深入挖掘三类工程的具体基础研究项目、学科或人才团队案例，揭示重大工程牵引基础研究的三个关键机制。

1）从工程技术难题到基础研究问题的科学问题生成机制

从工程技术难题到基础研究问题的知识传导转化和反馈循环机制，是贯穿于"重大工程—基础研究"协同演进复杂自适应系统的一条主线。虽然可以从国际市场直接引进国外先进技术，但重大工程在本土的建设实施仍会面临许多技术难题，这些技术难题一小部分可通过应用性试验解决，也有很多需要基础研究的突破。从工程技术难题中溯源、凝练出恰当的基础研究问题，是一个将实践应用的知识传导并转化为基础理论知识的过程。这一过程需要建立不同主体之间信息沟通和相互学习的机制，需要具备有利于知识创造和生成新科学问题的适宜环境。同时，这些科学问题的研究成果需要不断在工程实践中接受验证，通过持续的反馈循环，带来基础研究的进步。

2）面向重大工程的基础研究项目组织机制

重大工程相关的基础研究项目的组织管理方式不同于自由选题的项目，也不同于一般的重大科学研究项目。虽然与科技进展关系密切的重大工程也可细分为不同类型，其背景和性质各异，所涉及的基础研究问题不尽相同。但是这些工程的共同特征是必须依靠国家支持，或者是企业与国家科研机构相互联合，而不能单以企业为主体。对工程活动中的基础研究项目建立有效的组织机制，是保障重大工程对基础研究的牵引作用的重要措施。

本书将根据工程的类型及其与基础研究的关系，研究这些工程项目中的基础研究项目的立项机制、过程管理机制、成果运用机制等。配合案例挖掘，运用知识生产模式和巴斯德象限等理论，探索这些基础研究项目的知识特性和组织规律。

初步研究发现，在重大工程活动的不同时期基础研究项目的组织模式有所区别。工程立项和论证时期，往往由国家组织多家科研和工程机构联合攻关，围绕工程涉及的关键技术和基础科研问题，以重大专项的形式进行研究。在工程建设过程中遇到问题时，则由承建主体和国家科技部门共同委托科研机构和大学进行技术攻关。在工程运营后则主要由企业以市场主体的身份直接委托个别单位解决工程技术问题。有些综合性的重大科学问题，需要组织跨学科、跨部门的联合研究团队，也有些单项的科学问题，采取个体化、小团队的组织方式。这些国家重大工程牵引基础研究的具体机制，迫切需要进一步研究。

3）持续利用工程中积累的科学资源推动基础研究的机制

在重大工程的前期可行性研究、建设和运行中，通常会积累大量试验数据和发现一些的新现象，这些数据和现象是科学研究的重要资源，往往会催生新的基础研究方向和学科生长点。对这些科学研究资源的持续利用，超出了重大工程自身的目标和活动边界，而受到更多因素和外部环境的直接影响。前期初步研究发现，一些参加工程中基础研究项目的团队和人员在工程结束后继续开展相关研究，对工程中的试验数据和发现的新现象进行持续观察和分析，并对这些研究方向进行交流扩散，不仅取得了重要成果，而且促进了相关学科的发展。对工程中积累和发现的科学研究资源进行持续利用，有哪些可能的路径，需要何种组织方式等，是本书要分析的第三个关键机制。

4. 对保障重大工程牵引基础研究的政策进行分析

前期初步研究发现，许多重大工程通过国家科技计划的专项支持、与国家自然科学基金设立联合基金、采取产学研合作等方式，开展了相关基础研究。重大工程牵引基础研究，是否需要以及需要何种政策干预，如何进行政策干预？本节在揭示重大工程牵引基础研究机制的基础上，运用政策分析的理论和方法，对重大工程牵引基础研究的政策进行研究设计。

本书将运用"市场失灵"和"系统失灵"的科技政策分析框架，探讨在科学问题生成、基础研究项目组织以及与工程实践结合、后续基础研究的持续发展等各环节存在的市场失灵现象，如基础研究机构与工程实施机构的合作沟通不足、上下游断裂问题等；将政策作为"重大工程—基础研究"复杂自适应系统运行的内生要素，剖析政策要素与系统其他要素之间的相互作用机理，分析确定重大工程牵引基础研究的政策需求。

二、研究目标与拟解决的关键问题

1. 研究目标

在经济发展面临新常态的背景下,我国亟待通过多种渠道牵引基础研究,提高自主创新能力,特别是提高我国源头创新能力。我国虽然已经是工程大国,却欠缺将国家重大工程建设与提高我国基础研究能力相融合的有效机制。本书的研究目标是从理论层面揭示重大工程牵引基础研究的规律性机制,在此基础上建立国家重大工程牵引基础研究的理论模型,提炼重大工程建设牵引基础研究的关键机制。具体要达到以下子目标:依据工程本身的性质和在牵引科技发展方面的效能差异,提出重大工程牵引基础研究的几种不同途径;建立重大工程牵引基础研究的理论模型,依据典型工程的案例研究进行实践验证;就如何更好地通过重大工程活动牵引基础研究进行政策分析和设计,最终目的是利用我国重大工程建设的重要契机,从源头上为提高我国的自主创新能力提供理论依据。

2. 拟解决的关键问题

本书将主要解决以下三个关键问题。

(1)国家重大工程需要基础研究的支持,同时也为基础研究的发展和提高源头创新能力提供契机。但是不同类型的重大工程对基础研究产生作用的程度有所不同。本书将依据不同类型的工程在牵引基础研究方面的作用差异,将国家重大工程分类,并研究不同类型的国家重大工程在牵引基础研究方面的基本特征,包括学科分布、时间周期和所牵引的基础研究的规模等。

(2)如何从理论上认识重大工程与基础研究之间的相互作用是本书的核心问题。本书拟运用复杂自适应系统理论,建立"重大工程—基础研究"协同演进的复杂自适应系统模型,凭借对典型工程案例的深入研究,揭示重大工程牵引基础研究的基本过程、方式和条件。

(3)在解决上述问题的基础上,结合对三类典型重大工程的研究,深刻剖析国家重大工程牵引基础研究的关键机制,包括从工程技术到基础研究的科学问题生成机制、面向重大工程的基础研究项目的组织机制、对工程中积累的基础研究资源进行持续利用的机制等。

三、研究方法

根据研究目标和内容,本书将综合采用以下研究方法。

(1)文献与理论研究。针对"重大工程—基础研究"协同演进的总体模型构建,就复杂自适应系统模型、创新系统理论、协同演进理论等,对国内外相关文献(论著、期刊论文、调研报告等）进行梳理，对重大工程和基础研究二者相互关联的基本过程、关联路径和影响因素进行研究。

（2）案例研究。笔者具有较为扎实的科技史研究背景，跟管理界同行相比，不仅可以围绕研究开展横向的案例分析，还可以对典型案例进行大时间跨度的纵向研究。本书将选取代表直接面向国计民生的三峡工程、大科学装置和开展空间科学探测的重大工程，运用文献检索、概念分析、历史梳理等方法，对上述工程进行扎实深入的案例研究，然后在案例研究的基础上揭示重大工程牵引基础研究的规律性机制。

（3）模型构建法。在经验案例的基础上，本书运用复杂自适应系统理论，建立"重大工程—基础研究"系统演进的复杂自适应系统模型，揭示不同主体之间的沟通和交流学习，以及知识转化、制度安排等，将重大工程和基础研究作为一个系统，建立系统模型。

（4）观察调研法。本书将分别对多位曾参与过三峡工程、FAST 工程、量子科学实验卫星工程、高超声速复现激波风洞相关的中国科学院、清华大学等高校和研究机构的重点实验室团队、科学家，参与上述国家重大工程的设计、建设与运营的科学家顾问、工程师团队、技术工人以及决策者和管理者进行深入的访谈调研，并邀请相关专家参加座谈会，就我国典型重大工程中基础研究项目的科研组织形式、科学问题的生成、源自工程的科研资源的管理和运用等进行细致了解；并就如何研究设计和运用合理的政策工具，促进重大工程对基础研究的牵引听取专家建议。

四、技术路线

本书将主要遵循以下技术路线（图 1-2 ）。

首先，在文献调研的基础上构建"重大工程—基础研究"协同演进的总体模型，作为本书的理论预设和基本原点。对三类典型工程进行案例深描，通过人物深访、对论文和成果的数据统计、典型成果分析等方式，分析提炼上述理论模型中重大工程牵引基础研究的基本机制（如工程中的科学问题生成、基础研究项目的组织方式、基础研究项目与工程实践的结合、政策和管理办法）。依托上述案例的启示，对所构建的"重大工程—基础研究"协同演进的复杂自适应系统模型进行检验和修正。

其次，以深入访谈、比较研究为辅助手段，对重大工程牵引基础研究的三大关键机制进入深入探索，即从工程技术到基础研究的科学问题生成机制、面向重大工程的基础研究组织机制，以及对工程中基础研究资源的持续利用机制。

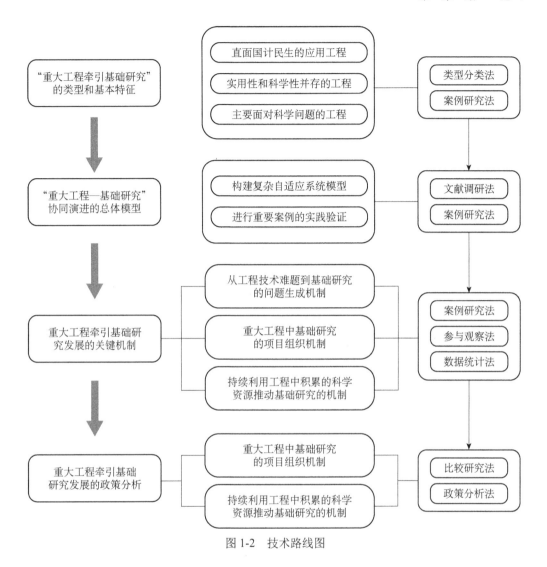

图 1-2 技术路线图

最后，在完整揭示重大工程牵引基础研究机制的基础上，通过开展政策需求分析和进行政策工具选择，研究设计更好地由重大工程牵引基础研究的政策。

五、特色与创新之处

1. "工程"研究视角

笔者具有长期与水利系统、航天系统的院士、专家沟通交流的经验，还参与过三峡工程的阶段性评估工作，接触过各类相关的科学家、工程师和技术人员，并长期从事工程技术哲学研究，因此培养出独特的"工程"研究视角。本书突破了"科学—技术—工程"的传统链条，聚焦于工程项目对基础研究的牵引作用，将"工程活动"视作科学知识生产的场所之一，基于当代知识生产模式的现代转型，重新审视工程与基础研究之间的关系，创造性提出"重大工程—基础研究"二者在复杂自适应系统中保持着一种循环往复的相互作用关系。

2. 内容聚焦"重大工程牵引基础研究"的模型和机制

以往学者们虽然对重大工程对基础研究的牵引作用有初步的认识，却尚未作为一个严谨的学术问题加以研究，对于重大工程与基础研究之间的作用机制更鲜有涉及。本书将聚焦于重大工程牵引基础研究的理论模型和作用机制，对重大工程通过何种途径、以何种方式牵引基础研究，具有哪些有效的组织机制和共性规律，需要何种政策支持等问题，进行细致、深入的理论研究。

3. 以案例研究为基础的跨学科研究方法

本书的科研人员多兼具工程技术、科技史和管理学背景，对于大型水利水电工程、大科学装置和航天工程的论证与建设、国立科研机构的组织管理、基础研究与工程建设的关系等与本书相关的议题有较为扎实的学术积累。本书将综合运用案例研究、人物访谈、参与观察和数据统计等多种研究方法，首先运用理论模型方法建立"重大工程—基础研究"系统模型，然后对典型工程进行实地调研和田野观察，直接接触和采访参与重大工程的科学家和重点工程技术团队的工程师、工程管理者，在此基础上对这些工程案例进行大时间跨度的深描，以实践验证理论模型的合理性，并探究工程牵引基础研究的理论模型与核心机制。

值得一提的是，对不同类型的典型工程进行长时间跨度、多维视角的案例研究贯穿本书始终，是本书最重要的研究方法。案例研究既是本书构建"重大工程牵引基础研究"复杂自适应系统理论模型的基础，也是提炼重大工程牵引基础研究的关键机制的认识来源，更是研究后期在工程实际中验证上述理论模型和关键机制是否合理的重要依据。本书的政策研究部分也主要来源于现有工程案例的实践经验与启发。

第二章　重大工程牵引基础研究理论溯源

中国科学院院士、"两弹一星"元勋钱学森（1911—2009）是中国知名的战略科学家，工程科学思想是钱学森科学思想体系的重要组成部分。以往学者对钱学森的思想谱系及其工程科学思想（有时候也称作技术科学）的内涵多有论述，却鲜有人关注过钱学森的工程科学思想因何确立、如何发展以及它在钱学森科学思想体系中的地位。钱学森在加州理工学院工作期间所指导的博士生、两院院士郑哲敏（2004）等也曾撰文阐释关于钱学森思想的认识。本章通过对一系列原始文献的解读，将以钱学森工程科学思想在其整体科学思想谱系中的地位与作用为出发点，以史带论，阐释钱学森工程科学思想的形成与发展过程，揭示其理论发展的内核与逻辑脉络，并概括工程科学思想的现实意义。

第一节　工程科学思想理论溯源

20 世纪 30 年代以来，工程科学在全世界范围内迅速崛起，工程师和科学家之间的紧密交流与相互融合有效推动了工程科学的进步，促进了经济社会的发展。钱学森传承了德国哥廷根应用力学学派，并受到世界知名航天工程学家西奥多·冯·卡门（Theodore von Kármán）的影响，创造性地在 20 世纪 40 年代提出和发展了他的工程科学思想，后来又在 20 世纪 50 年代提出了"技术科学"概念，并逐渐从工程控制论与新兴系统工程的交互作用拓展到大系统理论。这些理论溯源工作有助于在中国语境与国际知识转移的大背景下，理解国家重大工程牵引基础研究的逻辑链条。

一、钱学森工程科学思想的起源

1. 传承德国哥廷根应用力学学派的思想渊源

近代以来，随着科学和技术的发展逐渐细化，理论研究与实际应用之间日益疏离，甚至形成了鸿沟。尽管有人认识到科学与技术重新结合的重要性，但直到 19 世纪末德国哥廷根大学的克莱因（Felix Klein）教授开创了应用力学这一学科，才真正发生了历史性的转折。克莱因强烈主张数学应与实际工程相结合，认为伟大的数学家都应知道如何运用数学来解决实际问题，而纯粹数学家希尔伯特（David Hilbert）和其他数学家对此非常反对。为了推进将基本科学应用到实用工程，克莱因在哥廷根大学设立了应用数学和应用力学讲座，并培育出路德维希·普朗特（Ludwig Prandtl）等应用力学大师。19世纪末，冯·卡门在哥廷根大学任教（von Kármán and Edson，2022），和美籍俄罗斯力学家铁木辛柯（Stephen Prokofievitch Timoshenko）曾一同受教于普朗特，并有机会与应用数学家克莱因和纯粹数学家希尔伯特等切磋讨论。20世纪20年代，冯·卡门、铁木辛柯等把哥廷根应用力学学派的学术理念移植到美国，冯·卡门所在的加州理工学院积极推动理工结合。经典力学由理论力学和应用力学构成。与理论力学不同，应用力学和工程技术特别是航空航天技术密切联系，并在20世纪中叶以后得到了广泛应用。由于经典力学相对而言成熟较早，应用力学成为技术科学最早的成员和发展典范，人们从中找到了填补科学与技术之间的鸿沟的有效途径（郑哲敏，2001）。

2. 在加州理工学院期间受到导师及教学科研实践的影响

钱学森1935年赴美，次年来到加州理工学院，师从冯·卡门专攻应用力学，1939年获得航空与数学博士学位后，留校继续学术研究，直至1946年8月31日。20世纪30年代和40年代是飞机推进技术由螺旋桨转向喷气推进、航空技术从亚声速向超声速突破的时代，也是人们利用电子技术来发展电子数字计算机的时代，是成功研制原子武器和实现原子能利用的时代。这些成就促使人们相信，20世纪自然科学的基本规律可以被转化为可解决复杂条件下工程问题的科学理论，人类将很快实现航空航天梦，进入大科学工程的新时代。

另外，这一时期，自然科学与工程科学重新形成紧密联系，科学家与工程师相互配合。一大批科学家在第二次世界大战时期参与了定向、有组织、有计划的工程研究工作，将在工程研究中获得的经验应用到美国科学和工程教育的革新中（郑哲敏，2011）。在加州理工学院学习和任教期间，钱学森在高亚声速、跨声速空气动力学及喷气推进领域进行了艰苦的研究和探索，在基础性工作和应用性工作两个领域取得了重要成果。首先，他积极从事航天科学领域的基础研究，发表了《可压缩流体亚声速和超声速混合流动中的"极限线"》《超级空气动力学——稀薄气体力学》等几篇论文，推动了航天的发展。其次，他发表的《可压缩流体的二维亚声速流动》《关于风洞中收缩锥的设计》《稀薄气体动力学中的风洞试验问题》等论文，取得的如"卡门-钱公式"等重要成就针对飞机制造、火箭弹道、壳体稳定性和发动机分析研究出现的问题及时提出解决方案。其间，他深刻领会了冯·卡门关于科学与技术结合思想的真谛，并对这一学术理念推崇备至（姜玉平，2011），从战略高度在原子能作为航空动力装置、喷气推进、工程控制论、物理力学和工程科学等领域发表了不少著作。钱学森不仅是上述领域的一些若干突破性研究的主要贡献者与推动者，他本人也对人类的工程实践、大科学与系统科学以及社会发展的趋势形成了日益深刻的认识。

二、钱学森工程科学思想的正式提出

1. 第二次世界大战后的欧洲科学考察产生认识飞跃

第二次世界大战期间，人们成功研制出原子武器和雷达等技术，由此增强了公众对科学的理解和科技界对自身作用的认识，在这种背景下技术科学的发展进程得以加速。1945 年夏，欧洲战火行将结束之际，钱学森作为空军上校，参加了美国空军科学咨询团赴欧洲之行，考察战时德国航空和导弹发展状况，并参与起草了反映航空、导弹、电子、核技术等当时科学技术最新成果的前瞻性报告《迈向新高度》（*Toward New Horizons*）。

通过这段经历，钱学森对近代科学技术发展规律的认识产生了质的飞跃，这也是他总结提炼工程科学思想的关键阶段。他认为，第二次世界大战期间，雷达、导弹和原子弹等新式武器和装备是交战国从国家层面进行组织的。科学家和工程师遵循工程科学规律将最新的基础科学理论迅速应用到军事领域，研制出导弹、雷达和原子弹等高科技武器装备。这些武器装备彰显了工程科学的巨大价值。

2. 在国内学术演讲中正式提出"工程科学"

中国科学和教育事业在第二次世界大战期间遭到严重破坏，战后广大科学家迅速组织恢复教学科研，渴望汲取先进的学术思想来推动本国科技发展。钱学森希望，饱受苦难的中国特别是其科技教育界，能对技术科学这一新兴领域给予重视。1947 年5 月，交通大学吴保丰校长致函钱学森，邀请他到母校作学术报告。同年 7—8 月，钱学森利用回国省亲之机，先后在浙江大学、交通大学、清华大学三所大学以"工程和工程科学"为主题，发表学术讲演。

1947 年 7 月 28 日晨，钱学森在竺可桢校长的陪同下来到浙江大学工学院，做以"工程科学与工程"为题的报告，讲演达两个小时，丁绪宝、范绪箕、潘渊等到场。竺可桢在当天的日记中写道：钱学森"述工程科学之进展必赖基本科学，古代应用科学与纯粹科学之合一，十九世纪渐趋于分离，近则以发达过甚又趋于互相联系之状况。次述科学能解决若干问题，可于理论决定，不需实验已能证明。一般人说理论与实验为二事之不合理，因理论不正确也。次述理论对将来工程科学之发展……"（竺可桢，2006）。

钱学森在讲演中系统地介绍了工程科学的内涵、工程科学家的任务以及作为一名工程科学家需要接受什么样的教育和训练。讲演回顾了 20 世纪上半叶科学技术的研究愈发成为决定国家和国际事务的关键因素的事实，特别提及第二次世界大战中雷达和原子弹的研制和应用，对世界反法西斯战争的伟大胜利所做出的卓越贡献。报告一开始，钱学森指出高速飞机的出现、原子能的利用等工程技术上的巨大突破均是工程科学建立和发展的结果。他认为，一方面，工程科学能够澄清极其复杂的工程问题，使工程设计避免失误，以最为经济的方法达到目的，即让工程技术建立在科学理论分析的基础上，不再单纯依靠经验；另一方面，工程科学的研究结果能够引导工程技术发展。他认为，工程科学的研究方法是半经验半理论的，需要理论研究人员与实验人员密切合作。工程科学家需要在数学、基础科学和工程设计与实践三个方面受到严格训练，虽然难度很大，所需时间也较长，但工程科学家对工程技术进步的巨大贡献也是有目共睹的。他还介绍了一些工程科学领域的学术增长点。最后，钱学森借用美国著名宇宙化学家、物理学家哈罗德·克莱顿·尤里（Harold Clayton Urey）的话向大家发出号召："我们的责任就是要除去不安适不满足和贫苦，我们要贡献给人类的就是安适，闲暇和优美。"（姜玉平，2015）

结束上海之行后，钱学森北上来到清华园，1947 年 8 月 26 日在同方部再次讲演同一主题。钱学森殷切期望能通过这一系列的讲演，使他的工程科学思想引起国内同行的重视，进而引起国内同行对这个新领域的重视，以工程科学来迅速改变祖国的落后面貌。但是，当时国民党政府根本无暇顾及科教事业，教研人员心有余而力不足。国内的主流媒体，仅有《申报》于 8 月 18 日在"科学周刊"栏目刊载一篇短文《工程和科学》，介绍工程科学对工程技术进步的巨大作用。这篇短文疑似钱学森在交通大学的讲演内容的概要，基本意思如下：为什么最近二十年来，工程方面有这样飞速的进展呢？在二十年以前，工程上的进步常常是单个方面实地经验的累积。每个工程必须行而后知，做好了再进行试验。工程师以为理论无补于实际，所以理论在他们那里惨遭淘汰。20 世纪初期，基础科学和工程不幸分道扬镳，愈走距离越远。如此一来，耗时耗财，极不合算，工程上不能再有长足的进步了。可是最近二十年来，工程方面不再靠前人的经验了。他们把经验作为参考，用分析的方法，采用科学上基本的理论，相互推进。大科学家牛顿和瑞士数学家、自然科学家莱昂哈德·欧拉（Leonhard Euler）等科学家之所以伟大，就是他们能够把理论和实际相结合。但是到了今天，科学上的理论逐渐深奥，实际工程也逐渐复杂，一个人已经无力窥探理论和实际的全貌……在这个时候欧洲数学的权威克莱因扮演了救星的角色。他从欧洲启程到美国来参加芝加哥的第一次世界博览会，发现美国资源充足，天赋特厚。他觉得欧洲实属无法与美国竞争，唯一的办法是将欧洲的工程学术水平提高。于是，他决心献身于纯粹科学和实际工程的联结。回到欧洲后，他创设了应用力学系。好多著名工程科学家，像普朗特、冯·卡门、铁木辛柯等，都曾是这个系的学生……自从克莱因教授创设了应用力学以来，工程科学便走向了正轨，二十年来工程方面以空前的速度突飞猛进，前途方兴未艾（赵南，1947）。时至今日，依然可以看出钱学森的工程科学思想的超前性。

1947 年 8 月，钱学森回到母校交通大学航空系发表演讲。当时在交通大学航空系任助教的庄逢甘在后来回忆说："我出国去加州理工学院之前，听钱老做工程科学的报告。之后，我对工程科学的兴趣越发浓厚。20 世纪上半叶，工程科学里很多都是借鉴经验判断，知其然不知其所以然，而钱老着重发展技术科学。"（《庄逢甘院士纪念文集》编委会，2011）庄逢甘后来专业从事空气动力学研究，成长为当代中国航天事业的主要奠基人之一和中国科学院院士。

1948 年，钱学森将在国内三所大学作的同名讲演整理成文，在《工程：中国工程学会会刊》（*Journal of the Chinese Institution of Engineers*）上发表《工程与工程科学》（"Engineering and Engineering Sciences"）一文，阐述了工程与工程科学的重要性。他把工程科学定位为沟通基础科学与工程技术的桥梁，是一个新的知识体系。他还专门谈论了技术科学工作者应掌握的三种工具——工程分析的数学方法、工程问题的科学基础以及工程设计的原理和实践。钱学森意识到，纯科学家与从事实用工作的工程师面临密切合作的需要，因而产生了一个新的职业——工程研究者或工程科学家。他们形成纯科学和工程之间的桥梁，他们是将基础科学知识应用于工程问题的那些人（郑哲敏，2011）。

三、"工程科学"到更广义的"技术科学"

1955 年，国内听到钱学森即将回国的消息，中国科学院的相关领导和力学家周培源、钱伟长商量，拟定以中国科学院力学研究室为基础，筹备成立力学研究所，大家一致推荐钱学森担任未来的力学研究所所长。1955 年 10 月，钱学森携全家历尽艰辛回归故土，受到国内热烈欢迎。同年底，在东北之行中，钱学森应邀去大学和研究所作学术报告，讲演的主题大都是关于发展工程科学的问题。朱兆祥曾经把讲演内容和钱学森后来提出的建设力学研究所的方案作过比较，发现他回国时向往成立的研究所的内涵远比传统的应用力学要广要深，实质上是希望办成一个足以领导工农业生产前进的"工程科学研究所"。经过在东北的参观、访问、与数学家和力学家座谈、讲学、讨论、思考和酝酿，在 1956 年 1 月 5 日中国科学院院务会议上，钱学森提出这个研究所将成立弹性力学、塑性力学、流体力学、物理力学、化学流体力学、自动控制、运筹学等 7 个研究组。由于学科发展的紧迫需要，自动控制研究组在半年内升格成为自动化研究所，运筹学研究组则在后来演变为系统科学研究所。谈庆明（2011）认为，这也说明了钱学森早年卓越的远见。1956—1984 年钱学森担任力学研究所所长的 28 年间，他实际上就是按照工程科学的框架模式来建所的。

新中国崭新的政治经济环境，为科学和工程技术在社会进步中发挥显著作用提供了条件。钱学森的政治品质和学术造诣得到了党和国家的充分信任，他的工程科学思想有了付诸实践的广阔舞台，此后，钱学森作为战略科学家的作用日益凸显。他凭借其远见卓识，利用各种机会推介工程科学思想，特别是在国家制定十二年科学远景规划时，担任总体组组长，建议国家确立发展工程科学的战略方针。1963 年，他还领导制定了第二个国家科学技术长远发展规划《1963—1972 年科学技术发展规划纲要》中的力学规划，在工程科学的思维框架下，提出了很多关于发展新学科的建议。

1957 年，钱学森在《科学通报》上发表了题为《论技术科学》的论文，全面论述了技术科学的范围、方法论以及人才培养和科学技术工作的组织等各个方面。他认为，技术科学与自然科学的目标和研究方法均有所区别。技术科学是自然科学与工程技术之间相互联结的桥梁。技术科学与工程技术一样是人类认识的源泉。也就是说，我们不能只看到自然科学是工程技术的基础，而忽略了技术科学对自然科学的贡献。他将工程控制论和运筹学作为技术科学的典型例子，指出二者在自然科学中没有祖先，却对自然科学和社会科学很有贡献。他特别强调，要把自然科学的理论应用到工程技术上去，是非常难的，需要有高度创造性的工作，他认为"有科学基础的工程理论就不是自然科学的本身，也不是工程技术本身；它是介乎自然科学与工程技术之间的，它也是两个不同部门的人们生活经验的总和，有组织的总和，是化合物，不是混合物"（钱学森，1957）。他还对美国麻省理工学院的教育模式提出了批评，认为其培养不出技术科学家。为了培养理工结合的人才，1957 年，钱学森担任所长的中国科学院力学研究所与清华大学合办了"工程力学研究班"。

至于他为何在没有做特殊说明的情况下将"工程科学"改名为"技术科学"，根据郑哲敏的说法，主要是因为 1955 年建立的中国科学院学部制度仿照的是苏联模式，当时苏联科学院内设置了技术科学部，中国也相应设置了技术科学部。"技术科学"与"工程科学"无本质区别，不过从词义范围来讲，技术科学的范围确实相对广泛，包括一些尚属于技术理论形态、还未具有很强的工程技术指向性的知识。还有人比照当今科技界"科学—技术—工程"三阶段论的说法，认为钱学森提出的"工程科学"（"技术科学"）与三阶段论中的"技术"环节有一种对应关系（经福谦，2012）。在谈到技术科学的研究方法时，钱学森强调技术科学研究离不开数学，但提醒青年注意，数学并不是技术科学的关键，其真正的关键是对所研究问题的认识，要认识和分清影响现象的主要因素和次要因素。在关于研究方法的一节中，钱学森预见到电子计算机的发展前景及其应用威力，特别说明了电子计算机将会对技术科学的研究方法带来重要的变化（钱学森，1957）。今天，人们已经普遍使用了"分析-实验-数值实验或分析"三位一体的研究方法，这说明半个世纪前钱学森的上述预见确实是高瞻远瞩。他还颇有预见性地指出了化学流体力学、物理力学、电磁流体力学、流变学、工程控制论和运用学等技术科学的新研究方向。

钱学森的技术科学观也影响了他对力学学科性质的界定。例如，1956年6月11日，钱学森以"中国科学院力学研究所所长"名义在《人民日报》上发表文章——《一门古老而又年青的学科》。他清晰地界定了力学的技术科学性质。他指出，"力学既然和工程技术有密切关系，那么它是不是工程学科呢？"力学是"介乎基础科学（像理论力学、物理学或化学）和工程技术之间的一门学科"（钱学森，1956）。在该文中，他特别强调力学要以"技术科学"思想为主导，为工程技术提供有科学依据的工程理论目标，带动工业前进。他认为力学的任务就是为工程技术和生产实践服务，但又不能仅仅拘泥于具体问题的解决，而应该从各种具体问题中提炼出带有一般性的课题，进一步提出新的科学创见，为改进工程技术和改造生产服务。1957年他在《论技术科学》一文中又提到，"力学对航空技术的贡献是有决定性的，是技术科学与工程技术相互作用的典型。力学本身也就成为技术科学的一个范例，也是我们现在对技术科学这一个概念的来源"（钱学森，1957）。

四、从工程控制论与新兴系统工程的交互作用拓展到大系统理论

钱学森明确指出"工程控制论是一门技术科学"。工程技术的理论与实践离不开控制系统，钱学森在实践与理论的思考中，深刻认识到控制论在工程问题领域的重大价值，开始发展并系统提出了"工程控制论"，于1954年出版了英文版的《工程控制论》一书（Tsien，1954）。其实，这一理论直接受到了1948年维纳（Norber Wiener）发表的专著《控制论或关于在动物和机器中控制和通信的科学》（*Cybernetics or Control and Communication in the Animal and the Machine*）的影响（Wiener，2019）。不过，在钱学森看来，维纳的"控制论"是"关于怎样把机械元件与电气元件组合成稳定的并且具有特定性能的系统的科学"，而工程控制论这门新科学的一个非常突出的特点就是完全不考虑能量、热量和效率等因素，将"控制论"探讨的主要问题界定为"一个系统的各个不同部分之间的相互作用的定性性质以及整个系统的总的运动状态"，目的是"研究控制论这门科学中能够直接用在工程上设计被控制系统或被操纵系统的那些部分"（钱学森，1958）。可见钱学森当时就已凭借深邃的洞见力，开始运用系统思想观察世界（姜玉平，2006）。这展现出他已有将控制论划归系统科学的思想萌芽，为后来系统论的发展奠定了基础。

工程控制论与系统科学体系的发展关系紧密。20世纪60年代在工程系统实践经验基础上新兴起了系统工程，系统工程是各类系统的组织和管理技术。结合多年航天系统工程的研究与实践，钱学森提出了系统工程思想。他认为，各类系统工程的共同理论基础是运筹学，但控制论研究系统各个构成部分如何进行组织，以便实现系统的

稳定和有目的的行动，所以系统工程又与控制论有关（钱学森等，1982）。

他的系统科学思想的发展也扩大了控制论的影响。在 1983 年修订再版的《工程控制论》中，除了原有各章都扩充了新材料，还增加了最速控制系统设计、分布参数控制系统、逻辑控制和有限自动机、信号与信息、大系统等五章全新内容，反映了 1954 年以来工程控制论的主要进展。

在工程控制论的发展中，"大系统理论"是一个亮点。钱学森的学生涂序彦为了学习、继承与发展钱学森所创立的"工程控制论"，从 20 世纪 70 年代开始研究"大系统理论"及相关应用。1976—1986 年，涂序彦率先在中国研究"人工智能"，研究开发国内第一个"专家系统"。1985 年，北京钢铁学院召开了首届"系统科学与优化技术"学术讨论会，涂序彦在会上做了题为《大系统控制论探讨》的学术报告，他在报告中明确提出了在"大系统理论"与"人工智能"相结合的基础上，来创建"大系统控制论"这一新学科思想（涂序彦，2014）。钱学森先生应邀出席，发表了关于"大系统理论要创新"的讲话，认为"大系统控制论"是一门技术学科，是介乎系统科学的基础科学-系统学和系统科学的工程技术-系统工程之间的技术科学，也是控制论的一个组成部分，是对控制论的一个发展。他还提出，要运用大系统控制论及其他学科理论，建立国家宏观社会经济模型，理论联系实际，为国家现代化建设做出成绩。"大系统控制论"还要接受系统科学的基础科学——系统学的指导，注意研究巨系统理论中的协同学、超循环理论、耗散结构等，从而有所启发（胡鞍钢，1986）。

控制理论逐渐被应用到不同的系统中，除了最早出现的工程控制论外，还产生了生物控制论、经济控制论、社会控制论等不同领域的控制理论。但钱学森本人始终觉得遗憾，这些不同的控制理论仍然是技术科学层面的，将其聚拢在一起也只不过是特性的控制理论的复合体。他在 1983 年版《工程控制论》中就提出希望通过探索控制理论的共性内容，建立"理论控制论"，使之成为与相对论、量子力学一样的基础科学理论，在系统层面有所突破。这种理论要以数学形式定下来和根据定量的关系预见整个系统的行为，并包含如下具有决定性意义的问题：系统的能控性问题和能观测性问题（钱学森和宋健，1981）。

在上述基础上，钱学森终于创造出了系统科学理论，把自然科学、社会科学等领域研究的问题联系起来，作为系统进行综合性和整体性研究。1986 年在系统学讨论会上，钱学森多次明确提出系统科学体系是四个层次的知识结构：处在工程技术或应用技术层次上的是系统工程，这是直接用来改造客观世界的工程技术，但和其他工程技术不同，它是组织管理技术；处在技术科学层次上直接为系统工程提供理论方法的有运筹学、控制论、信息论等；处在基础科学层次上属于基础理论的便是系统学；系统论则是系统学到马克思主义哲学的桥梁（魏宏森，2013）。

1986 年以后，钱学森又将系统科学体系总结为"开放的复杂巨系统综合集成方法论"及其在各方面实际应用的学科体系。他还组织出版了"系统科学与系统工程丛书"（钱学森等，1982）。钱学森对系统科学最重要的贡献就是他发展了系统学和开放的复杂巨系统方法论。

从 20 世纪 50 年代钱学森创立工程控制论直到系统科学的形成，控制论的地位实现了一次重大的飞跃（郑应平，2001），而技术科学层次的控制论和运筹学等则在钱学森的系统科学体系中处于中枢位置。钱学森将系统工程发展为社会工程，阐述社会工程的系统结构、基础科学、思想方法，并提出开放的复杂巨系统概念与方法论，他认为这是划时代的理论创新与实践创新（钱学森，1994）。

五、钱学森工程科学思想的现实意义

工程科学是钱学森科学思想的出发点与理论内核。钱学森对工程科学的认识在实践中不断深化。1956 年回国后，钱学森积极实践他的工程科学思想，力求通过工程科学来解决重大工程实践问题，后来逐渐将其拓展到社会科学和人类社会发展视域，发展成包含工程控制论、运筹学、大系统、物理力学、经济理论、社会发展等日益广博且系统而完整的科学思想体系，但其逻辑起点与理论内核是以工程控制论为核心的工程科学。钱学森本人的国际学术视野、力学研究实践以及捕捉国家需求的敏感性是他的工程科学思想形成与演变的重要影响因素。

钱学森工程科学思想的内涵极其丰富，在理论与实践之间架起了桥梁，至今对中国科技工作者的科研开发，以及科技政策制定和管理工作有重要的理论价值与现实意义。

第二节　多元理论基础

复杂性理论的发展由来已久，已得到学术界的高度重视。然而，迄今为止关于大科学装置的复杂性的专题研究尚较为缺乏，对于 FAST 工程而言更是如此。

一、复杂性基础理论研究

系统科学、复杂性科学也是科技哲学家们关心的一个重要问题。齐磊磊（2012）认为，系统科学与复杂性科学以整体性为核心指导范式，它们转变了人们的思维方式。复杂系统科学哲学这一研究领域作为二者的延伸与拓展，逐渐引起科学哲学家的关注。齐磊磊沿着历史发展角度，梳理出了系统科学的形成和发展的三个进路，阐释了复杂性科学的兴起过程，并探究复杂系统科学哲学的未来走向。他指出，复杂系统科学具有多维度、多侧面特征，通过跨学科研究可分化出不同的复杂性科学和技术。

系统工程作为系统科学的应用学科，随着工业生产和科学技术的发展而产生。系统工程方法是解决和处理复杂工程问题的重要方法之一（常绍舜，2016），是一种对工程系统规划、研究、设计、制造、试验和使用的组织管理技术。大型科学工程在面对如何将笼统的初步设计构想拓展为众多科研人员参与的实际工作，如何将广泛的实际工作进一步整合为技术先进、经济划算、时间合理、可协调运行的系统，如何使该系统成为有效可行的组成等问题时，可采用系统工程的方法统筹考虑（孙东川等，2014）。钱学森基于复杂性理论和系统论方法创造性地提出"开放的复杂巨系统"概念，形成由定性定量相结合的综合集成方法（钱学森等，1990），推进系统工程进入复杂系统工程的新领域。

二、多元利益相关者理论

利益相关者是指在企业活动过程中，实施专用性投资并承担相应风险的个人或群体，对企业组织目标的实现有着重要影响。1997 年，米切尔（R. K. Mitchell）等提出了米切尔分类法，通过利益相关者具备的属性界定来划分利益相关者的类别，具有较强的操作性和针对性。根据权力性（power）、合法性（legitimacy）和紧急性（urgency）将利益相关者分为确定型、预期型和潜在型三种类型（Mitchell et al., 1997）。权力性即群体拥有的能够影响公司决策、行为，进而获得他们想要的结果的权力。合法性指某一群体是否被赋予法律、道义上或特定的对于企业的索取权。紧急性表示利益相关者的需求被立刻关注的程度。具体的利益相关者类型如下：确定型利益相关者，即核心利益群体，同时拥有合法性、权力性和紧急性；预期型利益相关者，即蛰伏利益群体，有三种属性中任意两种；潜在型利益相关者，即边缘利益群体，只具备三种属性中的一种。

三、协同创新理论

美籍奥地利经济学家熊彼特（Joseph Alois Schumpeter）在 1912 年出版的《经济发展概论》中首次提出了"创新"的概念，创新即将一种从来没有过的生产要素和生产条件的新组合引入生产体系，形成一种新的生产能力。经过多年的发展，关于创新的研究理论已经日益丰富和完善，并形成了技术创新和制度创新两个理论分支。20 世纪 70 年代，德国物理学家哈肯（Hermann Haken）第一次提出"协同"概念，他认为通过协同，各个分系统相互作用产生的效果是所有单个分系统无法比拟的，这种效应我们称为协同效应。随后，学界逐渐将协同学与创新联系起来解决企业发展过程中的实际问题，并出现了协同创新一词。

目前，国外有关协同创新的研究主要是宏观层面的，研究趋势中包含创新过程中企业内部各职能部门、各创新对象、企业与环境协同的思想。国内理论界关于协同创新的研究较多，但仍未达成对协同创新概念的共识。

第二篇　重大建设类工程牵引
基础研究与典型案例

　　重大建设类工程，最典型的如三峡工程、青藏铁路工程等，不仅直接服务于国计民生，对经济、社会和生态产生了深远而复杂的综合影响，还具有较高的国际显示度。这些工程常常显示出一些重要的共性：国家在较早的时间就开始考虑和酝酿这些重大工程，并集中全国优势科技人才开展了长期的勘测、规划、设计与相关基础科研工作。但是，受到经济条件和技术水平的影响，特别是关键核心技术的攻克尚存在困难，工程往往几起几落，长期未能实施。后来，经过多家科研机构在基础研究领域的持续探索，在成功攻克技术难题之后，最终上马并顺利建成。虽然后期重大工程的某些共性关键技术最初是从国外引进的，但是通过"引进消化吸收再创新"，尤其是依靠中国本土在该领域长期扎实的基础研究，最终攻克重大工程的关键技术难题，显著提高了我国的自主创新能力，并在工程实践中牵引出一些重要的科学问题。

第三章　三峡工程牵引基础研究专题

1949年中华人民共和国成立后，党和政府对三峡工程进行了长期系统的勘探、设计、决策、论证和与之相关的科学研究工作。特别是从20世纪50年代开始，国家科学技术委员会即围绕三峡工程组织全国优势科技力量开展了综合深入的基础科学研究，为三峡工程的规划、设计和论证提供了重要的科学依据。

第一节　三峡工程科学研究的任务、方法与内容

一、三峡工程科学研究的一般方法

三峡工程科学试验研究中有以下几个主要方法。

（1）用先进的、多种类型的室内试验进行单体试件的特性研究。如对岩石、土、混凝土、水样、溶液等试样进行各种特性的测试。使用的试验方法和仪器类型是多种多样的，或同时采用几种试验方法或仪器设备进行对比，以岩土工程试验为例，测定强度特性的试验方法达五六种，仪器类型多达十几种。

（2）采用数学模拟、静力物理模拟或超重力离心模拟以及结构流激振动水弹性模型试验等手段，对建筑物的工况进行预测。随着科技快速发展和大数据时代的到来，处理由计算机产生的中间数据的任务愈加艰巨。现代数据可视化技术作为一种计算方法，将符号描述转变为集合描述，可以使数据处理和数值分析更加直观、快捷，因此在不同的工程领域得到了广泛应用。具体而言，数据可视化技术运用计算机图形学和图像处理技术，将数据转换为图形或图像在屏幕上显示出来，并进行人机交互技术处理，从而使研究者观察到所期望的仿真与计算结果（陈建军等，2001）。正因如此，数据可视化技术作为工程预测的强有力手段，在三峡工程的结构分析、船闸高边坡稳定、深水围堰性状等研究中发挥了重要作用。此外，静力物理模型试验直观，它虽因相似性不足而精度受到影响，但可以进行多种方案的定性比较；超重力离心模拟相似性较好，但技术较复杂，可作为选用方案的验证；结构流激振动水弹性模型试验相似性好，在闸门流激振动研究中发挥了重要作用。

（3）进行原位试验。对某些隐蔽部位（如深覆盖层、岩体深部等）物质的特性

用原位试验进行测定。采用的有贯入试验、触探试验、十字板强度试验、现场渗透试验、平洞剪切强度试验、水压致裂法试验等。

（4）对重要的技术难题进行现场试验或结合其他工程的施工进行验证试验。例如，60米水深下风化砂抛填密度问题，在进行了离心模拟研究后，还结合一期围堰进行实测检验；关于基坑爆破对其他建筑物的影响，则在现场进行加速度的测定，以评估对周围建筑物的影响等。

（5）对建筑物关键部位进行原型观测，判别建筑物的安全性，并对观测资料进行反馈分析，验证所用设计参数的合理性。

（6）在特殊情况下，对要拆除的临时建筑物"开膛破肚"，进行观察测绘，取样分析，以检验其内部工作情况，剖析和解决某些问题，或了解材料、性能的变化，如一期、二期围堰拆除时的试验研究获得了许多难得的资料。

（7）必要时参与设计部门的某些分析计算工作，设计人员也可酌情参与一些试验工作，这样有利于将设计更好地应用于试验成果，也有助于试验更加贴近设计。

二、三峡工程科学研究的主要任务

三峡工程科学研究的内容主要包括如下几个方面。①地质学方面：协同勘测岩石、土壤及地层中存在的其他衍生物的成分鉴定、特性研究，未来演化的预测以及对工程影响的评估。②设计方面：为设计提供各项计算参数；配合进行各种设计方案的敏感性分析及优化方案研究；协助对已定的设计方案安全性及可靠性进行计算分析或试验验证，为设计方案的选定提供佐证；对观测资料进行反馈分析，检验原设计参数的合理性，为验证原设计方案服务。③技术方面：协助进行某些施工新技术（如爆破、灌浆等）的室内和现场试验，提出完善的建议；对新的计算方法进行研究，对先进的试验技术进行探索，对特需的试验设备进行检测与定期监测。④在施工阶段：对实施中的建筑物进行原位观测，了解其性状。⑤在运行阶段：对运行中的建筑物进行安全监测，评估其安全状态。

三峡工程科学研究工作一般是配合设计、施工和运行不同阶段的任务而进行的，但由于科研工作的特点，研究阶段的划分与设计阶段的划分不完全一致，存在一些交叉。根据主要的设计阶段，三峡工程的科研工作可以划分为以下5个阶段：①三峡工程初设要点报告阶段（20世纪50年代末至70年代末）。②三峡工程150米方案可行性研究阶段（1980—1984年）。③重新论证、决策及175米方案初步设计和单项技术设计阶段（1985—1992年）。④三峡工程建设阶段（1993—2009年），三峡工程的建设过程又细分为3个阶段，全部工期为17年。第一阶段（1993—1997年）为施工准备及一期工程，施工期5年，以实现大江截流为标志；第二阶段（1998—2003年）为二期工程，施工期6年，以实现水库初期蓄水、第一批机组发电和永久船闸通航为标志；第三阶段

（2004—2009 年）为三期工程，施工期 6 年，以实现全部机组发电和枢纽工程全部完建为标志。⑤三峡工程全面运行管理阶段（2009 年以后）。

三峡工程研究工作的内容大致可归结为 17 个重大科学技术问题：坝区工程地质和水文地质问题、三斗坪岩石地基及有关问题、利用风化砂作混凝土骨料问题、水库调度和水库淤积问题、施工围堰及截流问题、大体积混凝土坝高块浇筑问题、水电站水轮发电机组单位机组容量问题、高压电气设备问题、直流输电问题、枢纽经济规划问题、水库下游航道整治问题、施工栈桥的结构形式及其快速安装问题、枢纽布置及大坝形式的选择问题、通航建筑物形式选择问题、施工通航方案的选择问题、电力系统的电压等级问题、电力系统自动调频方式问题。其中除电力系统、经济规划和某些施工问题外，长江科学院都直接主持或参与了有关研究工作。

第二节　不同时期三峡工程基础研究的历程

三峡工程是一项涉及科学技术、经济、社会发展等多门类的复杂系统工程，规模巨大，影响深远，建设难度高，科研工作是三峡工程的先导和基础。围绕三峡工程的相关科研工作，在 20 世纪 30 年代仅仅提出了一份相当粗略的查勘报告，进行了坝址选择工作，重点对葛洲坝、黄陵庙两处坝址进行了比较。20 世纪 40 年代，国民政府拟与美国垦务局联合开发三峡水电的计划，也只是进行了短暂且仓促的测量、钻探与库区调查，对大坝进行了初步设计，但是仅进行了极少的工程技术方面的研究与试验工作。因此，严格来说，三峡工程的科研工作是从 20 世纪 50 年代才开始的。经过 70 余年几代中国人的努力，以及长期的规划勘察、方案设计、科学研究、试验和论证，人们加深了对大自然的认识和对长江的自然规律的认识，得出的最终结论是：三峡工程建设是必要的，技术上是可行的，经济上是合理的。几十年来，中国围绕三峡工程的基础研究工作持续推进，大致可划分为以下 5 个阶段。

一、三峡工程初设要点报告阶段（20 世纪 50 年代末至 70 年代末）

国家科学技术委员会主任聂荣臻曾在 1959 年 11 月 24 日召开的三峡工程第二次科研会上向中央和国家科学技术委员会党组的报告中说道，"像三峡这样伟大的工程，科学技术问题很多，不管何时开工，科学研究工作总要走在前面，现在就要抓紧，并积极带动我国科学技术水平的提高"（中共中央党史研究室等，2007）。正是在这一方针的指导下，通过大量的基础研究成果，三峡工程的论证和科学决策奠定了坚实的基础。

此阶段自 1957 年长江流域规划明确三峡工程在综合开发治理长江中的主体地

位开始，至 1958 年 3 月党中央成都会议后形成筹建三峡工程第一次科研高潮（1957—1960 年）。

1942 年，国民党政府曾聘请美国著名高坝专家萨凡奇（John Lucian Savage）博士前来查勘研究。1944 年，萨凡奇来华考察，提出一份高坝计划，以发电为主，兼有防洪、航运、灌溉之利。

1954 年长江大水之后，党和国家决定开展长江流域规划和三峡工程的研究，并聘请苏联专家帮助工作。1958 年 2 月，周恩来总理率有关领导和中苏专家进行查勘讨论，当年 3 月，党中央成都会议根据周恩来总理的报告，专门通过了《中共中央关于三峡水利枢纽和长江流域规划的意见》，并决定成立长江流域规划办公室（简称长办）。

三峡工程的科研工作始于 20 世纪 50 年代。自 1957 年起，长江水利科学研究院配合《三峡水利枢纽初步设计要点报告》之坝址选择，进行了南津关坝区和美人沱坝区的坝址选择水力学试验研究。以水库正常蓄水位 200 米方案为代表，研究了南津关坝区的南津关坝址和美人沱坝区的三斗坪坝址，为解决三峡工程调节供电负荷的不稳定水流对通航的影响问题，经过讨论商定在南津关外宜昌市上游的葛洲坝修建反调节梯级，三峡电站尾水位和流速均可控制，能满足通航条件，还能利用三斗坪以下峡谷河段落差发电，且不淹没宜昌市区。为此，长江水利科学研究院在汉口九万方科研基地赶做了两座露天模型，一座是平面 1∶800 三斗坪至枝江的变态模型，用于研究日调节不稳定流对航道枯水时的水位变化影响；另一座是 1∶200 正态模型，用于研究不稳定流各险滩流态和流速分布，这是最早的三峡——葛洲坝两坝间通航水流模型。1959 年 6 月，应长办邀请，有关部委、省（市）66 个单位代表在武昌讨论《三峡水利枢纽初步设计要点报告》，推荐三斗坪坝址，会后与会代表观看了露天模型放水试验，对三斗坪南津关间峡谷河段航行条件的改善表示认可。1959 年 12 月，长办和交通部联合在北京召开了三峡工程通航条件会议，讨论通过了长办提出的在葛洲坝修建反调节梯级的方案。

关于三峡工程泥沙、地质问题在内的众多科研工作早在 20 世纪 50 年代即已开始。在 1958 年 1 月召开的中共中央南宁会议上，毛泽东主席听取了水利部和长江水利委员会关于三峡工程的汇报。他在肯定三峡工程的必要性的同时，充分考虑以林一山、李锐为代表的不同意见的合理性，提出"积极准备，充分可靠"的三峡建设方针；而且，他还委托周恩来亲自抓长江流域规划和三峡工程（中共中央党史研究室等，2007）。1958 年 3 月，党中央在成都通过《中共中央关于三峡水利枢纽和长江流域规划的意见》决议，明确指出"三峡水利枢纽是需要修建而且可能修建的"，以及要在 20 世纪建设三峡工程。该意见对三峡工程的建设提出了"积极准备，充分可靠"的重要方针。

在"大跃进"的声浪中，出于对本国技术实力、国力和国内外形势等因素的考虑，中央慎重决定将三峡工程上马之事暂缓，但是科研活动继续开展。1958 年 4 月，在周恩来的指示下，国家科学技术委员会、中国科学院和水利电力部成立三峡科研领导小组，中国科学院副院长张劲夫为组长，国家科学技术委员会与水利电力部各一名负责人为副组长，负责组织三峡工程科研大协作。以中国科学院为牵头单位，先后有 300 多家单位近万名科技人员参与其中。不过这场声势浩大的三峡工程的科研活动却遗憾地无疾而终。

1958 年 6 月 5 日至 16 日，在国家科学技术委员会三峡水利枢纽组的召集下，中国科学院、水利电力部、第一机械工业部、长办等共同筹备的"三峡水利枢纽科学技术研究会议"在武汉举行，张劲夫主持会议。有关的科研部门、产业部门、高等院校、设计施工单位以及中央和地方的主管部门共 82 个单位、268 人参加，商讨制定了科研计划和分工。华罗庚、周培源、张文佑、田鸿宾、朱物华、张如屏、钱令希、张光斗等著名科学家参会，同时还有 13 位苏联专家。会后向中央报送了《关于三峡水利枢纽科学技术研究会议的报告》。根据这次会议制订的计划，全国共 300 多家单位、近万名科技人员参加三峡工程的科研大协作。此后还召开了两次相关三峡科研会议，就三峡工程的重大科技问题和初步设计进行研讨。

在这次会议的开幕式上，张劲夫作了报告。会议按照水利、动力、机械、综合经济、地质等多个专题全面地讨论了 250 多个有关三峡水利枢纽的科学技术研究项目及相关科学技术问题（中国二十世纪通鉴编辑委员会，2002）。此后合作单位之间分别签订了协议或制定了任务书，确定了分工协作的关系。中国科学院学部委员钱令希教授在会上激动地表达了大家想创造三峡奇迹的共同愿望。会议期间，为了更好地了解三峡枢纽的实际情况，参会代表们还冒雨乘专轮在 6 月 10 日和 11 日到三峡现场查勘。时隔仅两个月，周恩来于 8 月主持党中央北戴河会议，要求长办在本年底完成《三峡水利枢纽初步设计要点报告》，要准备三峡工程 1961 年开工。这次会议及其结论意味着三峡工程在尚未完成系统的基础研究和缺乏可行性论证的情况下，就要迫不及待地上马了。

1959 年，三峡科研大协作在全国大规模铺开，中国科学院技术科学部和多个研究所的骨干力量参与其中。1958—1960 年共召开过 3 次三峡科研会议。先后有 300 多家单位和近万名科技人员参加了三峡工程科研工作，撰写完成了一大批有价值的研究报告与相关学术论文。这是三峡工程的第一批科研成果，长江水利科学研究院作为三峡工程设计总成单位中的研究部门，义不容辞地承担起了主要的科研任务，根据当时工程的特点，首先启动了几项较有挑战性和持续时间较长的研究课题：大坝基础岩性研究、二期围堰风化砂 60 米水深下抛填密度和二期围堰型式（土石围堰、管柱围堰等）的研究、大坝混凝土骨料特性和碱性骨料问题研究以及低热水泥的研制、配合坝址选择而进行的水工模型试验等。作为三峡科研组的成员之一的钱学森兼任中国科学院力学研究所所长，他在所内专设水轮机流体力学研究组，积极组织研制百万千瓦量级水轮机组。

成都会议后，1958年6月，国家科学技术委员会和中国科学院成立的三峡科研领导小组主持三峡工程科研全国大协作，在武汉召开了第一次科研会议，制订了三峡工程科研计划。长江水利科学研究院成立于1956年，其主要任务是针对长江上的大型水利枢纽以及长江中下游河道整治和防洪的要求，开展科学试验研究，并为规划、设计和施工提供科学依据及论证（武汉年鉴编纂委员会，1986），后于1959年12月更名为长江水利水电科学研究院（中国水力发电年鉴编辑委员会，1985）。作为三峡工程科研工作的主体单位之一，长江水利科学研究院在武汉本部的各相关专业，针对三峡工程的需要，拟订计划，筹置设备，组织力量，立即投入有关研究。研究的领域涉及河流、泥沙、水力学、结构工程、岩石工程、土工工程、结构振动与抗震、混凝土材料和灌浆材料以及灌浆技术、爆破技术、监测技术和水资源水环境科学等。为使研究工作更具针对性，研究人员还迅速在现场建立科研基地，在艰苦的条件下长期驻守工地进行试验工作，前后持续长达半个多世纪，例如，1959年起就配合勘探进行坝基岩体物理力学性质测试，在乐天溪进行花岗岩人工骨料试验研究，在石板溪拦沟进行风化砂6米水深人工抛填现场试验等。除针对三峡工程设计施工中的技术研究外，还在长江中游支流上的陆水三峡试验坝、汉江丹江口水利枢纽和长江干流上的葛洲坝水利枢纽的建设过程中，有目的地结合三峡工程的一些技术难题，进行了大量的、仿真的、卓有成效的试验研究，为三峡工程探索路子、积累经验。

1959年10月，又在武汉召开了三峡水利枢纽第二次科研会议。会议在总结第一次会议后所开展工作的基础上，从已提交的700多份科研成果中选出了一些重要问题进行研讨，最后归纳为17个重大科技问题。这些关键性问题具体包括：坝区、坝址的地质问题，水库淤积问题，水轮发电机单机大容量问题，通航建筑物型式问题，以及工程施工中的围堰截流、施工期的临时通行与混凝土浇筑问题等。这些问题因中国当时的水利工程科技积累较为薄弱，也相对缺乏工程建设经验，在当时还是难度较大的课题（林一山，1995）。

从1958年6月至1960年12月，全国性的科研会议共举行过3次。其后的一二十年，陆水三峡试验坝和葛洲坝水利枢纽的建设和相应的科研工作，为三峡工程许多关键技术提供了难得的"实战准备"经验。

1959年，长办上报三峡工程初设重点报告，建议蓄水位200米，除解决中下游防洪外，可装机2500万千瓦。但工程规模太大，移民太多，与当时的国力不相适应。在中苏关系开始恶化的背景下，毛泽东已在慎重考虑战争状态下的三峡工程防护，并由周恩来牵头成立三峡防空炸科研领导小组，建立中国人民解放军国防科学技术委员会负责的三峡工程试验站。1960 年之后，在研究枢纽工程的防空炸问题时，认为三斗坪坝址的河谷宽阔，不利于开展空防，于是开始重新研究坝址问题（高巍翔和陈茵，1998）。三门峡工程泥沙淤积所导致的严重后果，也令毛泽东认真思考三峡泥沙与水库寿命问题。

1960 年 3 月，初步设计各阶段的主要工作完成。5 月 16 日，刘少奇视察了三斗坪坝址与中堡岛的探井。此后，由于经济困难及国际形势紧张，全国进入战备时期。中央根据国内经济情况和战争形势对三峡工程进行调整，放缓三峡建设，8 月，周恩来在北戴河会议期间主持召开长江规划会议，将三峡工作部署调整为"雄心不变，加强科研，加强人防"，三峡科研组继续推进协作。三峡工程第一次科研高潮至此结束。

1961 年 2 月，国家科学技术委员会根据中央"调整、巩固、充实、提高"的方针，对三峡工程科研工作作了新的布置。会议认为，本着"三峡着眼，近期着手，统一规划，通力协作"的精神，已解决一些关键技术问题，其后两年的主要任务是巩固提高现有成果，积极开展新设计方案所要求的科学技术问题研究，继续完成三斗坪设计方案的科研工作。1962 年 12 月，国家科学技术委员会三峡科研领导小组在中国科学院召开扩大会议，提出将三峡工程科研工作作为《1963—1972 年科学技术发展规划纲要》的重要课题之一。拟就水库淤积、水库预报双水内冷大型水轮发电机组、升船机、高水头深孔泄洪、高压输电技术等开展研究。这一时期根据中央精神，三峡工程加强了工程防护研究的工作。

截至 1962 年底，长江水利水电科学研究院围绕坝址选择兴建了 10 余座水工模型，提出试验报告 26 份。南津关坝址水力学试验研究主要进行了施工导流和船闸水力学试验研究，开展了管柱法围堰施工试验与尾水调压井定性试验，建立了施工导流整体模型与导流洞模型，研究了南津关坝址十五级船闸第三级闸室的水力学等关键问题。三斗坪坝址水力学试验研究主要建立了水工整体模型、溢流坝段模型、溢流坝永久小底孔模型、溢流坝闸门模型、导流水力学模型，开展了截流水力学试验、船闸水力学试验与过鱼建筑物试验等研究。

事实上在 1962 年后，特别是受到"文化大革命"（简称"文革"）的影响，除中国人民解放军国防科学技术委员会负责的工程防护和长办负责的水库淤积及预报调度少数项目外，三峡科研已处于停滞状态。究其原因，人们对持续开展三峡工程的基础研究的重要性的认识不足。三年困难时期前后，国家和各单位均经费严重缺乏，科研工作普遍难以为继，而国家正处于"两弹一星"攻关期，需集中力量加以保证。一旦有所冲突，三峡工程首当其冲。1969 年，湖北省革命委员会成立不久，省领导一再建议中央进行三峡工程建设。该年 10 月，毛主席视察湖北时指出，目前战备时期，不宜作此设想。省领导转而研究建设葛洲坝工程，并吸收了长办一部分工程技术人员参加。与此同时，长办以林一山为首组织了一部分工程技术人员积极研究三峡工程，并提出围堰发电、低水位发电等系列分期建设的方案（中国人民政治协商会议湖北省委员会学习文史资料委员会，1993）。

葛洲坝工程本来作为三峡工程的一个航运体积，是附属于三峡工程的。在开发程序上，也应该是在建设完三峡工程后，再建设葛洲坝工程。也就无怪乎在 1960 年制定完成三峡水利枢纽第一次初步设计时，仅对葛洲坝工程进行了一个规划性设计。1970 年 12 月 26 日，毛泽东主席原则上批准了葛洲坝工程，批示："赞成兴建此坝。现在设想是一回事。兴建过程中将要遇到一些现在想不到的困难问题，那又是一回事。那时，要准备修改设计。"（《中国水力发电史》编辑委员会，2007）葛洲坝工程在"边勘测、边设计、边施工"的方针下，于 1971 年仓促开工。由于前期基础科研不足和重大技术问题尚未攻克，葛洲坝工程不幸出现了严重的工程事故而停工近两年（中国人民政治协商会议湖北省委员会学习文史资料委员会，1993）。后来通过修改工程设计和加紧进行关键科研问题补充研究后复工，葛洲坝后期运行良好。

客观来看，当年的三峡科研大协作产生了数量可观的成果，并推动了三峡工程的勘测、设计工作。当时国家技术水平和经济条件的制约是导致三峡工程未能在 20 世纪中期上马的根本原因。

二、三峡工程 150 米方案可行性研究阶段（1980—1984 年）

20 世纪 70 年代初，决定先上三峡工程的"试验坝"——葛洲坝工程，同时决定为建三峡工程做实战准备。20 世纪 70—80 年代初，葛洲坝工程建设为三峡工程做实战准备，其中有许多技术完全适用于三峡工程，如河势规划、枢纽总体布置、大江截流、软弱夹层地基处理、大波量消能防冲设施、大型船闸、坝区泥沙淤积处理、大型金属结构、低水头大容量水电机组等，都已经达到国际先进水平。但还有许多三峡工程特有的课题尚待研究，如库区泥沙问题、深水围堰、施工通航、高水头大容量水轮机组等。当时正值世界科技飞速发展时期，计算机和数值分析技术日臻成熟，其他许多科技成就也不断出现，使许多疑难问题的解决有了强有力的工具，为三峡科研工作增添了新的助力，诸如用小比例尺遥控船队模型研究通航水力学问题，用计算机研究结构应力应变和稳定问题以及渗流控制问题，采用电子显微镜的微观和宏观相结合的方法研究土的物理化学和力学特性，采用地质力学模型研究大坝和地基的稳定、变形和破坏机制，毫秒分级起爆和预裂爆破技术，等等。

150 米方案可行性研究阶段是筹建三峡工程的第二次高潮期。1979 年 9 月，水利部召开三峡选坝会议，向国务院汇报提出，要以三斗坪为坝址开展设计工作。1979 年底，三峡工程选定了三斗坪作为最终坝址，开展可行性研究。本阶段主要进行了初期 128 米蓄水位分期开发方案和 150 米蓄水位方案的试验研究。1979 年 11 月 28 日，水利部向国务院报送《关于三峡水利枢纽的建议》，建议将三峡工程作为中国四个现代化建设中的一项重大战略性工程，争取在 20 世纪 90 年代建成（《中国水力发电史》编辑委员会，2007）。

1981—1982 年，长江水利水电科学研究院进行三峡工程初期 128 米蓄水位分期开发方案的试验（《长江志》编纂委员会，2000）。其中开展的相关试验项目有：三峡电站日调节对南津关河段通航的影响、115 米水位提前发电方案导流底孔模型试验、二期导流试验、枢纽布置水力学试验。1982 年，长办根据水利电力部的指示，研究了三峡工程 150 米蓄水位方案的可行性。关于正常蓄水位 150 米（坝顶高程 165 米）方案主要开展了枢纽布置及溢流坝水力学试验，包括枢纽布置整体水力学试验、溢流坝水力学试验、电站不稳定流对航行影响探索性试验等。通过系列试验研究，提出了大量试验成果，其中科研报告将近 30 份，为科学论证初期 128 米蓄水位分期开发方案和 150 米蓄水位方案的可行性提供了技术支撑。

20 世纪 80 年代初，葛洲坝工程开始发电，根据长江防洪和国民经济发展的需要，兴建三峡工程又提到议事日程。当时考虑到蓄水位如果太高，移民负担太大，泥沙问题也比较复杂，因此将蓄水位降为 150 米，于 1983 年提出可行性报告。1983 年初，长办按照国务院的指示，在大量工作的基础上提出了《三峡水利枢纽可行性研究报告》，对坝顶高程 165 米、正常蓄水位 150 米的方案进行了研究和论证。5 月，在国家计委的牵头下，召集了国务院 16 个部委、湘鄂川 3 个省份、58 个科研单位与 11 个大专院校的专家、领导 350 多人一起开会，审查了该可行性研究报告，多数人表示赞成。后来被称为"低坝方案"。水电部向国家计委和国务院提出《建议立即着手兴建三峡工程的报告》。1984 年 2 月 17 日，国务院财经领导小组召开会议，讨论了水电部的报告，决定采用正常蓄水位 150 米，坝顶高程增至 175 米的方案。

就在这一决定三峡工程是否上马的关键时刻，国家领导十分关心三峡电站日调节引起的三峡工程下游至葛洲坝工程区间水位变动对航运的影响问题，长江水利水电科学研究院在"前坪科研基地"建立"两坝区间模型"进行试验验证，为工程决策发挥了重要作用。

长江水利水电科学研究院配合初步设计及其科学论证，开展了枢纽布置、通航轴线确定、通航建筑物选型、航道水流条件、施工导截流及施工通航等水力学研究，还有枢纽布置试验、溢流坝试验、通航建筑物及航道水力学试验、三峡—葛洲坝两坝间电站调峰对航运影响试验、施工导截留试验、导墙和闸门流激振动等试验研究，以及三峡船闸中间渠道数模计算研究。1984 年 4 月 5 日，国务院原则批准三峡工程可行性研究报告，坝顶高程由 165 米增加为 175 米，以提高其防洪作用；并决定 1984 年、1985 年进行施工前期准备，争取 1986 年正式开工。其后，长办即进行正常蓄水位 150 米方案、坝顶高程 175 米方案的初步设计及相关的研究工作。

1984 年 4 月，国务院成立三峡工程筹备领导小组，进行施工前的准备工作（熊坤静，2010）。同年 9 月，三峡工程筹备领导小组第二次会议确定，由国家科学技术委员会抓总三峡工程的科研工作，组织分配任务，协调各方，共同努力完成科研任务。1984 年 11 月，国家科学技术委员会在成都组织召开了长江三峡工程科研工作会议，制定了 200 多项专题前期科研计划。

1984 年 10 月 8 日，重庆市委、重庆市人民政府报告国务院，要求将三峡蓄水位抬高到 180 米，以便万吨级船队可以直达重庆。国务院委托国家计划委员会、国家科学技术委员会进一步组织论证水位。随后，全国政协经济建设组向中央领导同志报告，反对建三峡工程，1985 年两会期间，一些人大代表、政协委员也反对修建。

为了论证重庆市提出的正常蓄水位采用 180 米方案的可行性，国务院要求由国家计划委员会和国家科学技术委员会共同组织 150—180 米蓄水位方案论证工作。在系统分析的基础上，进行了任务分解，采取了先专题论证，再综合论证，并将论证与前提基础研究工作有机结合起来的做法。在论证中，聘请国内著名科学家、工程技术专家、经济学家、生态环境领域的专家组成不同专家组，对防洪、库区淹没与移民、泥沙与航运、电力系统规划、地质与地震、生态环境和综合评价等专题进行论证。

国家科学技术委员会按照李鹏、宋健、钱正英等领导同志商定的原则，结合当时三峡可行性论证的进展情况，通过对 1985 年已经开展的前期科研工作进行复核、筛选，确定了 7 个课题，包括三峡工程的泥沙与航运、地质与地震、水工建筑、施工技术、电力系统规划、生态环境、水文水情与防洪、三峡地区规划及综合利用效益等问题。

鉴于该项目是围绕特大型工程建设而安排的多学科、综合、配套的攻关科研项目，在具体实施过程中被分解为 365 个子课题，由科研、高校、勘测、设计、施工等 300 多个单位，组织 3164 名科技人员共同承担任务攻关。后经鉴定，相当部分的研究成果达到国际先进水平或国内领先水平（《中国水利年鉴》编辑委员会，1991）。1985 年以来，国家拨款和各部门自筹的科研经费总计近亿元。

“七五”国家重点科技攻关项目第 50 项还安排了三峡电站水轮发电机组和三峡升船机与超大型金属结构等关键技术研究，以及三峡工程大型专用施工机械、三峡电站综合自动化成套装置研制等内容。“七五”期间，安排三峡工程的科研课题覆盖了三峡工程可行性重新论证中的重大科学技术问题，所取得的系统性科研成果，为重新编制三峡工程可行性研究报告提供了可靠的科学依据。第 50 项研究所涉领域非常广泛，研究深度远超以往，并达到了相当高的科学技术水平。这是大型工程建设促进基础研究的体现。通过国家组织的大规模科学研究，取得了一系列直接有益于三峡工程建设本身的成果。

1985 年 5 月，长江六月办公室完成了三峡工程的初步设计。总体来看，这一阶段的科研更加重视原型观测，注重现场调查和实践检验，体现了多学科、多层次的研究，并根据工程的现实需要，直接调整研究内容，还采用了多种先进的科学技术手段。

三、重新论证、决策及 175 米方案初步设计阶段（1985—1992 年）

1986—1990 年是科研工作任务最重、时间最紧的时期，所得成果在工程上马的决策中起到了关键性的作用。1986 年以后，重点开展了三峡可行性设计的论证和国家"七五"攻关第 16 项三峡枢纽布置优化专题研究。

1985 年 5 月 30 日至 7 月 5 日，全国政协经济建设组组长孙越崎为团长的调查组到川鄂两省沿江地区进行为期 38 天的考察，在此基础上，全国政协经济建设组于 7 月提出《关于三峡工程问题的调查报告》，对于修建三峡工程提出了不同意见：三峡工程近期不能上，至少"七五"期间不该上，因为泥沙淤积等七个方面的问题并没有解决。同年 9 月 2 日到 29 日，水电部组织了对长办提出的《长江三峡正常蓄水位补充论证报告》的内部预审会。会议讨论了三峡工程水位方案选择，并在综合研究的基础上认为，选用 160 米蓄水位方案是适宜的（水利部科技教育司，三峡工程论证泥沙专家组工作组，1990）。

鉴于三峡工程极端重要，工程本身也极其复杂，1986 年 6 月，中共中央、国务院发出《关于长江三峡工程论证有关问题的通知》，责成水利电力部负责进一步论证三峡工程，广泛组织与工程有关的各方面专家，对三峡工程再次进行全面、深入、细致的论证，重新提出可行性报告（蒋建东，2012）。水利电力部党组 6 月 19 日组成三峡工程论证领导小组，负责组织、领导论证工作。412 名专家参加此项工作，分为 14 个组，即地质地震、枢纽建筑物、水文、防洪、泥沙、航运、电力系统、机电设备、移民、生态与环境、综合规划与水位、施工、投资估算和综合经济评价。每个组都必须提交各自的报告，在领导小组扩大会议上讨论并通过。

在这期间，科研工作主要是围绕重新论证的要求而展开的，进行了大量的科研补充工作。水利部与能源部共同主持的"长江三峡工程重大科学技术研究"被国家科学技术委员会于 1986 年列入国家"七五"攻关计划第 16 项，主要围绕当时争议较大的明渠通航与明渠不通航这两大类不同的枢纽布置方案，进行正常蓄水位 175 米、坝顶高程 185 米的试验研究。长江科学院重点研究明渠通航方案枢纽布置、溢流坝位于河槽中央、孔堰相间布置的水力特性及泄洪运用情况；水利水电科学研究院（后更名为中国水利水电科学研究院）对三峡明渠不通航方案进行枢纽布置试验研究，着重研究溢流表孔与泄水深孔分开布置在不同坝段，并采用厂顶溢流的布置形式。两单位共进行了 6 种泄洪建筑物及电厂布置方案通过论证，建议采用明渠通航类枢纽布置方案，并提出了优化的泄洪布置，已为三峡初步设计采用（《长江志》

编纂委员会，2000）。经过三年的工作，论证工作共完成了 14 个专题论证报告和重新编写的可行性报告。

1987 年 4 月，三峡论证领导小组扩大会议确定，三峡工程的论证工作按正常蓄水位 175 米、坝顶高程 185 米方案进行。为更好地开展三峡工程科研，长江科学院专门就近选址在宜昌前坪建设了三峡工程科研基地。该基地先后兴建了多座三峡工程相关水工模型开展试验研究，至今仍保留着两坝间模型、三峡整体模型、通航模型 3 座特大模型，并进行日常维护，以备后续科研使用。

1989 年 9 月，三峡工程论证工作报告由水利、能源两部联合上报国务院三峡工程审查委员会。1990 年 12 月到 1991 年 8 月，国务院三峡工程审查委员会审查通过了该报告，又报经中共中央、国务院批准。1992 年，七届全国人大五次会议在审议了李鹏总理提出的有关议案后，于 4 月 3 日通过了关于兴建长江三峡工程的决议，论证领导小组的任务胜利结束。决议在"批准将兴建长江三峡工程列入国民经济和社会发展十年规划，由国务院根据国民经济发展的实际情况和国家财力、物力的可能，选择适当时机组织实施"的同时，指出"对已发现的问题要继续研究，妥善解决"（宜昌年鉴编纂委员会，1993）。《决议》通过后，长江水利委员会于 1992 年底完成并上报《长江三峡水利枢纽初步设计报告（枢纽工程）》。

鉴于三峡工程规模特大，其中某些单项工程规模即相当于一个大型工程，且技术复杂，有必要在初步设计完成后，立即开展主要建筑物的单项技术设计，再进行招标设计和施工详图设计，需进行单项工程技术设计的共有 8 项，包括大坝、电站厂房、永久船闸（选定方案为双线五级船闸）、升船机（水工部分）、机电、二期上游横向围堰、建筑物安全监测、变动回水区航道及港口整治（包括坝下游河道下切影响及对策研究）。

1993 年 7 月，三峡工程的初步设计通过后，经充分论证比较，国务院三峡工程建设委员会批准了由长江水利委员会推荐的布置方案，即河床中部布置泄洪坝段，相间布置 22 个表孔、23 个深孔和 22 个导流底孔，河床两侧布置坝后厂房，左岸布置通航设施，施工期导流与通航采用"明渠通航三期导流"。至此，工程进入单项工程技术设计阶段。在此阶段，为满足技术设计的要求，主要进行了如下两个方面的研究：双线五级船闸高边坡稳定性问题；缓倾角节理对左岸厂房坝段坝基稳定性影响问题。

长江科学院对泄洪表孔、深孔及导流底孔的体型、尺寸以及连续五级船闸（含上下游引航道）和卷扬式升船机等有关水力学问题进行了大量深入细致的试验研究和计算分析。泄水建筑物水力学问题，具体包括整体泄洪消能问题、深孔水力学问题、表孔水力学问题、导流底孔水力学问题、厂坝高导墙的流激振动问题（左厂坝导墙水弹性模型）及深孔闸门止水问题等试验研究；水电站水力学问题，具体包括水电站进水口单孔、双孔方案模型、水电站压力引水钢管及进口段模型试验研究等；通航水力学问题，具体包括五级船闸输水系统布置、上下游引航道口门区水流条件以及升船机整体运行条件试验研究。这个阶段时间较短，要达到技术设计的要求还有许多工作要补充，在后续的几年里相关问题仍在持续研究。

1995 年 3 月之前，先后完成了 7 项单项技术设计报告，为工程的正式施工准备了技术条件，这一阶段的研究工作针对性强、目标明确、工作量大、进度要求急、实用价值高，这一阶段是三峡科研工作中最繁重、最关键、最有价值的阶段。

通过"七五""八五"国家科技攻关及其他研究工作，在河道、水库泥沙研究，水电站进水大孔口最优体型，工程岩体分类，岩体大深度地应力测试，陡高岩体边坡稳定裂隙岩体渗流分析，深水高土石围堰的数值分析，大型土工离心机和大型平面应变仪的研制和技术开发，河床粉细砂地基的动力特性及抗液化措施，低模高强的防渗墙柔性材料的研制，多层大孔口建筑物结构可靠度分析和抗震分析等重大课题方面，取得了重要进展，一批国内外先进，甚至领先的技术都相继诞生、开发或应用，大大增加了工程研究的技术含量。

四、三峡工程建设阶段（1993—2009 年）

1994 年 12 月，三峡工程正式开工，在施工进程中，除原有单项技术研究任务继续进行外，长江科学院针对通航船闸水力学、地下电站水力学、施工期通航及导截流、泄洪排沙排漂等水力学问题开展了相关试验研究工作。三峡工程开工后，伴随施工过程中出现的问题，科研人员及时进行分析论证，为变更设计提供了可靠的技术支撑。在工程建设过程中，围绕深水围堰、混凝土材料、爆破技术、监测技术等研究，中国长江三峡工程开发总公司组织过国内多家单位协同攻关，这种方式既提高了成果的质量，也有助于相关学科的发展，还扩大了三峡工程的影响。

在工程投入运行阶段，科研工作并未停歇，研究转入对建筑物的工作性态进行监测，判断其安全状况，对资料进行反馈分析，以验证设计。这时候的科研工作甚至对某些重要的临时建筑物，如二期围堰，在其服役完成后还回过头再考察其运用期的工作状态，使设计中的某些疑虑得到澄清。这些资料对今后其他工程也极具参考价值，也为以后的工程相关的基础研究技术路线提供了范例。

五、三峡工程全面运行管理阶段（2009 年至今）

2009 年是三峡工程建设工期的最后一年，三峡水库的蓄水位和三峡电站的年发电量均达到了初步设计值，三峡—葛洲坝梯级枢纽综合效益进一步发挥，三峡工程此后转入全面运行管理阶段。其后，中国长江三峡集团又与国内外高校、科研院所合作，开展了许多研究。这一阶段主要有 3 个方面工作：继续进行为设计服务和国家攻关的课题研究；为施工服务的研究课题大量开展；原位监测工作。

这些工作不仅量大面广，而且因为问题已真实地暴露，以往研究被检验，需不断进行修正、补充、再论证。其中，监测方面工作量较大，自开工以来，长江科学院全方位、全过程地参加了工程的安全监测，包括边坡岩体变形观测、岩体应力观测、地下水观测、降水量及地表径流观测、锚杆应力状态观测、岩体松弛范围观测、爆破振动观测等。还为茅坪溪沥青混凝土心墙的监测研制了一些专用仪器设备。另一项在这一时期新开展的是，三峡水库软科学方面的研究，如水库管理调度的一些制度建设、三峡水库蓄水后生态径流调度措施研究等，在环境问题上也开展了多方面的研究工作。

此外，长江科学院还开展了三峡工程建筑物水力学安全监测系统设计工作。1994—2000 年，随着大坝的开工建设，依次开展了三峡工程茅坪溪防护工程泄水建筑物、混凝土纵向围堰及导流明渠水力学安全监测，其中对导流明渠连续开展了 1997年、1998 年和 1999 年水力学安全监测与下游纵向围堰振动安全监测及导流底孔阀门振动监测，监测未发现危及建筑物安全的异常情况，监测数据为确保明渠通航安全提供了科学依据。

2003 年 6 月，三峡首台机组正式投入试运行，三峡工程开始发电，后续工程继续建设。2006 年 5 月，三峡大坝全线达到设计高程。工程建成运行以后，继续就三峡工程后期建设和运行中出现的问题开展研究，在电站、大坝、船闸运行安全监测及两坝间通航研究等方面做了大量工作。上述研究成果为工程的正常、顺利、高效运行提供了有力技术支撑。

几十年来，伴随着三峡工程的建设过程开展的相关水力学问题总体可分为坝址选择与枢纽布置，泄洪、排沙及排漂建筑物水力学，通航水力学，电站水力学，施工期导截流，水工结构流激振动，水力学安全监测，等等，取得了丰硕的研究成果，先后荣获国家科学技术进步奖及省部级科学技术进步奖特等奖、一等奖、二等奖等奖项30 余项，其中"长江三峡工程大江截流设计及施工技术研究与工程实践"获国家科学技术进步奖一等奖、"三峡工程明渠导流及通航研究与运行实践"获国家科学技术进步奖二等奖。

综上所述，在三峡工程的全生命周期，即在三峡工程初设要点报告阶段、150 米方案可行性研究阶段、重新论证决策及 175 米方案初步设计阶段、工程建设阶段及工程全面运行管理阶段，我国分层次、分重点地开展了大量勘测设计和试验科研工作。全国先后有几百个科研单位与高等院校参加了三峡工程的试验研究工作，为三峡工程做出了积极贡献的同时，也反向牵引了三峡工程相关的基础研究，在三峡工程水文研究、工程地质研究、综合利用与水库调度研究、大坝及电站厂房研究、永久通航建筑物研究、机电研究、工程施工研究、科学试验和研究、泥沙研究、移民研究、生态环境影响研究等方面取得了丰硕的成果。

第三节 三峡工程牵引基础研究的主要体现

一、与工程直接相关的应用基础研究

1. 工程水力学研究

三峡工程的水力学研究问题在整个工程建设过程中贯穿始终，成为工程建设的重要技术支撑。总的来说，三峡工程的水力学研究问题可分为七大方面：坝址选择与枢纽布置，泄洪、排沙及排漂建筑物水力学研究，通航水力学研究，电站水力学研究，施工期导流、X流问题研究，环境与生态水力学研究，水力学安全监测。

1951—1962 年，围绕南津关坝址和三斗坪坝址的选择，先后建成 10 余座水工模型。在南津关坝址主要开展了施工导流及围堰和船闸水力学试验，包括堆石围堰试验、管粒法围堰施工试验、施工导流整体模型、导流隧洞模型、十五级船闸第三级闸室的局部模型、尾水调压井定性试验等，在三斗坪坝址开展的水力学试验中，包括溢流坝水力学试验、溢流坝永久小底孔试验、闸门水力学试验、水工布置整体模型试验、导流水力学模型试验、截流水力学试验、船闸水力学试验、过鱼建筑物试验等。1978 年，又对太平溪坝址补充进行了 1∶250 整体模型试验，研究枢纽布置及施工导流问题。

1979—1984 年，主要进行了初期 128 米蓄水位分期开发方案和 150 米蓄水位方案的试验研究，开展了施工通航、枢纽布置、通航建筑物及航道水力学、施工导截流水力学等试验及计算水力学研究，开发三峡船闸中间渠道数模计算等工作。1993 年，对泄洪表孔、深孔及导流底孔的体型、尺寸和有关水力学问题进行了研究，以后还包括排沙及排漂建筑物水力学问题、地下电站水力学问题、施工期通航及导截流问题等。1994 年后，对各建筑物开展了水力学安全监测，在船闸及三峡—葛洲坝两坝间通航水力学、库区滑坡涌浪、消落期防治"水华"暴发生态调度等方面开展了大量的研究工作。

三峡工程有多种水工闸门、阀门，它们的流激振动问题关系着工程安全。闸门的流激振动试验模型必须同时满足水动力学相似与结构动力学相似。一直以来，由于国内外没有这种模型材料，不能进行流激振动仿真试验。1992 年，长江科学院引进荷兰代尔夫特（Deltares）水力学研究所的变态水弹性模型试验技术，使模型达到弹性和密度近似水弹性，对三峡船闸输水廊道反弧阀门进行流激振动仿真试验。长江科学院与武汉理工大学合作研发了适合钢闸门流激振动试验的水弹性模型材料，并在国家"九五"攻关课题的大坝导流底孔弧形闸门、泄洪深孔弧形闸门、电站排沙底孔平面闸门、永久船闸末级泄水反弧门进行流激振动研究中，用研发的模型材料制作闸门

完全水弹性相似模型，进行流激振动仿真试验。大坝导流底孔弧形闸门原型振动观测成果验证了该闸门流激振动水弹性模型试验的仿真性。三峡左导墙的流激振动问题也进行了水弹性模型试验研究，采用适合混凝土的水弹性模型材料。

2. 水工岩石力学研究

三峡工程岩石力学问题复杂，三峡工程岩石力学的研究过程也是中国岩石力学这个新学科的建立和成长过程。

在三峡工程研究的最初阶段，人们把岩石当作一种材料，在性状分析中，把它当作一种连续的力学递质，用结构分析方法来计算其应力应变分布；用解决松散递质问题的极限平衡方法评价其稳定性。1962年，长江水利水电科学研究院岩基研究室成立，开展了岩石力学特性的补充试验研究工作。1986年6月后，配合三峡工程可行性重新论证工作和1989年后进行的175米方案初步设计，又开展了一些专题研究，主要研究内容有：①双线五级船闸高边坡稳定性问题；②重力坝抗滑稳定参数问题；③左岸厂房坝段坝基稳定性问题；④坝基弱风化岩利用问题。

在1994年施工阶段，主要开展的研究有：①双线五级船闸高边坡开挖中的问题，研究了节理网络概化模型、边坡岩体中关键块体搜索及其稳定性、开挖过程高边坡岩体性状监测及其反分析、预应力锚索锚固机制及其效果、高边坡长期稳定性等；②缓倾角节理对左岸厂房坝段坝基稳定性的影响问题，专门研究了坝基可能发生的几种失稳模式，补充研究坝基整体抗滑稳定性和预应力锚固效果；③地下电站大跨度地下洞室群稳定性问题，用块体理论进行了围岩随机块体和定位块体的研究，用二维和三维弹塑性及断裂损伤有限元法进行了洞室围岩稳定性研究，分析了地下厂房开挖过程中的流变效应及洞室长期稳定性问题。

3. 水资源与环境生态问题研究

随着三峡大坝竣工，针对工程建设和运行中出现的水资源、水环境和水生态等问题，长江科学院投入了大量的人力和物力开展研究工作，获得了初步的可喜的成果，例如，如何加强三峡水库运行管理体制与能力建设，如何应对库区生态环境变迁可能带来的影响或灾害处理，水库消落区如何建设和利用等，与此同时，还进行了以三峡工程为骨干的长江上游水库群联合调度研究，金沙江下游梯级水库与三峡水库联合发电调度研究、金沙江下游水库配合三峡水库联合防洪调度效果分析；在水库的库容及来水预报方面，进行了三峡水库汛限水位分期控制方案探讨、三峡水库建成后长江中下游防洪战略思考、水库抗旱调度问题探讨、三峡水库入库洪水预报、分布式水文模型结合雷达测雨应用于三峡库区洪水预报研究、三峡区间径流演进模拟、三峡水库动态库容快速准确计算方法、三峡水库动库容演算系统的模块集成策略等课题的研究。

大坝的运行带来的一些环境生态问题，如一些库湾支流出现了"水华"现象，水库季节性水位涨落带来了消落带生态环境问题，水温"迟滞"效应，等等亦是关注的课题。在 20 世纪 50 年代末，进行了过鱼涵洞和鱼梯两种过鱼建筑物的水工试验。21 世纪初又进行了三峡水库运行对葛洲坝下游中华鲟产卵场环境的影响研究，中华鲟产卵场对三峡工程运行的适应性及其对策措施研究；还研究了三峡水库蓄水运用后生态径流调度措施问题，基于人工造峰的生态调度方法，通过多种生态调度的仿真结果，研究不同来水条件下三峡工程梯级生态调度的效果。

在蓄水后可能诱发的环境灾害问题方面，曾对不稳定的崩塌体引起的涌浪，施工弃碴对导航的影响，排漂和拦污排污工程措施等进行了研究，提出了科学的排漂泄流调度方式。

二、材料、结构与土工研究

1. 水工混凝土材料研究

对三峡工程的混凝土及原材料试验研究数十年来从未间断，三峡工程材料试验研究内容主要有以下几个专题：用于三峡工程的骨料研究；碱-骨料反应研究；中、低热硅酸盐水泥的研制及其在三峡工程中的应用；矿物掺合料在三峡工程中的应用研究；用于三峡工程的混凝土外加剂的研究；混凝土配合比设计及其性能研究；混凝土耐久性能研究。

用于混凝土的骨料数量巨大，约需砂料 1500 万立方米，砾石或碎石 3000 万立方米。因三峡坝区附近缺乏合适的天然砂料，当地花岗岩风化砂因斜长石的不稳定性而不能使用，建筑物基础开挖得来的新鲜岩石因含有斜长石也不能利用，故人工砂的研究很早就开始进行了，对花岗岩人工骨料从宏观到微观，用多种试验方法进行了大量的试验研究，同时，从混凝土耐久性考虑，应严格控制工程所用水泥含碱量及混凝土中的总碱量。

关于对水泥及粉煤灰的研究认为，三峡工程需采用 I 级粉煤灰，它能够减少混凝土的用水量，起到固体减水剂的作用，同时改善混凝土的性能。对混凝土外加剂及其对水泥水化热的影响进行了研究，长江科学院配制的缓凝引气减水剂可改善混凝土的和易性，具有缓凝、引气、减水、降低水化热和提高耐久性等方面的作用，非常适用于大坝大体积混凝土。

关于混凝土耐久性能研究，进行了大坝混凝土的冻融耐久性试验研究，混凝土抗碳化性能研究，及混凝土花岗岩骨料碱活性及机理研究，研究认为，三峡大坝混凝土不会出现后期碱-骨料反应破坏。

2. 建筑物结构研究

水工建筑物的结构研究历时几十年，包括静力分析和动力分析，如多层大孔口泄洪坝段静力、动力分析及安全度评价，垂直升船机上闸首和塔柱结构整体动力分析，大坝抗震性能研究、电站厂房结构抗震研究、右岸地下电站进水塔抗震分析、水电站蜗壳不同埋设方式的抗震性能研究，电站大直径压力管道布置及钢衬钢筋混凝土结构分析，船闸薄衬砌墙、升船机闸首和塔柱的结构应力和温度应力分析，等等。

在大坝结构研究中使用三维光弹试验及三维有限元计算分析等技术，对整体坝段和大坝不同部位、大部分孔洞区域在多种荷载组合下的应力分布和变形作了分析。对泄洪坝段、厂房坝段、临时船闸冲沙孔坝段进行了三维有限元动力分析与抗震性能模型试验研究。

在电站建筑物研究中，大直径的压力钢管和复杂的蜗壳结构设计都对结构研究提出了很多问题，为此做了大量的数值计算和模型试验工作，例如压力钢管应力分析与模型试验、不同埋设方式蜗壳外包混凝土结构应力分析与模型试验、不同埋设方案蜗壳振动分析、厂房结构抗震分析等，1997—1999 年，受中国长江三峡工程开发总公司委托，完成了水电站厂坝连接段压力钢管取消伸缩节论证研究，在研究中发展了新的计算方法，提出了大型方程组的高效解法和超级有限元法，成果达到国际先进水平。1999—2001 年，采用大型物理仿真模型，研究了蜗壳结构的受力特性、超载能力和破坏形态，同时，在考虑温度、徐变、自重、水压等荷载和缝面接触情况下对蜗壳外包混凝土浇筑过程进行了仿真计算，提出了保压保温控制标准和措施，在蜗壳计算中达到了国际先进水平。

关于通航建筑物，曾使用三维石膏模型、光弹模型试验和三维有限元方法研究分析闸首的应力分布，利用地质力学模型试验研究了闸室墙的稳定问题。对于升船机，开展了上闸首基础与稳定问题的地质力学模型试验，上闸首结构静力三维石膏模型试验和有限元分析，上闸首结构抗震性能分析，升船机塔柱结构应力和温度应力分析，升船机塔柱抗震分析和模型试验，升船机塔柱与闸首结合式方案和分离式方案结构抗震性能计算分析，等等的研究工作。大坝混凝土裂缝问题是一个敏感的问题。有些人把"纵缝"误解为"垂直的裂缝"，认为三峡大坝发生了大问题。事实上，"纵缝接缝灌浆"一般是指为了适应施工状况，在坝体混凝土浇筑后的温度下降到"稳定温度"而出现纵缝张开现象后，进行人为接缝灌浆封堵。三峡工程严格按照这一做法进行，且灌浆质量优良。

在三峡大坝的建设过程中埋设了许多仪器，通过仪器监测发现，有些纵缝在灌浆后的确有局部重新张开现象。正如潘家铮院士指出，"三峡工程严格按国际通用做法施工，而纵缝重新张开是一个新发现的问题，说明重力坝的设计理念还需发展。显然，其他重力坝也存在同样的问题，只是没有设置仪器，未观测到这现象，或坝高较低，开张度更小而已。三峡工程的建设将对坝工理论的进展做出贡献"（卢跃刚和潘家铮，2003）。后来，经初步分析并不影响大坝安全，但潘家铮院士要求相关单位继续深入研究，深入查明原因与影响。后来经过调查，发现纵缝是由于蓄水前上下游坝面受到气温变化而产生的，无大影响。

长江科学院围绕泄洪坝段上游面裂缝发生原因、发展规律及预防措施开展了系列研究并取得显著成果。通过仿真分析揭示了纵缝重新张开是气温变化造成的，不会影响大坝的受力状态。

3. 土工问题研究

根据三期导流方案，三峡工程共有大小围堰 7 座，其中二期横向土石围堰技术难度最大，二期围堰高度大，在 60 米水深下施工，地质地形条件复杂，填料杂乱，施工期紧，而运用期却长达 5 年，因此条件十分苛刻。长江科学院经过半个多世纪的试验研究，尤其是 1984 年以后"七五""八五"攻关的高潮期，将围堰的技术难题一一克服，围堰安全挡水，固若金汤。

二期围堰第一个难题是风化砂在 60 米水深下抛填的密度，几经反复，最后采用超重力离心模拟技术，并经其他工程实地验证，圆满地解决了这个问题。紧接着是围绕围堰断面应力应变是否安全可靠而进行的全国大协作，进行应力应变的数值分析研究。根据数值计算，围堰防渗心墙必须采用一种"低弹高强"的防渗材料，因此，采用花岗岩风化砂为主的"柔性材料"研究就成为当务之急。鉴于二期围堰运用期长，围堰又建在易液化的新近淤积的厚层粉细砂上，需要弄清在地震影响下的动力稳定性以及基坑频繁爆破造成的影响。为此又联合国内多家单位共同进行淤积砂、风化砂的动力特性和围堰的动力稳定性试验与有限元动力计算研究。此外，还研究采用振冲法、爆破挤密法研究就地加密堰体的可能性及复合土工膜作为防渗体性能及进行施工技术（黏结、铺设等）研究、变形量测元件研制等。

在当时国内最高（104 米）的茅坪溪沥青混凝土心墙防护坝的建设方面，对沥青混凝土的力学特性、耐水性、水力劈裂问题、蠕变及应力变形特性等开展了大量研究。施工阶段，在心墙与过渡料之间是否设接触面做过专门研究。在围堰蓄水发电期及运用期，根据坝体观测的反馈分析模型参数，对大坝正常蓄水期的应力变形以及对心墙的流变特性进行了分析研究，为评价蓄水运行状态提供了技术支持，对大坝还进行了抗震分析，对其抗震稳定性做出评价。

三、三峡工程相关的泥沙研究

"十一五"期间（2006—2010 年），由中国长江三峡集团公司（原中国长江三峡工程开发总公司于 2009 年 9 月 27 日更名）出资，在国务院三峡工程建设委员会办公室和中国长江三峡集团公司领导下，根据有关科研、设计、观测、管理和运行单位与中国长江三峡集团公司签订的合同安排，中国长江三峡集团公司制订了长江三峡工程泥沙问题研究计划，主要包括三个部分：一是"十一五"（2006—2010 年）期间长江三峡工程泥沙问题研究计划，下设七个专题；二是长江三峡工程 2003—2009 年泥沙原型观测资料分析项目，下分四个单项；三是配合三峡工程试验性蓄水进行的专题研究和调研。三峡工程泥沙专家组承担项目的组织、协调、检查和总结工作。研究涵盖的范围主要自三峡工程上游流域至下游杨家脑河段，距葛洲坝水利枢纽约 90 千米。经过各承担单位的共同努力，研究工作已全面完成任务。提交的各项成果经泥沙专家组评议后，由中国长江三峡集团公司按合同要求进行了验收。

第四节　三峡工程相关基础研究的特征

作为一项举世瞩目的重大工程，三峡工程从设想、规划、论证、建设到运行，迄今为止一共经历了百余年的时间。在中华人民共和国成立后，三峡工程终于从梦想变成了现实。从毛泽东主席 1956 年写出"高峡出平湖"的著名诗句以来，在三峡工程的规划、勘测、设计、建设施工、监测和运行等各个环节，围绕三峡工程开展了一系列基础研究工作，取得了很明显的成效。

2008 年 2 月 4 日，国务院三峡工程建设委员会委托中国工程院组织实施"三峡工程论证及可行性研究结论的阶段性评估"工作。根据评估工作需要，项目聘请了相关领域 37 位院士和近 300 位专家参加评估和咨询工作。根据评估内容，分设地质与地震、水文与防洪、泥沙、生态与环境、枢纽建筑、航运、电力系统、机电设备、财务与经济、移民等 10 个评估课题组。项目组在实地考察与调研、认真分析相关历史文献、研究工程建设实际情况和相关资料、广泛听取意见的基础上，形成了 10 个课题的评估报告和项目综合评估报告。

一、基础研究贯穿工程全生命周期

三峡工程等国家重大建设类工程的探勘、设计、论证和决策，需要基础研究的支撑，甚至是几十年的长期积累。工程进行的不同阶段，需要解决的基础研究问题不同。这些基础研究问题，或对工程设计和建设中可能遇到的情况进行事先预测，或围绕工程建设和运行中出现的问题开展跟踪研究，或在工程完工后进行长期监测，或对以往的预设进行反馈与验证，为工程的顺利完工与运行提供了不可或缺的支撑与服务作用。有时候需要根据新发现的问题、面临的新情势，临时进行针对性应用基础研究。在工程推进的过程中，乃至工程完工后，以往进行过的基础研究问题还可再重复、深入地研究，以推进科学认识的发展。应用基础研究的发展，不仅对本工程技术关键问题的解决有促进作用，还具有普适性，可广泛应用到其他同类工程中去。

三峡工程防护问题从 1958 年就开始研究，一直持续到 1988 年，内容主要包括两个方面：核袭击对大坝的影响及其防护措施；溃圳进水对大坝下游地区的影响及减免灾害的对策。1959 年底起，首先用化爆进行模拟试验，同时进行了大坝动应力计算和相似律的研究，1964 年 10 月，在核试爆现场做了大坝核效应的现场试验研究，研究了核爆炸空气冲击波作用下重力坝的荷载特性和坝体动力反应、破坏形式、薄弱部位，进而研究了防护措施。长江水利水电科学研究院进行了相关防护试验和水力学模型试验，针对几种破坏模式和 6 种拟定的溃决方案进行洪水演进研究及灾害影响分析，提出了相应的防御措施，总的看来，重力坝对空中核爆炸有一定抗破坏能力，也有加强抗破坏能力的办法。

三峡工程水力学问题研究，自方案论证初始至工程建成运行贯穿始终，对工程顺利建设有重要意义。从最初坝址选择、枢纽布置方案选型到泄洪、排沙、通航、电站等建筑物设计论证，再到后期运行阶段的水力学安全监测、环境生态研究等，长江水利水电科学研究院水力学研究所主持和参与了大量相关水力学问题的研究项目，并与本院爆破与振动研究所合作开展了水工闸门水力学研究、闸门流激振动问题研究和左厂坝导墙的流激振动研究，取得了丰硕的成果，为工程设计、施工及运行提供了重要技术支撑，众多成果直接或间接为工程设计所采用。很多三峡工程中遇到的各项科研工作，是国际上从未遇到过的技术难题，为工程的规划、设计、施工、运行、管理提供了科学依据和技术支撑。

三峡工程的科研工作长达半个多世纪，在坝址选址、枢纽建筑物布置、重大工程结构问题、建筑物抗震与结构激流振动、大体积混凝土快速浇筑及温度控制、船闸高边坡的稳定和加固、三期导流和两次截流、深水高土石围堰建造、碾压混凝土围堰爆破拆除、安全监测技术、环境与生态的研究等方面，都交出了无愧于时代的答卷，为中国水利水电技术进入国际先进行列，做出了重要贡献。

总之，在三峡工程的全生命周期，科研人员运用先进理论、方法和技术，为解决三峡工程技术问题付出了大量劳动，取得了一批重要科研成果。为设计和施工提供了众多合理、可靠和先进的参数，为工程建设中各种难题的解决提出了许多关键性的策略，为三峡工程的顺利建成与安全运行做出了重要的、不可或缺的贡献。其中相当多的成果经过鉴定，达到了国际先进或国内领先水平，科研成果获国家级或省部级科技奖励，有效推动了中国水利水电科学技术的进步。

二、国家基金和科技计划相结合的多元资助模式

三峡工程等重大工程的开发建设关系到整个国家和社会的发展与稳定，绝非某个大型开发公司以一己之力所能完成的。国家重大工程的基础研究，实际上由中国科学院、大学、产业部门，以及国家地震局、气象局等的科研机构协同推进，因此创造

性地推出了国家基金和科技计划相结合的多元资助模式。

1994 年 8 月，国家自然科学基金委员会与中国长江三峡工程开发总公司联合资助"三峡水利枢纽工程几个关键问题的应用基础研究"重大项目，其经费由双方按一定比例承担。项目的要求是通过研究推动水利学科的发展，同时使研究成果能直接用于正在兴建的三峡工程，部分可用以提高解决三峡工程技术问题。共有 19 个科研院所、高等院校参加了项目研究，总资助金额为 910 万元。联合资助项目日常管理工作由国家自然科学基金委员会材料与工程科学部负责，纳入国家自然科学基金重大项目的正常管理渠道，并及时通报中国长江三峡工程开发总公司。总公司派专人参加有关管理工作。经过研究人员近 5 年的努力，顺利完成研究计划，于 1999 年 6 月在三峡通过专家组验收。

同样也在 1994 年，国家自然科学基金委员会和机械工业技术发展基金会联合资助的重大项目"长江三峡水轮发电机组关键技术基础性研究"。14 个研究单位的 200 余位科研人员近 5 年的努力，取得了一批重要研究成果。项目于 1999 年 6 月在北京通过专家组验收（雷源忠，1999）。

三、人才培养

正如《三峡工程阶段性评估报告·综合卷》前言中所指出的，三峡工程的建成，除工程本身的巨大效益外，还促进了科技进步和自主创新能力的提升，带动了区域经济和多个行业的发展，更重要的是培养和造就了一大批优秀的工程科技人才和工程管理人才，为未来的建设和发展奠定了坚实的基础（中国工程院三峡工程阶段性评估项目组，2010）。

通过这一特大工程的磨炼，培养出了一支结构完整、科研水平过硬、能攻坚克难打硬仗，既能开展技术攻关又能进行应用基础研究的水利科研团队，大大提高了中国水利水电科技队伍的学术水平与科研能力。

第三篇　航天工程牵引基础研究与典型案例

面向国家战略需求和国际科技前沿，我国航天科技界充分利用举国体制的优势，航天事业突飞猛进，正在努力由航天大国朝着航天强国迈进。这些重大成就的取得，得益于中国特色社会主义集中力量办大事，进行航天科技攻关的能力，也得益于航天工程带动下的长期基础研究。

自20世纪50年代以来，我国陆续开展了"东方红"人造卫星的研制与发射、探月工程和火星探测为代表的深空探测工程。在航天工程推进过程中，在国家部委的统一组织领导下，高等院校、科研院所围绕航天工程提出的问题，不仅推动相关领域高等院校、科研院所和产业界紧密协作，攻克核心关键问题，较好结合了基础研究、关键技术攻关和工程实现。我国航天工程也由此取得了一系列举世瞩目的成就。

我国航天事业不断取得原始创新和一系列重要成就的真正动力来自基础研究。在我国航天重大工程相关的关键技术攻关过程中，科研团队能够持续"透过现象看本质"，提炼出关键技术攻关相关的内在机理和基础问题，并持续研究提出机理现象解释和解决方案，不断将工程研发工作向前推进，为航天工程不断走向成功提供了强有力的支撑。在航天重大工程的牵引下，空间科学也作为我国建设航天强国的重要抓手在快速发展。以量子科学卫星工程为代表的中国科学院空间科学先导专项工程不断取得原创性重大成果。

　　基础研究是科技创新的源头活水。随着我国航天科技不断进步，航天很多领域已经进入了科学和技术的"无人区"。加强航天工程相关的基础研究和原创性引领性科技攻关，不仅是我国建设世界科技强国的必由之路，也是我国航天事业实现高水平科技自立自强的迫切要求。当前和未来，我们需要继续夯实科技自立自强根基，建设高水平的基础研究队伍，重视一流人才培养和可供人才持久发力的科研平台建设，实现航天领域的全面赶超，早日建成世界航天强国。

第四章 "东方红"卫星牵引空间物理学研究专题

空间物理学在中国经历了曲折而独特的创建过程。赵九章从清华大学物理系毕业后，在叶企孙的推荐下到柏林大学学习气象学，回国后担任西南联合大学地质地理系教授。因竺可桢的赏识，1946年起赵九章正式担任中央研究院气象研究所所长。

1958年，毛泽东在中共八大二次会议上提出：我们也要搞人造卫星。在1958—1966年的将近10年里，赵九章在自己任所长的中国科学院地球物理研究所践行"任务带学科、学科促任务"的研究理念，在领导开展我国"东方红一号"人造卫星研制的过程中，学术研究与应用研究协同并进，推动了中国空间物理学的快速发展。

第一节 "581组"到空间物理学研究

赵九章为清华大学物理系出身，曾在德国学习气象学。在新中国成立后长期担任中国科学院地球物理研究所所长，其间又产生了发展大地球物理学的设想。他在1950年后在科研组织管理工作上付出了大量精力，又积极开辟了海浪研究、云雾物理研究等方向。后来在中国第一颗人造卫星研制中做出了重要贡献。

中国科学院原党组书记张劲夫曾说："搞人造卫星赵九章最积极。"（罗福山，2011）早在1955年，理论气象学家出身的赵九章就积极关注人造卫星在空间科学和倾向预报等方面的重要作用。1957年10月，苏联成功发射第一颗人造卫星，赵九章认为，人类多年来渴望通过建立宇宙空间实验室来研究地球物理与天体物理之间的相关现象的梦想终于实现了。他明确地阐述了人造卫星将为地球物理研究带来的重要影响："利用人造卫星，我们可以在高空大气层及星际空间观测从地面所看不到的自然现象，进行在地面无法做的实验工作，从而更充分地揭露在大气上层，在星际空间，在太阳和行星上所发生的过程。"（赵九章，1957）

1957年10月13日在中国科学院召开的座谈会上，钱学森、赵九章等著名科学家建议中国开展人造卫星研究。1958年5月17日，毛泽东主席在中共八大二次会议上指出：我们也要搞人造卫星！聂荣臻副总理随即责成中国科学院张劲夫副院长、国防部五院副院长王净制定独立的空间技术体系规划。1958 年 8 月，张劲夫召集赵九章、钱学森等科学家拟定中国人造卫星发展规划，即从发射探空火箭、小卫星到大型卫星。在这一思想的指导下，建立了三个研究院，以赵九章所长领导的地球物理研究所为主，组建卫星仪器和空间物理设计院；以钱学森所长领导的力学研究所为主，组建卫星运载火箭设计院；以自动化研究所为主组建遥控遥测设计院。中国科学院把人造卫星研究列为中国科学院的一项重大任务，代号定为"581"，钱学森任"581 组"组长，赵九章和卫一清任副组长（吴季和臧振群，2007）。"581 组"的任务非常明确，就是研发人造卫星。

1958 年 9 月，中国科学院地球物理研究所成立"581 组"办公室，还在其下建立了几个相应的专业技术研究组，初步形成了完整的卫星总体及相关空间探测分系统等研究布局，开启了中国最早的人造卫星、空间探测与空间物理的研究工作。由赵九章、卫一清主持的办公室承担对外联系和协调工作，专业技术组在赵九章的领导下围绕卫星工作邀请有关专家定期开会。总体来看，中国第一颗人造卫星的研制过程经历了酝酿与启动，预先研究、部分展开研制工作、国家正式立项、全面开展研制工作，体制调整、方案复审、试验与正式发射成功四个阶段。1970 年 7 月 24 日，中国第一颗人造卫星"东方红一号"正式发射成功（吴季和臧振群，2007）。

1958 年 10 月，赵九章率领中国科学院高空大气物理代表团到苏联访问，他在考察总结中写道：中国研制人造卫星一定要走自力更生的道路，要由小到大，由低级到高级（罗福山，2011）。在三年困难时期国家决定将研制卫星工程放缓。"反右"运动以后，地球物理研究所成立了二部，赵九章在二部进行了一些组织工作，并与刘振兴从事气压量程及测量温度的原理研究，探索气压计在稀薄气体中得以测量气压的物理过程，以后则注重研究苏联气象火箭压力和温度数据的换算方法。由于国家对保密性要求很严格，他们在 1959 年之后就很难和国防部第五研究院接触，根本不了解中国运载工具的进展情况。

由于工作上看法的不同，二部有些负责人认为赵九章理论脱离实际。他也发觉二部的工具是电子学，而他对此是外行，认为自己还是要专心研究物理为妥。因此，他逐渐把注意力转向空间物理。1963 年，日本火箭专家、东京大学生产研究所系川英夫教授来到中国，赵九章邀请系川英夫来中国科学院地球物理研究所介绍日本发射小型火箭的经验（所史编委会，2003）。在一次报告会上，日本专家说他们的火箭射程可达 2000 千米，但是他说日本科学界如果提不出来新的科学问题，就不会把卫星送入轨道，因为重复性的工作是没有意义的，而且发射卫星花费巨大。赵九章认为，一旦火箭可以发射，我们就已经先走了一步，为中国探空提出科学方案做了储备工作（赵九章，1968）。

赵九章决心开创一个中国新的科学领域——"空间物理"。因此，正确地洞察到人造卫星将为地球物理研究带来的重要机遇，是赵九章推动空间物理研究的根本因素。人造卫星直接有助于地球物理学的若干科学工作，包括地面观测和卫星上的实验等。随着人造卫星取得了一系列惊人的探测成果和新发现，地球物理学这一学科进入了崭新的发展阶段。基于此种分析，赵九章逐步将地球物理研究所的一部分人员的研究方向引导转向空间物理研究，以期为中国发射卫星提供有效服务，也期待为卫星成功发射后的空间物理研究做好准备。

第二节 组织开展空间物理研究

赵九章领导和组织地球物理研究所建立和发展了磁层物理探测和研究。在他的亲自主持下，该所成立了国内第一个磁暴研究组和等离子体模拟实验室，不久又成立了空间磁场研究组和宇宙线研究组，到了1964年，在上述几个研究组的基础上成立了磁层研究室。

他当时主持磁暴组，选定了磁暴与辐射带问题并亲自主抓工作。

一、选定磁暴研究和辐射带问题

20世纪50年代末，地球物理研究所五室的周炜、孙传礼等同志，曾提出来要研究电离层骚扰预报，其中也提到磁暴现象可以作为预报电离层骚扰的一个主要指标。当时曾与邮电科学院拟订合同，共同来研究电离层骚扰预报。以后在学部规划及学部委员大会讨论基础科研规划中，都提到磁暴研究的问题。

考虑到磁暴是空间电磁现象的一个综合过程，1959年12月，赵九章选定磁暴现象作为空间物理研究的突破口，在地球物理研究所地磁研究室磁暴骚扰预报组的基础上，组建了磁暴理论研究组，并亲自主持。中国地磁科学研究已有几十年的历史，但主要是开展地面观测和其观测资料的分析工作。赵九章利用多年把数理方法引进气象研究的成功经验，将数学物理引入中国的地磁学研究中，利用数理方法解释由观测资料发现的磁暴及其他扰动现象。

之所以选定磁暴作为研究对象，是因为他认为在复杂、综合性很强的日地关系现象中，磁暴现象和过程最为关键，攻破了磁暴理论，其他相关问题就可迎刃而解。搞好磁暴理论组建设，即可以此为核心，组织其他业务组，把地球物理研究所二部第十研究室（空间磁场研究室）组建成一个大的研究集体，来推动中国的空间物理学发展。除了红外组外，他还要求太阳辐射组提出科学问题，研究大气的光化学反应。他支持从事只有长远目标，没有现实意义的基础理论研究。如果有任务，也是为了通过任务来带动学科，毕竟国家科学技术委员会也曾说过"任务带学科"，他将其理解为任务是手段，学科才是目标（赵九章，1968）。

1960 年 4 月，学部委员大会在上海召开，中国科学院基本科学规划中有一条谈到太阳运动与日地关系的研究，其中有磁暴理论的课题。原来草拟的规划要八年才能完成，赵九章当时在上海"大跃进"的气氛下曾提出要以二三年的时间把磁暴理论逐步解决，一下把原来的规划限期提早了六年。当时在大会上受到了鼓励，他就将这一基本理论问题承担下来。同年 7 月，他主动向卫一清提出到五室去搞磁暴理论及模拟实验，卫一清一口答应。因此，从 1960 年下半年起他就退出了位于西苑的地球物理研究所二部（赵九章，1968），到了地球物理研究所五室着力抓磁暴理论组的工作，与章公亮等搞起等离子体物理研究。他下定决心，跟大家一起努力干好工作，将来发射科学卫星时，也好帮助提出科学方案（赵九章，1968）。

早在 1956 年，辛格（Singer）已经根据挪威数学家、空间物理学家斯托默（Fredrik Carl Mülertz Störmer Siegfried F.）早期理论计算的结果，预报在地球磁场内可能存在辐射带，并预言用卫星可以研究辐射带。这一预言在 1957 年人造卫星上天之后，立即被苏联、美国两国探空观测所证实。空间辐射带的发现，作为日地空间物理学科中的重要大事，为磁暴理论提供了一些新的线索。

苏联卫星首先进入辐射带，但当时苏联人将卫星进入辐射带的仪器计数率突然增加误认为仪器的故障。接着不久美国的卫星也发现了同样的现象，他们结合在高纬度区火箭试验中发现的类似现象，认定卫星仪器计数率的突增是由于被地磁场捕获的带电粒子引起的，发现了地球周围稳定存在的辐射带。因 1960 年美国范艾伦（James Alfred van Allen）教授第一次发表相关研究成果，这一区域被称为"范艾伦辐射带"。

地球物理研究所磁暴组很快投身辐射带这一新领域的研究。当时国际上认为，在地球周围被捕获的大量带电粒子所形成的电流环，可在地面上产生磁暴。但是，对于带电粒子是如何进入捕获区的，捕获区又如何打开，以使粒子自由进出，这些问题在国际上尚未解决。他认为，这是一个既可了解空间情况，又可做一些论文的好题目，决心组织一个研究班子，做出一些成绩。

二、创立中高层大气研究

为了解决利用卫星遥感仪器进行大气温度测量的问题，20 世纪 60 年代，国外兴起了中高层大气反演方法研究。赵九章指导他的研究生王英鉴留意这一发展，可惜因"文革"的影响而未能坚持下去（所史编委会，2003）。

因卫星与宇宙飞船的发射、运行与回落，弹道导弹的发射与命中，核爆炸的估算都需要大气参数，"581 组"成立后，赵九章、卫一清与钱骥很快领导开展了平流层以上的大气研究和探测。为了开创地球高层大气光学的探测研究，在赵九章的推动下，地球物理研究所成立了第三研究组，组长为胡仁超。该组后来划归第八研究室（高空大气），主要承担太阳 X 射线的研究。为了加强理论研究，赵九章还专门组织了"高层大气光化理论研究讨论班",还把从事大气湍流的陈耀武调入,以增强理论研究力量。

1961 年左右,赵九章为了参加国际地球物理年(International Geophysical Year, IGY),促进空间物理的发展,专门打报告给周恩来总理,请求从日本购买全部电离层和地磁观测记录的复印件。此事得到了周恩来总理的支持,在国民经济极为困难的情况下,他特批 10 万美元专款,通过对华友好的株式会社岩波书店用胶卷复印了全部资料,分批寄到地球物理研究所。到 1965 年底寄完了最后一批资料。全部几十箱资料,由电离层室保管。这些资料大大壮大了空间物理地面观测站(《赵九章》编写组,2005)。

1961 年 12 月 4 日,地球物理研究所正式成立第八研究室,即中层大气研究室,赵九章所长兼主任,下设测风、温压测量和大气光学三个研究组(所史编委会,2003:77)。1964 年 10 月,赵九章、钱骥、吴智诚应邀在酒泉发射场点参观"东风二号"导弹发射后,赵九章、钱骥提出烟迹测风方法,并安排有关人员开展相关研究,到基地做试验(所史编委会,2003:79),从而为设计部门和试验靶场提供需要的精细风材料。地球物理研究所在经过仪器设备研制后,于 1965 年分两个批次进行导弹烟迹测风实验。试验成功后,将资料提供给了导弹基地(所史编委会,2003:9)。

三、工作开展模式

赵九章先走一步,用半年的时间,与章公亮等一起,全力学习磁流体力学,并邀请和组织北京大学的一些教师、同学及地球物理研究所五室同志,共同讨论了日地空间物理、磁暴理论、磁扰电流体系等有关问题的情况。在边干边学中逐渐把空间物理的一个问题"磁暴理论研究"搞起来了。

赵九章想把磁暴组建成一个研究集体。起初,磁暴组由地磁研究室骚扰预报组的几位老科学家和大学生组成,大部分人对空间物理这一新兴领域还比较陌生。从 1961 年起开展磁暴理论研究,筹建等离子体模拟实验室。赵九章根据空间物理本身的特点,提出"理论研究、地面观测、空间探测和模拟实验四条腿的研究方法"。他把磁暴组分成理论组,由章公亮负责;统计分析组,由王双萍负责;模拟实验室,由徐荣栏负责(所史编委会,2003:134)。在他的安排下,刘振兴、章公亮、徐荣栏、都亨、傅竹风、胡友秋和周国成等从不同的理论角度开展理论研究,由陈志强、刘传薪、章公亮和都亨做有关日地关系资料分析的相关研究,徐荣栏、周国成和秦国治等利用模拟实验方法开展地球辐射带研究。为了开展资料分析工作,他不仅加强中国现有地面观测台站,及其观测资料的管理。另外,他们还从国外资料中心进口大量地磁和电离层的观测资料。

要避免重复性的工作,理论上有所创新的话,就必须在充分了解国外进展的基础上，自己开始做理论及模型试验，在前人已有研究的基础上，找寻自己的门路。在 1960 年下半年，赵九章召集了北京大学一批助教和地球物理研究所五室几个同事，举办了一个讨论班，从学习等离子物理入手，再普查国外关于变化磁场的理论。在这个班里，赵九章把任务布置下去，请磁暴组的主要成员分工合作，每人负责教授一部分相关的基础理论。赵九章介绍了阿尔文（Alfvén, 1908—1995）的磁暴理论，并带领徐荣栏及中国科学技术大学一些实习学生开始研究三度空间的阿尔文理论。

他亲手创立中国科学技术大学地球物理系，并在中国科学技术大学亲自讲授刚刚自学的"宇宙电动力学"（图 4-1）。徐荣栏当时刚工作不久，也被分配去讲授国外开展等离子体研究情况。赵九章的宇宙电动力学讲授得到很好的效果，事后他才对徐荣栏说，他也是在备课时才开始自学的，可见他物理基础之雄厚。经过一段失败后，讨论班转为研究磁暴时间外辐射禁区的变化，以后又由徐荣栏、周国成进行试验，刘振兴、濮祖荫、都亨都做了一些工作（赵九章，1968）。

图 4-1   1964 年赵九章（后排右四）、王淦昌（后排右三）与中国科学技术大学学生在一起

除了磁暴组成员外，赵九章还经常邀请外室的刘振兴、孙超、潘厚任、吴健征等及北京大学的濮祖荫等老师参加学术讨论，有时还请北京大学和中国科学技术大学的优秀学生参加。到了中期，中国科学技术大学的周国成和清华大学的秦国治也参加了磁暴组的工作，另外还从北京大学和中国科学技术大学招进了都亨、傅竹风和胡友秋等研究生。一时间，磁暴组积聚了各类人才，成为一个能出成果的研究集体（所史编委会，2003：134）。

为了保障磁暴理论研究能够出成果，地磁研究室党支部书记在全室号召以磁暴理论为纲。他结合自己参加张家口战役的亲身经历，宣传运用毛泽东思想去攻克磁暴理论研究中的堡垒。一时间，全室掀起了学习毛主席战略思想的热潮。赵九章也经常和大家一起学习毛泽东思想（徐荣栏，1992）。

赵九章认为，研究空间物理这门前沿科学要得到新结果，必须"移植"其他学科的成果进行研究。为了拓宽大家的理论基础，磁暴组每周组织一两次报告，邀请不同学科的科学家一起讨论。例如，请擅长流体力学的孙超介绍对气体动力学中冲击波过程的理解；邀请中国科学院原子能研究所的何祚庥座谈，分享从自然辩证法、科学方法论指导科研，判断模拟实验在空间物理研究中的作用。考虑到空间磁场的行为近似一条弹性弦，中国科学院力学研究所胡海昌受邀从弹性力学的角度来讲解高空磁场磁力线和弹性弦的关系。

赵九章废寝忘食地工作，和年轻人一起看文献、推导公式，一旦有了新想法他就随时跟同事和学生们打电话。他不顾自己的身体健康经常讨论到深夜。他心脏不好，有严重的失眠症，轻微的高血压，经常需要强撑精神。

1959年，赵九章吸收著名科学家阿尔文（Hannes Alfven）教授利用地面实验室开展空间等离子体模拟实验的经验，筹建空间等离子体模拟实验室。他们在地球物理研究所大楼前面由一个自行车棚改建而成的简陋实验室内，以阿尔文的等离子体模拟实验工作为基础，利用气体放电方法，开展磁扰动期地球辐射带变化的等空间离子体模拟实验（巢纪平，2007）。这在国际上是很前沿的研究。

第三节 研究成果初见成效

从1960年下半年开始，赵九章撰写了等离子体物理讲义，做了七八次报告，还发动北京大学、地球物理研究所五室的一些群众，把磁暴现象及存在的理论做了报告后，即把相关研究问题布置下去开展磁暴研究。通过辛勤的工作，在不到一年的时间内他们就取得了可喜的科研成果。1962年，他和徐荣栏在《地球物理学报》杂志上发表了《地磁扰动期间史笃默捕获区的变化》，提出在磁扰期间引起的地球磁场的变化可促使地球周围的捕获区打开，推动大量带电粒子进入地球附近而被地磁场捕获。接着在这个结果的基础上，开展了磁扰动期粒子运动区变化的模拟实验，结果与理论相当一致（徐荣栏和赵九章，1962）。1962年，赵九章参加了国际空间研究会议，这些结果得到国际同行的好评。

功夫不负有心人。1960年，中国学者提出了日地关系问题并开始研究，在上海召开了第一次日地关系学术讨论会。1962年8月28日至31日，中国地球物理学会、中国科学院地球物理研究所，在西郊中关村地球物理研究所会堂联合举办了"第二次日地关系学术讨论会"，会议代表来自地球物理研究所、南京天文台、南京大学、北京天文台、北京大学、中国科学院测量及地球物理研究所、武汉大学、邮电科学研究院和中国科学技术大学（中国科学院地球物理研究所，1962）。

这是国内一次大规模的交叉学科的讨论会，也堪称是一次以磁暴组为主的成果汇报大会。赵九章和顾功叙、朱岗昆、傅承义、戴文赛、龙咸灵与韦宝锷任会议执行主席。大会报告包含不同学科报告，如陈彪的《太阳物理的进展趋势》、王授琯的《射电天文学国际发展趋势》、朱岗昆的《太阳质子爆发的地球物理效应》以及杨初的《太阳活动与大气环流的关系》。大会以磁暴理论为主题（佚名，1962）。赵九章介绍了《磁暴理论的国际发展趋势》，并和徐荣栏一起做了《地磁扰动期间史笃默捕获区的变化》的报告（徐荣栏和赵九章，1962）。濮祖荫、刘振兴、王六桥、章公亮、朱岗昆、徐元芳以及都亨都各自汇报了磁暴及其理论问题的重要研究进展。在关于高层大气问题的讨论环节，周炜介绍了"电离层的直接探测与研究"等。

从1960年下半年至1964年，赵九章用了两三年的时间建立了研究队伍、完成了实验室建设，他领导的团队共发表了20余篇论文。赵九章从单粒子理论、等离子体动力论、磁流体力学、地磁场资料分析和模拟实验，多途径研究了辐射带的动力学特征以及磁扰期间外来的带电粒子是如何进入地球附近的。

瑞典著名物理学家阿尔文于1963年9月20日到达北京，进行为期一个月的访问。他访问中国科学院地球物理研究所时，受邀做了"等离子体物理学"（"Physics of Plasma"）的报告。座谈会之后，赵九章带着阿尔文教授参观等离子体模拟实验室。当时正开展的辐射带模拟实验是在阿尔文不久前开展的实验的基础上进行的，因此他特别感兴趣。阿尔文夫妇离开地球物理研究所后，阿尔文又访问了上海、浙江、江苏等地，进行报告、座谈和游览。

在华期间，阿尔文在北京大学、地球物理研究所、复旦大学、南京大学和南京紫金山天文台，各做了题为《磁流体力学在物理学及天文学中的重要性》、《空间等离子体物理的近代发展》和《磁流体力学与太阳系的起源》的报告，并进行座谈。

1963年6月，赵九章参加第四届国际空间研究委员会（Committee on Space Research，COSPAR）大会，报告了"有关磁扰期间带电粒子在偶极磁场捕获区的运动及其模拟实验结果"，这一成果得到美国气象局国家气象卫星中心辛格教授的肯定。1963年11月，在《科学通报》发表了题为《太阳风、外空磁场及低能带电粒子探测之进展》的论文（赵九章，1963）。1963年他在《中国科学》英文版发表了题为《带电粒子在偶极磁场中的运动区域及其模型实验》的论文（赵九章等，1963）。

之后，章公亮、刘传薪、刘振兴、濮祖荫等共发表了近20篇论文。通过全组三个星期的多次讨论，刘振兴和濮祖荫合作的《辐射带内例子强度与能量之间关系》得以完成。这一研究所得的曲线与苏联第二、第三个卫星所得到的结果比较相似（赵九章，1968）。

1964 年，赵九章和都亨合作发表《带电粒子穿入地磁场的一种机制》一文（都亨和赵九章，1964），以两度空间双曲线磁场对带电粒子的轨道进行初步计算，表明在电场作用下，带电粒子的飘移运动可通过中性点穿入地磁层被捕获。同年，赵九章与徐荣栏、周国成利用在磁场中的辉光放电实验，合作讨论带电粒子在偶极磁场中的运动区域以及在扰动磁场作用下，这些运动区域所产生的相应变化（赵九章等，1963）。如果没有磁场以外的力，所有接近磁层的带电粒子都将被反射回空间，甚至在边界上的中性点周围。都亨和赵九章提出一种追踪太阳风穿透磁层过程的机制。但由于电子和质子的衍射反射，最终会在中性点附近形成一个向西的极化电场，小倾角的带电粒子将通过中性点。利用国内刚刚兴起的电子计算机的数值积分结果，得出电子比质子更容易被俘获的结论（都亨和赵九章，1964）。

1964 年，第三研究组与粒子探测部门合并成第十研究室，赵九章担任室主任，章公亮、范天赐担任研究室学术秘书，并由范天赐负责高层大气光学探测（所史编委会，2003：95）。

1964 年底至 1965 年初，二室为了决定科研方向，曾组织大家学习延安文艺座谈会上的讲话，并展开了大辩论。赵九章和磁暴理论组的同志都去二室参加了那一次讨论。在一个多月的学习中，磁暴理论组的研究被认为是违背毛泽东思想的，磁暴组的工作方式没有与工农兵相结合，也不是为探空服务的，1965 年以后，他停止了相关研究，逐渐把搞磁暴工作的人员，分别吸收到宇宙线组及高空磁强组。磁暴组的主要研究内容转向应用研究（赵九章，1968）。

赵九章于 1965 以磁暴组的署名在《中国科学》英文版，发表了题为《辐射带结构的理论研究和实验模拟以及在磁暴时的变化》的文章，它是磁暴组这几年在空间物理研究方面具有开创性研究成果的概括。1965 年赵九章出国访问，在瑞典等离子体物理研究所做了一篇总结性的报告：在磁暴期间用理论研究及模型实验来考察辐射带的结构及其变化。回国以后，他把论文投到《中国科学》，以中国科学院地球物理研究所及北京大学地球物理系联合小组的名义发表（赵九章，1968）。

第四节 空间物理学转向应用

赵九章在开拓空间物理学科时，已经明确地预见到空间物理在航天领域和军事领域将会得到广泛应用。随着形势变化，地球物理研究所空间物理的主要研究内容在1965 年之后转向应用。围绕"任务带学科，学科促任务"这一口号，因赵九章注重基础学科的研究，他认为"任务"会向"学科"提出许多新颖实际的科学问题，促进学科发展的纵深化；承担任务会比纯粹学科研究得到更多的经费，可在完成国家交付的应用任务的同时，促进空间物理学的学科发展。

一、导弹再入大气层物理现象研究

20世纪60年代初期，美苏两国开始发展各自的战略反导弹系统。1964年，赵九章亲自率领地球物理研究所承担了保密性和探索性很强的"6405"任务，主要研究反导的空间环境背景，围绕导弹再入大气层的物理现象，负责空间环境及其与导弹的相互作用研究。

经顾震潮协助组织，地球物理研究所开展的工作包括，一是高速飞行导弹和等离子体相互作用的理论研究，以及导弹进入电离层和电离层等离子体相互作用物理过程的模拟实验；二是高速飞行导弹对无线电电波传播的影响，以及飞行过程中激发等离体波的理论研究和实验研究；三是从光学角度研究导弹飞行轨道在被动段中弹头产生的物理现象（《赵九章》编写组，2005）。苏万振于1965年研究生毕业来地球物理研究所工作，周炜按照赵九章的要求派苏万振参加此项任务，从中国人民解放军国防科学技术委员会提供的极其有限的文献调研入手，整理出"导弹现象学概要""高速飞行体与周围电离媒质相互作用"等初稿。后来由于"文革"的冲击，"6405"工作未能进行下去。

二、卫星环境辐射

为了确保卫星能经受住辐射带高能带电粒子的轰击，必须进行卫星空间辐射环境模拟试验。在赵九章的推动下，1967年6月，成立了"东方红一号"卫星辐射环模组，由刘振兴负责提供辐射带粒子通量、能谱和辐射剂量方面的辐射环模指标。因为没有现有的辐射带粒子模型以及国外相关探测数据可用，刘振兴只能根据以往在赵九章的指导下做的辐射带变化理论和某些零星的探测数据来提出指标，他还到中国科学院上海原子核研究所利用加速器进行了卫星辐射环境模拟试验。根据卫星总体部门要求，赵九章和团队成员通过多次不同粒子通量和能量对不同元器件和材料的辐射试验。在此基础上编写了《人造地球卫星环境手册》的空间辐射部分，为下一步的卫星设计和研制提供了空间辐射环境方面的依据（《人造地球卫星环境手册》编写组，1971）。

三、高空核爆炸

20世纪50年代末，美苏又竞相进行高空核试验。赵九章敏锐地意识到，空间环境对核试验的威力及其传播都会产生重要的影响。他和核试验专家程开甲讨论以后，拟定了题目，一是利用高空核爆炸的地球物理效应来侦察核爆炸和确定爆炸的当量；

二是高空核爆炸导致的空间环境的变化对杀伤力的影响程度。为了了解高空核爆炸的电磁脉冲杀伤范围有多大，赵九章决定开展高空核爆炸电磁脉冲产生和传播机理的研究。为了研究高空核爆炸所产生的人工辐射带对空间环境的影响，赵九章要求他的学生应用单一带电粒子在磁场中的运动理论，研究人工辐射带的形成过程、强度的空间分布和消失过程。

四、开展宇宙线空间物理研究

1958 年国际地球物理年期间，在赵九章和中国科学院原子能研究所所长钱三强的倡导下，与粒子强度有关的宇宙线课题连同八名科研人员和两个宇宙线强度观测站被从原子能研究所移到地球物理研究所，之后在地球物理研究所地磁研究室成立了宇宙线研究组，由周志文任组长，受地磁室室主任朱岗昆直接领导。1961—1963 年正式成立了高空宇宙线组，由朱岗昆任组长，黄永年负责开展星载闪烁谱仪的研制；该小组成立后，得到赵九章、钱三强和张文裕的关怀，并亲自指导工作。原宇宙线组改成地面宇宙线组，张宝襄负责进行盖格计数管 T7 火箭探测仪器的研制。1966 年，地球物理研究所体制变化后，宇宙线研究划归中国科学院应用地球物理研究所（所史编委会，2003：144）。

五、空间环境与预报

1966 年，在研制"东方红一号"的过程中，赵九章已经注意到地球辐射带可能对人造卫星造成破坏，应该在设计研制过程中考虑辐射防护的问题。1966 年 2 月至 1968 年 1 月，他领导应用地球物理研究所开展了"东方红一号"计算辐射带通量研究。具体而言，磁暴理论组的人员计算"东方红一号"卫星在轨道上可能遇到的高能带电粒子通量，作为防护设计的基础（吴季和臧振群，2007）。当时国际上还没有卫星辐射防护的先例，仅有学术刊物上的一些零散探测结果。在"文革"的艰难环境下，大家从收集探测结果开始，借鉴科学论文上的简单图表，利用理论研究掌握的带电粒子在磁场中的运动规律的知识，通过计算尺、手摇计算机和辅助图标等原始工具，完成了浩繁的计算任务。因此，"东方红一号"是当时世界上少数最早考虑到辐射防护的人造卫星之一。此外，科研人员还为该卫星设计研制了进行空间环境探测的设备，后来，受限于卫星的承载能力，该空间环境探测设备未能随着人造卫星上天，而是改为在"实践一号"卫星上进行了搭载（吴季和臧振群，2007）。

在"文革"期间，空间环境研究工作也没有完全停顿，1968 年 2 月中国空间技术研究院（现中国航天科技集团公司五院）成立时，钱学森形象地称之为"红色预报员"，此为中国空间环境预报事业的源头。1972 年前后，为了适应中国航天工程的需要，周炜组织许多科技人员编写了《人造地球卫星环境手册》，其在中国航天器设计中发挥了重要作用（所史编委会，2003：173）。

第五节　磁暴研究的废弃与后期恢复

一、人造卫星再次上马

三年困难时期过去后，赵九章再次萌发倡导国家研制人造卫星的强烈意识。1964年，赵九章找到钱学森商议共同推动中国的卫星研制工作。当时钱学森主要心系导弹，因而建议："卫星仅处在科学研究阶段，上面顾不过来，可多做些宣传。"（罗福山，2011）在这样的情况下，赵九章开始与钱骥、吴智诚起草发射人造卫星的报告，陈述研制和发射的必要性。

在1964年召开的第三届全国人民代表大会期间，赵九章将由他自己署名的报告直接呈送给周恩来总理，这一报告得到了重视，直接促发1965年4月中国人民解放军国防科学技术委员会提交1970—1971年发射中国第一颗人造卫星的报告。明确卫星本体由中国科学院负责研制，运载火箭由第七机械工业部负责研制。1965年，中央专委第十三次会议批准了中国科学院《关于发展我国人造卫星的工作规划方案建议》。在随后召开的我国第一颗人造卫星规划方案论证会上，赵九章作为卫星科学技术的总负责人作了主要的论证报告。会议肯定了"东方红一号"卫星命名、主要技术指标、外形结构（直径为1米的近球形72面体）、播放《东方红》乐曲，并确定于1970年发射。

这次会议在深入细致地论证的基础上，产生了总体方案、本体方案、运载工具方案和地面观测系统方案等文件和专题材料。这些方案和专题材料比较系统地阐述了发射人造卫星的复杂技术，提出了一批关键性技术问题及解决方法，说明了有利条件和主要困难以及一些薄弱环节。

会后不久，中国科学院卫星设计院于1966年成立，赵九章担任院长，钱骥为技术负责人。在赵九章的主持下，"东方红一号"卫星正式研究设计工作全面展开；拟定各分系统的设计指标，提出和落实500项专题研究课题，组织和协调分系统的设计和研制、卫星跟踪和定位研究、卫星本体研制、环境模拟设备研制等（罗福山，2011）。

卫星入轨后长期跟踪测轨采用什么技术，这在方案论证会议上是争论最大的问题。大家认为采用美国的比相干涉仪系统，技术较成熟，但建站要求高、投资大。赵九章根据我国当时的情况，果断地采用由周炜先生建议的多普勒系统。这是国外当时刚采用的新方法，其特点是机动灵活、投资少。为了强化对卫星测轨跟踪的可靠性，1966年初，赵九章组织"651"设计院总体设计组与紫金山天文台和数学研究所进行联合研究，解决了初轨定轨方法，建立了计算公式，由计算机给出随机误差的模拟跟踪数据，再做轨道改进。在赵九章的精心策划下，很快摸清了跟踪测轨仪器精度和测轨预报精度的对应关系，从而为制订全国布站和入轨点布站的最佳方案提供了理论根据。事后证明，这种跟踪测轨方案收到了很好的效果（罗福山，2011）。

在 1966 年 5 月 19 日召开的卫星系列论证会上,赵九章作了《对我国卫星系列规划的设想》的报告,该报告的主要内容是:以科学试验卫星打基础,以侦察卫星为重点,全面发展军事应用卫星(如电子侦察、通信、气象、核爆炸侦察、导弹预警、测地、导航等卫星);发展载人飞船;研究卫星的防御措施。后来,亲身参与我国卫星研制工作的王大珩院士多次在会议上说:"当年赵九章主持制定的我国第一颗卫星的研制方案计划和卫星系列规划设想既符合科学又切合实际,以后相当一段时期我们基本上是按照当初的计划设想进行的。"(罗福山,2011)

但是,正当赵九章带领科技人员全力以赴投入卫星研制试验工作、"东方一号"卫星有望提前上天的时候,"文革"开始了,赵九章的科研受到严重影响,但是他并没有停止工作。1968 年 2 月,"东方红一号"的模拟星、电装星、结构星、温控星等原型星已全部研制完成,并进一步完成了初样星的全部联合试验。在上述严格而完整的试验基础上,较顺利地组装成正样星,为我国人造卫星成功发射奠定了基础。

1970 年 4 月 24 日,"东方红一号"卫星发射成功,为我国赢得了荣誉,提高了我国的国际地位,增强了我国在国际上的发言权。赵九章对我国第一颗人造卫星的研制、返回式侦察卫星总体技术方案的确定和关键技术研制任务的落实,以及对我国人造卫星发展规划的制定都做出了重大贡献。

二、磁暴研究在曲折中艰难发展

1966 年"文革"初期,磁暴理论组和等离子体模拟实验室被看成是赵九章的"黑点",一直处于瘫痪状态。1967 年后,磁层物理的研究主要是为卫星研制任务提供空间环境数据,并进行卫星的空间粒子辐射地面模拟试验。1968 年夏,赵九章被迫"靠边站",之后磁暴组与"501"合作开展了我国第一颗人造卫星的空间粒子辐射地面环境试验(所史编委会,2003:137)。通过磁暴组的工作,赵九章培养了一批如刘振兴、都亨、徐荣栏、周国成、魏奉思等学科带头人(吴智诚,2007)。直到 1970 年,磁暴研究的全部设备被拆,已建成的实验室也彻底消失了。刘振兴、徐荣栏、都亨、周国成和林桂桢等磁暴组的主要成员集中在磁层研究组,章公亮被调到宇宙线组,刘传薪、谢榴香和刘其俊被调到高空磁场研究组。为了能生存下去,磁暴组的科研人员不得不"联系实际",有的人跑去做仪器设备、焊接电路板;有的被闲置不用达七八年之久;还有的转行去当行政干部,完全放弃了专业研究。"文革"结束后,随着中国民用卫星的发展,空间物理研究以空间探测为契机,逐渐恢复和发展起来。

"任务带学科"并不完全决定科学家们选择科研方向,在政治性任务的重压下,科学家们仍然试图坚持服务于国家未来科学发展需要的基础研究。在"581"和"651"任务之间,赵九章渐渐淡出了地球物理研究所二部的领导工作,开展了空间物理研究,以磁暴研究为突破口,取得了一系列科研成果,培养了人才。

第五章 中国深空探测工程牵引基础研究专题

  月球上储备着极其丰富的资源,自 1959 年苏联发射了月球 1 号探测器以来,月球探测一直是各国激烈竞争的科研领域。虽然联合国签署月球不属于任何国家,但却允许有能力的国家去开发利用。月球探测是一个国家综合国力和科学技术水平的重要体现,也是中国科学家的长期目标。中国的太阳系探测从月球起步。我国开展月球探测工程的根本目的是:掌握月球探测技术,开展月球科学探测和应用研究,参与月球资源的开发利用,维护我国的月球权益,为我国和人类可持续发展做出应有贡献。成功地实施月球探测将是我国继发射人造卫星和突破载人航天之后,中国航天活动的第三个里程碑(麒航,2003)。

  经过近 35 年的跟踪研究,1992 年,中国科学院地球化学研究所所长欧阳自远向"863"计划专家组建议:我国应该开展月球探测工程。1993—2003 年又相继经历了十年的开展月球探测的系统科学论证,包括中国实施月球探测的必要性与可行性,发展战略与长远规划,首次月球探测的工程目标、科学目标与技术总要求等。我国的月球探测规划为"探、登、驻"三个阶段。"探"月阶段(命名为"嫦娥工程")又划分为"绕、落、回"三期。

  作为国家重大科技专项的探月工程共分为"绕、落、回"三期。一期工程为"嫦娥一号",二期工程为"嫦娥二号""嫦娥三号""嫦娥四号",三期工程为"嫦娥五号""嫦娥六号"(郑永春和欧阳自远,2014)。从 2004 年我国正式开始实施探月工程至今,已成功实施多次。特别是党的十八大以来,中国进入由航天大国向航天强国发展的关键时期,"嫦娥一号""嫦娥二号""嫦娥三号""嫦娥四号""嫦娥五号"相继发射成功,火星"绕落巡"任务正式启动,"天问一号"(Tianwen-1)着陆巡视器成功着陆于火星预选着陆区,我国首次火星探测任务着陆火星取得圆满成功,而且通过这些任务都获取了大量科学探测数据。中外相关科学家利用这些科学探测数据,深入开展了科学研究工作,取得了众多科学成果。这些标志着我国深空探测技术进入世界前列。

第一节 追踪式探月研究

  从 1960 年起,我国就一直关注着国外的月球与行星探测的进展。根据欧阳自远院士回忆：1962 年以来我国学者特别是中国科学院相关单位的研究人员已开始陆续对"月球号""徘徊者""勘测者""月球轨道""阿波罗"等月球系列探测器进行跟踪调研与综合分析（尹玉海，2013）；这些科研院所也参与了月球探测的国际合作研究，比如参与美国"阿波罗17号"样品的研究工作，取得了多项重要成果，积累了丰富的经验（朱夕子，2004）。

20 世纪 60 年代中期，在已有基础理论研究之上，我国学者已经开始就月球及行星、地外物体等方面开始系统研究，特别是在太阳系小天体（如小行星、彗星、陨石、宇宙尘等）、月质学和比较行星地质学、小天体撞击地球诱发的影响（如气候、环境灾变与生物灭绝等）研究领域上，取得了一系列重大成果（邹永廖等，2000）。

我国还开展了各类地外物质、阿波罗月球岩石和火星陨石研究。1966 年，中国科学院地球化学研究所专门建立了天体化学研究室，继续对月球探测活动的进展及成果进行跟踪研究，陨石学和天体化学学科在我国逐步建立（何绍改，2007a）。1970 年 4 月 24 日，我国成功发射第一颗人造卫星。成功发射第一颗人造卫星以来，运载火箭、应用卫星和载人航天技术有了飞速的发展，开展月球探测工程将填补月球探测的空白，对于我国争取和维护月球权益，提高国际威望、增强民族凝聚力具有重要意义与作用（麒航，2003）。1977 年，中国科学院贵阳地球化学研究所出版了专著《月质学研究进展》，该书全面探讨了地球的卫星——月球的岩石研究特点，为深入探究地球的起源和演化提供了一定依据（中国科学院贵阳地球化学研究所，1977）。1988 年，欧阳自远还出版了专著《天体化学》（欧阳自远，1988）。

1978 年 5 月 28 日中美建交前夕，美国总统安全事务顾问布热津斯基代表卡特总统，赠予了我国 1 克月球岩石和一面带上月球的中国国旗，在一定程度上推动了我国加快对探月等航天技术进行研究（尹玉海，2013）。中国科学院地球化学研究所欧阳自远等取出 0.5 克，请国内近百名专家共同进行深入研究，发表 14 篇论文，促进了我国月球科学发展（何绍改，2007a）。

1979 年联合国大会上通过并于 1984 年 7 月正式生效的《关于各国在月球和其他天体上活动的协定》（Agreement Governing the Activities of States on the Moon and Other Celestial Bodies，也称《指导各国在月球和其他天体上活动的协定》，简称《月球协定》）规定，月球及其资源是人类的共同财产，任何国家、团体和个人不得据为己有。但是，实际上，月球是没有国界的星球，登月是国家实力的较量，各个国家对于月球上的资源先登先得仍然是不争的事实。因此，在"重返月球"的呼声中，我国的许多专家也纷纷呼吁迅速启动月球探测工程，维护我国在外空事务和空间开发上的权益（麒航，2003）。

第二节　中国自主发展探月技术的阶段

1986 年启动的"863"计划和 1992 年启动的中国载人航天工程（921 工程）是推动我国空间科学事业的两个重大计划，正是这两个国家计划和任务的实施，实质性地推动了我国空间科学的各个领域的全面发展（朱宇等，2007）。同时，自从 1949 年中华人民共和国成立以来，经过 70 多年的发展，我国已建立了完整的航天工程体系，已达到相当规模和水平，我国已经具备了实施月球探测工程的基本条件。

1986 年 3 月，4 位国内知名老科学家王大珩、王淦昌、杨嘉墀、陈芳允联名呼吁中国要跟踪研究国外战略性高技术的发展，邓小平同志在《关于跟踪研究外国战略性高技术发展的建议》上做出了"此事宜速作决断，不可拖延"的批示。中央很快组织数百位专家，对该建议内容进行论证。之后，生物技术、航天技术、信息技术、先进防御计划、自动化技术、能源技术和新材料等 7 个领域的 15 个主题项目被遴选出来，成为中国发展高技术的重中之重，此即"863"计划（新京，2004）。1988 年 10 月 24 日，北京正负电子对撞机首次对撞成功，邓小平亲临现场祝贺，并即席讲话说："如果 60 年代以来中国没有原子弹、氢弹，没有发射卫星，中国就不能叫有重要影响的大国，就没有现在这样的国际地位。这些东西反映了一个民族的能力，也是一个民族一个国家兴旺发达的标志。"（张建启，2019）

1989 年，中国空间技术研究院、中国科学院和北京航空航天大学的十几名年轻人组成一个设计队伍，参加了"纪念哥伦布首航美洲 500 周年委员会"主办的"哥伦布空间帆杯"竞赛。该队伍设计出了一个以风车型太阳帆为动力的月球探测器方案。该探测器起飞重量约为 500 千克，轨道重量 420 千克，太阳帆面积约为 5 万平方米。原计划由这一探测器携带一个 1 千克重的标准纪念性有效载荷和 24 千克重的探测仪器。令人遗憾的是，由于缺乏主办方的经费支持，设计队只得停止了活动（朱毅麟，1993）。

一、提出月球探测构想

20 世纪 90 年代初，我国开始月球探测工程的有关论证（闫德葵，2007）。1990 年，日本发射一枚月球探测器。时过不久，国家航空航天工业部召开月球探测专题讨论会，从技术上探讨了我国开展探月活动的可行性（何绍改，2007a）。早在 1991 年，时任国家"863"计划航天领域首席科学家闵桂荣院士提出中国也应开展月球探测活动的建议，并成立了"863"月球探测课题组，进行相关初步研究（庞之浩和隋彦君，2021）。1992 年，已是中国科学院地球化学研究所所长的欧阳自远向"863"计划专家组提出建议，我国应该开展月球探测工程。

1992 年 9 月 21 日上午，江泽民在中南海的怀仁堂主持召开中共中央政治局常委扩大会议，审议我国发展载人航天问题。20 世纪 90 年代末，我们提出了"211"航天计划。"2"就是要形成新的运载火箭型谱和大中小卫星型谱；第一个"1"是指建立天地统筹的、综合的、一体化的体系；第二个"1"是指以月球探测为突破口，开展中国的深空探测活动（栾恩杰，2005）。

二、探月的可行性研究

1993 年、1995 年中国运载火箭技术研究院先后两次提出关于探月工程的方案设想，还开展了方案论证工作，但因种种原因，方案最终未得以实施（李东等，2002）。1993 年，国家航天局曾组织专家论证，要利用因为其他任务延迟而空余下来的一枚"长征三号"甲火箭来发射一颗人造物体，并在月球上硬着陆。该探测任务由于科学目标不明确、缺乏先进性，且经费需求过多而夭折。事后，全国政协副主席、中国工程院院长宋健院士曾语重心长地对欧阳自远院士说："你们要提出新的月球探测规划和实施计划，首先要研究设计好科学目标，科学目标要有先进性、创新性和可行性，要紧密结合同家的综合能力并推动科学技术的创新与发展；在经费需求上，要精打细算、实事求是。"这一嘱咐后来成为我国月球探测计划的重要指导原则（国防科学技术工业委员会，2007）。

1995 年，"863"计划航天领域专家委员会提出并下达了"我国开展月球探测的必要性和可行性研究"课题。来自中国科学院地球化学研究所的欧阳自远和林文祝、中国空间技术研究院的褚桂柏等专家，经过近两年的认真研究，于 1997 年合作完成了第一套比较完整的探月论证报告，其中包括《我国开展探测的必要性与可行性报告》《月球卫星技术方案可行性研究》和《月球卫星工程关键技术研究》等，为我国月球探测研究论证奠定了一定基础（徐菁，2013；李晓艳，2006；佚名，2003）。其中，《我国开展探测的必要性与可行性报告》的核心观点为：月球探测是国家综合国力的体现，对于提高我国在国际上的威望，增强民族凝聚力很有意义。而且，月球探测是中国实现载人航天和应用卫星之后又一新里程碑，也是一个国家高新技术发展的标志（朱毅麟，1993）。

1996 年 10 月 7 日，江泽民同志在国际宇航联大会第四十七届年会讲话中指出："中国政府一直把航天事业作为国家整体发展战略的重要组成部分，予以鼓励和支持。我们在航天事业上取得的每一个成就，都极大地鼓舞全国各族人民。今后，我们将一如既往地致力于航天事业，争取有所创新。"（麒航，2003）1997 年 4 月 7 日至 10 日，中国科学院杨嘉墀、王大珩、陈芳允三位院士以"863"计划的名义发表了《我国月球探测技术发展的建议》（尹玉海，2013）。

1997 年 11 月，空间技术研制试验中心调试成功。这一试验中心由国家进行专项投资，为了满足飞船以及大型卫星总装、试验、测试一体化需求，建成为世界五大真空容器之一（佚名，2002）。1998 年，中国实施政府机构重大改革，国务院成立了新的国防科学技术工业委员会（简称国防科工委），并内设国家航天局。国防科学技术工业委员会成立后对加快探月工程的论证起到了促进作用。航天专家栾恩杰任国防科学技术工业委员副主任兼国家航天局局长，同年正式着手论证包括月球探测在内的国家航天长远规划，并开展了先期的科技攻关（凌云和乔天富，2007）；同时着手起草《中国的航天》白皮书（徐菁，2013）。1998 年 5 月 2 日，我国自行研制生产的"长二丙"改进型运载火箭成功发射；同年，相关研究单位和部门组织欧阳自远等相关专家、研究人员再次系统地开展了中国月球探测的可行性和必要性以及科学目标的分析与研究，先后向相关主管部门提交了《中国月球探测发展战略研究》和《中国月球资源探测卫星科学目标》等论证报告（尹玉海，2013）。

1999 年 11 月，"神舟一号"载人试验飞船顺利回收，表明我国具备了发射月球探测器的能力。2000—2003 年，国防科学技术工业委员会组织了我国月球探测工程的综合立项论证，提出了我国月球探测工程分三期实施，即"绕"（绕月探测）、"落"（月面软着陆探测）、"回"（月球采样返回）的总体思路和第一期绕月探测工程方案（周武和孟华，2005）。2000 年，由中国科学院地球化学研究所、中国科学院国家天文台、中国科学院空间科学与应用研究中心、中国科学院西安光学精密机械研究所、中国科学院上海天文台等单位有关科学工作者组成的研究团组完成《我国月球资源探测卫星科学目标》的研究报告，提出分"绕、落、回"三阶段开展月球探测活动的构想。

1998 年，中国航天科技集团有限公司五院第五〇二研究所开始研制月球车的虚拟样机，并在 2002 年通过计算机完成了虚拟样机的设计（胡群芳和陈永杰，2004）。1998 年总装"863"航天领域办公室组织了杨嘉墀等航天专家对清华大学、中国航天科技集团有限公司五院第五〇二研究所、国防科学技术大学、中国科学技术大学的"月球车"项目申请报告进行评审，通过了由清华大学牵头的月球探测机器人总体方案设计及关键技术分解的立项研究，我国月球车研究由此开启（亢建明，2015）。

自 1998 年起，欧阳自远带领一批科研人员，开始对我国月球探测卫星的科学目标与有效载荷配置，以及我国月球探测关键科学技术问题开展研究。至 2000 年，欧阳自远及其团队的研究成果为中国首次绕月卫星规划了四个目标：获取月球表面的三维影像，划分月球表面的基本构造和地貌单元；进行月球表面撞击坑形态、大小、分布、密度等的研究；为类地行星年龄的划分和早期演化历史研究提供基本数据；并为软着陆区选址和月球基地位置优选提供基础资料等（傅溪鹏，2008；佚名，2007）。哈尔滨工业大学调动各院系的优势，共同成立了研究月球车的课题组和深空探测技术研究中心，从 1999 年开始进行系统研究（胡群芳和陈永杰，2004）。

1999 年 11 月，利用"长征二号"F 型运载火箭成功发射的"神舟一号"载人试验飞船顺利回收，实现了中国载人航天技术历史性的跨越。目前，我国现有的"长征"系列运载火箭与发射场可以满足发射月球探测器的基本要求（邹永廖等，2000）。

第三节　月球探测无人探测方案的提出

月球探测实际上是深空探测的起步。纵观人类探月历程，分"探、登、驻"三大步。基于 20 世纪末、21 世纪初我国经济条件和技术能力，根据世界发展形势，我们反复梳理、分析了当时现有的资源和能力，在多次权衡利弊之后，我国最终确定以"探"为主攻方向，分"绕、落、回"三步实施，突破无人探测基本技术的战略研究规划（吴月辉，2015），并进行了约十年的论证过程。2000 年 8 月，在国防科学技术工业委员会的组织下，由杨嘉墀、王大珩等 9 位院士和总装备部、中国航天科技集团有限公司、中华人民共和国科学技术部（简称科技部）、中国科学院和高等院校的 5 位专家组成评审组，开始对中国科学院院士欧阳自远在内的多位专家编制的"月球资源探测卫星的科学目标与有效载荷"进行了论证评审，探月一期工程的科学目标获得通过（陈福民，2009；李晓艳，2006）。从 2000 年起，国防科学技术工业委员会组织工程技术人员和科学家研究月球探测工程的技术方案，经过两年多的努力深化了科学目标及其实施途径，落实了探月工程的技术方案，建立了全国大协作的工程体系，提出了立足于我国现有能力的绕月探测工程方案（张毅和王宇，2004）。

2000 年 10 月 5 日，在北京召开的首届"世界空间周"庆祝大会上，国防科学技术工业委员会副主任、国家航天局局长栾恩杰作了题为《面向 21 世纪的中国航天》的专题发言，提出中国将在无人实验飞船成功飞行的基础上，实现载人航天飞行。在空间探测方面将实现月球探测并积极参与国际火星探测活动，使我国的空间探测技术上升到一个更高的水平。这是中国高层首次公开表明探月决心。

2000 年 11 月 22 日，国务院新闻办公室发布了《中国的航天》政府白皮书，明确提出了我国航天事业的发展宗旨和原则。该白皮书首次向世界宣布：中国在今后十年内将"发展空间科学，开展深空探测""开展以月球探测为主的深空探测的预先研究"和"开展有特色的深空探测和研究"（中华人民共和国国务院新闻办公室，2000），这标志着中国的月球探测工程正式启动（麒航，2003）。该白皮书提出要借鉴国外月球探测工程的经验和教训，优选目标、统筹规划、远近结合、循序渐进、持续发展、形成特色、有所创新。实施"又快、又好、又省"的月球探测策略，探索更加经济、高效的月球探测工程发展道路（李晓艳，2006）。2001 年，中国科学院首次对外界披露探月计划，成立了由中国科学院相关单位组成的专家研究小组。在此基础上开始了一些关键技术（例如月球探测有效载荷）的攻关和地面应用系统等的研究工作（徐瑞松等，2012）。

2001 年，由欧阳自远院士牵头制定的"发射绕月卫星"第一期科学目标和有效载荷配置终于通过国家评审（新京，2004）。2001 年 10 月，中国月球探测计划项目立项。孙家栋等院士于 2002 年 3 月向国家提交《月球资源探测卫星工程可行性》的立项报告（李晓艳，2006）。2000 年和 2001 年初，清华大学还组织了两次"月球探测技术研讨会"，不少科学家认为中国月球探测相关理论和技术已日渐成熟。

2001—2002 年，孙家栋院士组织全国各方面力量，对首期目标又进行了为期一年的综合论证，最后得出结论：科学目标明确，先进技术能够实现，没有颠覆性的技术问题。2003 年 9 月，中央最终同意并批准了这个计划（新京，2004）。2002 年，深空探测技术与应用科学国际研讨会启动了月球探测工程综合论证工作，提出了我国开展月球探测工程的基本原则和思路，形成了以第一工程为重点的论证报告（张涛，2003）。

2002 年 10 月 17 日，国务院第三次会议上朱镕基总理批示要抓紧探月工程的论证工作（周武和孟华，2005）。2002 年，据月球探测计划的有关负责人披露，中国的登月计划分三步进行：第一步，发射太空实验室和寻找贵重元素的月球轨道飞行器；第二步，实现太空机器人登月；第三步，载人登月。如果既定的相当试验进展顺利，中国可望在 2010 年以前完成首次月球探测（左赛春，2002）。

2003 年，绕月探测工程实施方案通过了以中国科学院院士和中国工程院院士共 13 名院士为主的专家组论证，建议国务院批准立项，并由国防科学技术工业委员会组织后续的审批及工程的具体实施工作（郑永春和欧阳自远，2007）。2003 年，党中央、国务院根据世界科技发展趋势，着眼于我国科技事业的发展，审时度势，作出了实施绕月探测工程的战略性决策（周武和孟华，2005）。

第四节　中国探月工程"三步走"

2003 年 2 月，根据刘积斌同志的指示，国防科学技术工业委员会成立由栾恩杰负责，聘请孙家栋院士和欧阳自远院士共同组成的探月工程三人筹备领导小组，正式启动月球探测工程立项前的准备工作（栾恩杰，2006）。2003 年 3 月 1 日，中国国家航天局宣布，我国将于 2003 年启动名为"嫦娥工程"的探月工程论证和关键技术的攻关，中国将利用先进仪器对月球的资源和能源分布以及特殊环境进行全面的探测（吴沅，2003）。中国在卫星应用、载人航天领域已经取得了巨大的成就，但在深空探测方面仍是空白。这是与中国航天大国地位极不相称的，因此我国有必要在月球探测方面迎头赶上。

中国第一次月球探测计划只是对月球进行初步探测。2003 年 3 月，国防科学技术工业委员会张云川主任上任，他开始紧密落实探月工程论证。6 月 26 日，就张云川就月球探测工程给温家宝总理和黄菊副总理的信,温家宝总理做出了"建议纳入国家科技长远规划编制工作中充分论证"的重要批示(栾恩杰,2006)。

"双星计划"实现了我国空间科学探测卫星计划零的突破,已经成为中国国家航天局和ESA的一个全面合作的计划。"双星计划"的实施,不但具有重要的科学目标,也是中国空间科学走向世界的重要标志(郭宝柱,2003)。

2003年9月,国家批准实施绕月探测工程,由国防科学技术工业委员会负责组织实施,并将二期、三期工程纳入国家中长期科技发展规划(周武和孟华,2005)。2003年11月24日,北京举办的国际空间技术及遥感、地理信息系统和全球定位系统展览会上,由哈尔滨工业大学设计的月球车行走部分模型进行了公开展示。该校现已研制出3辆月球车样车,此外还专门成立了一个空间机器人的研究机构。

一、"嫦娥一号"卫星的实施及基础研究成果

2004年是我国探月工程的启动年。尽管"嫦娥一号"卫星实际上早在2002年就着手进行方案的设计、论证和关键技术设备的攻关,直到2004年1月国务院批准绕月探测工程(即探月工程一期)立项实施之后才正式启动。国防科学技术工业委员会同期任命了中国月球探测工程总指挥、总工程师和首席科学家,各项工作进入工程实施阶段。

2004年1月6日,中国绕月卫星全部探测仪器已经研制成功,并在中国科学院空间科学与应用研究中心完成首轮联合测试。时任中国科学院空间科学与应用中心(现中国科学院国家空间科学中心)研究员的潘厚任在2004年表示,"我们也要搞月球探测,但这绝不是简单重复几十年前美国和前苏联的探测活动,而是既要填补中国在月球探测领域的空白,也要为人类建立月球基地增添新的科学依据"。中国科学院院士、中国探月工程首席科学家欧阳自远指出,我们至少可能在四个方面会有所创新或提高(张冉燃和杨琳,2004)。他还曾提到,"探月和登月不能混为一谈"(于今昌,2012)。中国毕竟首次探测月球和首次向月球发射探测卫星,对月球的了解非常有限。只有在基本完成三个阶段的无人月球探测任务后,基于对探测、勘查、采样取得的基础数据的分析,结合当时国际上月球探测发展情况和中国的国情国力,才能择机实施载人登月探测(于今昌,2012)。

我国开展月球探测的初步规划为:根据到我国科学技术进步水平、综合国力和国家整体发展战略,参考世界各国"重返月球"的战略目标和实施计划,近期我国的月球探测应以不载人月球探测为宗旨,分为"绕、落、回"3个发展阶段(欧阳自远,2004)。

2004年2—4月,国家科技中长期规划领导小组启动并完成了对我国月球探测二期、三期工程的专家论证(郑永春和欧阳自远,2007)。2004年2月13日,中国国防科学技术工业委员会公布,中国月球探测计划已经进入实施阶段:3年内,一颗属于

中国的卫星将开始绕月飞行；6 年内，中国的月球车将在月球上软着陆，展开巡视探测；2020 年之前，中国研制的机器人将把月壤样品采回地球。2004 年 2 月 19 日，国务院批准成立由国防科学技术工业委员会任组长单位，国家发展和改革委员会、科技部、财政部、总装备部、中国科学院、中国航天科技集团有限公司等单位参加的绕月探测工程领导小组（周武和孟华，2005）。中国科学院继续牵头论证"嫦娥三号""嫦娥四号""嫦娥五号"的科学目标与有效载荷配置方案，承担了地面应用系统、有效载荷分系统、甚长基线干涉测量（very long baseline interferometry，VLBI）测轨分系统和多项工程关键产品的研制任务，承担多项协作配套产品的研制任务。

2004 年 2 月 25 日，国防科学技术工业委员会组织召开了绕月探测工程领导小组第一次会议，建立了工程的组织指挥体系，确定了研制总要求，并将月球探测工程命名为"嫦娥工程"，预计我国的第一颗月球探测卫星——"嫦娥一号"将于 2007 年前后发射升空，实现环月飞行（周武和孟华，2005）。2004 年 3 月 15 日，国防科学技术工业委员会任命五大系统总指挥及总设计师（凌云和乔天富，2007）。2004 年 7 月 1 日"嫦娥一号"卫星开始进行初样研制，经过近 18 个月的奋斗，在 2005 年 12 月 9 日完成整星转正样评审，同时进入正样研制。到 2006 年底生产出合格的正式产品，前后只用了三年左右的时间。

在过去的 10 多年里，我国许多专家学者就开始对我国开展月球探测的可行性和必要性进行了系统的论证，并一致认为：目前，中国开展环月探测，完全可以利用现有设备和条件，大部分采用现有的成熟技术，不存在无法攻克的技术难题，不会出现颠覆性的技术问题；在此基础上，充分利用 921 工程所发展的技术，进一步开展月球软着陆探测工程（空间科学和技术综合专题组，2004）。在开展火星探测上，尽管目前还不完全具备能力（如测控、运载等），但也应该开展一些预研和关键技术的攻关，在实施我国月球探测工程的过程中，适时开展火星探测，并积极开展国际合作，使我国的火星探测融入国际主潮流。在其他行星、卫星和小天体探测上，限于我国综合国力和航天科技的发展水平，在 2020 年前，应以参与国际合作研究为主。

2006 年，中国政府制定的《国民经济和社会发展第十一个五年规划纲要》和《国家中长期科学和技术发展规划纲要（2006—2020 年）》，将发展航天事业置于重要地位。根据上述两个规划纲要，中国政府制定了新的航天事业发展规划，明确了未来五年及稍长一段时期的发展目标和主要任务。按照这一发展规划，国家将启动并继续实施载人航天、月球探测、高分辨率对地观测系统、新一代运载火箭等重大航天科技工程，以及一批重点领域的优先项目，加强基础研究，超前部署和发展航天领域的若干前沿技术，加快航天科技的进步和创新（王建蒙，2010）。

2006 年 8 月下旬，中国科学院国家天文台乌鲁木齐天文站南山观测基地进行了绕月工程星地正样对接的试验。2010 年 5 月 31 日至 6 月 3 日，由国际宇航联合会和中国宇航学会联合主办的世界月球会议在北京隆重召开，这是首次在中国举行的世界性月球盛会。来自 26 个国家和地区的 460 多名航天专家和月球科学家，对人类探月热点问题进行了商讨，达成了多项共识，推动了人类探月活动的进展。会议围绕"人类有哪些探月计划""最近任务的结果""从空间站和探测器到月球基地""月球和人类社会、公众以及对年轻人的影响"四个主要议题展开（俞盈帆等，2010）。"嫦娥二号"卫星于 2010 年 10 月 1 日成功发射，先后开展了绕月探测、日地拉格朗日 L2 点探测、图塔蒂斯小行星飞掠探测，共获得了约 2917 吉字节的 2 级科学探测数据（裴照宇等，2020）。

"十五"期间，国家加大了对空间科学的投入。中国与 ESA 合作的地球空间探测"双星计划"顺利实施，实现了我国空间科学探测卫星项目"零"的突破，取得了多空间层次和多时空尺度的大量宝贵的科学数据。空间物理、空间环境、空间天文、微重力科学、空间生物科学和空间地球科学等方面的研究取得新进展。空间碎片的观测、防护、减缓计划取得重要进展，空间环境监测和预报能力显著提升。月球探测一期工程全面启动，以"嫦娥工程"命名的我国月球探测活动将对月球表面的环境、地貌、地形进行探测，对有开发利用前景的月球能源与资源的分布与规律进行全球性、整体性与综合性的探测，同时对地月间的空间环境进行探测。建立和完善我国月球探测的基础设施，为进一步开展深空探测积累经验。"十五"期间，我国还组织了月球探测二、三期工程，小行星探测，硬 X 射线探测，太阳活动探测，等等若干空间探测计划的论证工作，为我国持续开展空间探索计划奠定了基础（罗格，2006）。

2006 年 2 月 9 日，国务院发布《国家中长期科学和技术发展规划纲要（2006—2020 年）》，确定了中国在未来 15 年将加快发展包括探月工程和载人航天在内的 16 个重大专项，以解决信息、资源、健康等战略领域的重大问题以及军民两用技术和国防技术（李晓艳，2006）。2006 年 6 月 19 日，按照"探月工程"的总体部署，位于北京密云的 50 米大型射电望远镜、昆明凤凰山的 40 米大型射电望远镜、上海佘山和乌鲁木齐南山的 25 米中型射电望远镜，首次联合对 ESA 的一颗绕月卫星进行试观测时获得成功。在这次联合试观测中，4 台射电望远镜组成的干涉网共进行了 5 天各种气候条件下的 24 小时不间断地跟踪观测。联合试观测结果表明，这 4 台为我国探月工程服务的地面主干设备均具备了跟踪观测绕月卫星的技术能力（新华社，2006）。

与美国、欧盟、日本等国家和组织相比，中国月球与深空探测活动起步较晚，在诸多方面还存在许多不足，因此进一步加强国际交流与合作尤为重要。第 36 届世界空间科学大会于 2006 年 7 月 17—23 日在北京举行，国家主席胡锦涛向大会致信祝贺。这是首次在中国举办的空间科学领域国际综合性学术大会，来自 50 多个国家和地区的约 1800 名代表参加了会议。中国、美国、日本、印度、巴基斯坦等 10 多个国家的航天机构的负责人还召开了圆桌论坛，共商航天发展大计。中国、美国、法国等国的专家介绍了载人航天、火星探测、空间自然灾害、土星探测有关领域的最新进展和最新成果（靳力和瞭望，2006）。

2006 年 7 月 21 日，中国科学院院士、中国探月工程首席科学家欧阳自远称，中国准备成立一个关于绕月探测数据应用的专家委员会，大约有 100 所大学、几十个研究所参加。这个委员会要吸纳全国的科学家来共同研究中国自己获得的数据，不能被任何个人、任何单位所垄断（靳力和瞭望，2006）。

中国也非常注重增强在空间探测领域的国际影响。2006 年 7 月 27 日，第八届国际月球探测与利用大会在北京闭幕，会议形成一系列成果并发布了《北京宣言》。该宣言共 13 条，主要是倡议各国加强空间技术合作和相关数据的交流、共同保护月球，鼓励更多的学生以及探索人员参与到探月活动中来，并以月球探测工程为里程碑，促进国际空间科学技术的探索与发展（靳力和瞭望，2006）。2006 年 8 月下旬，在中国科学院国家天文台乌鲁木齐天文站南山观测基地，开展了绕月工程星地正样对接的试验。试验中取得的观测数据通过网络传输至上海 VLBI 数据处理中心进行了处理。总装测通所、航天部五院、国防科学技术工业委员会月球探测工程中心、上海天文台和国家天文台乌鲁木齐天文站等单位参加了此次试验，顺利地完成了观测任务（中国科学院，2006）。

国务院新闻办公室于 2006 年 10 月 12 日发布了《2006 年中国的航天》白皮书，这是第二版关于中国航天活动的白皮书。这一白皮书的发表，回答了国内和国际上对中国航天事业发展的关切，表明了中国政府对中国航天事业发展的高度关注，重申了中国坚定不移地走和平发展的道路以及和平探索、利用外层空间的愿望，以利于增进国际社会对中国航天事业的了解，进一步加强国际空间方面的合作与交流（国务院新闻办公室，2006）。

为了让"嫦娥一号"能够在地球、月球、太阳之间找到最佳的角度，使它比较顺利地进入月球轨道，要选择一个最为有利的发射时间（傅宏波，2007）。2007 年 5 月 8 日，我国还成立了绕月探测工程科学应用专家委员会。委员会汇集了中国 122 名顶级专家，他们来自包括港澳在内的全国上百所大学和相关科研机构，已构建起一个开放的月球探测科学研究和应用的巨大平台（何绍改，2007b）。2007 年 8 月，绕月探测工程完成了"嫦娥一号"卫星和"长征三号"甲运载火箭产品研制，通过了各项试验考核验证；完成了发射场、测控、地面应用系统的建设；"嫦娥一号"卫星通过了出厂评审。经绕月探测工程领导小组批准，工程转入发射实施阶段（平树，2007）。"嫦娥一号"卫星于 2007 年 10 月 24 日成功发射，经过 16 个月的绕月观测飞行后，于 2009 年 3 月 1 日受控撞月，共获得了约 718 吉字节的 2 级科学探测数据（裴照宇等，2020；许建国，2011）。2007 年，"嫦娥一号"作为首颗探月卫星，取得了全月球的影像图、月表物质成分和近月空间环境，首次获得月球土壤层内氦-3 资源的分布与资源总量（欧阳自远，2016）。

2007 年 10 月 24 日，中国首次成功实施了月球探测计划，开始成为国际深空探测俱乐部中的一员。从中国进入空间和开展空间探测的步伐来看，虽然在历史上为人类的太空探索做出过重要贡献，但是到近现代却落后了，与国际上先进的国家和地区，如美国、俄罗斯和欧洲的空间探测能力相比，已经落后了 30—40 年的时间（吴季，2008）。

2008 年，国土资源部中国地质调查局正式启动了"月球地质遥测信息综合分析研究"项目，重点开展月球地质及形成演化、月球深部结构、月球遥感及地形地貌、月岩测年、火星实验场、行星天体化学、微型钻机等研究工作（佚名，2009b）。

除了具体的科研工作外，为深入挖掘"嫦娥一号"卫星搭载的 8 台有效载荷获取的大量绕月探测数据的科学信息，推动我国月球探测的创新性研究，探月工程也非常重视工程研制与运行过程中的数据应用与研究。2010 年 12 月，在科技部的支持下，"十一五"国家"863"计划地球观测与导航技术领域重点项目"绕月探测工程科学数据应用与研究"正式立项。该项目由中国科学院负责组织实施，进一步推进绕月探测数据的应用和深化研究、推动中国月球探测工程取得更多科学成果。2012 年，该项目通过验收，"嫦娥一号"卫星任务至此圆满完成。该项目利用"嫦娥一号"卫星数据，通过近两年的研究和攻关，取得了一系列创新科学成果和技术创新，部分成果被国际科学界高度关注，并组织建立起一支月球、行星及空间科学研究队伍。

此外，该项目选择月球典型地区——"虹湾—雨海"地区作为研究核心区域，利用"嫦娥一号"获取的相关科学数据，进行了月球微波辐射计在轨探测数据处理与月壤厚度反演、激光高度计联合三线阵电荷耦合器件（charge-coupled device，CCD）立体影像摄影测量、基于点扩散函数的 CCD 立体影像超分辨率重建、月球形貌地图制图、月表物质成分反演、近月空间粒子辐射环境模型与可视化等十余项关键技术和方法的研究工作。项目编制完成了我国首幅月球地质图和月球构造纲要图，首次获得白天和黑夜的全月球微波图像，提出了月球岩浆洋结晶年龄为 39.2 亿年和月球东海盆地倾斜撞击成因的新观点，构建了自主的首个高阶高精度月球重力场模型，形成了一系列重大科研成果。

项目成果使我国绕月探测工程科学数据应用与研究取得了又一阶段性新进展，为我国下一步应用"嫦娥二号"数据开展"全月球地质图"的编制，以及未来其他天体的综合研究与地质编图工作奠定了基础，为月球大撞击说和岩浆洋形成与演化等提供了新的证据，帮助完善了月球演化模型，开启了我国支持航天工程科学研究工作的先河，最大限度地发挥了首次月球探测工程的科学效益，实现了"嫦娥工程""快出成果、早出成果、出好成果"的目标，有效地推动了我国探月工程科学探测数据应用研究的进程，为我国后续探月工程以及深空探测活动积累了宝贵的经验，提供了坚实的技术基础，奠定了丰厚的科学理论基石。

首先，推动了一系列创新型技术的出现，突破了包括月球微波辐射计在轨探测数据处理与月壤厚度反演新技术、激光高度计联合三线阵 CCD 立体影像摄影测量新技术、基于点扩散函数的 CCD 立体影像超分辨率重建技术、月球形貌地图制图技术、月表物质成分反演技术、近月空间粒子辐射环境模型与可视化技术、纳米离子探针微区定年技术等 15 项关键技术与方法，为我国后续月球与深空探测的推进奠定了很好的基础。

不仅如此，该项目还编制出了我国第一幅月球区域（虹湾及其周边地区）的地质图与月球构造纲要图，获得月表 7 种元素、4 种氧化物和 4 种矿物的全月含量及其分布图，提出了岩浆洋结晶固化年龄为 39.2 亿年这一新观点（编辑部，2012）。

此外，"嫦娥一号"搭载的微波探测仪在国际上首次获得四个频率下月球正午和子夜的全月球微波图像，这一成果在 2010 年欧洲行星科学大会上被选为最佳科学传播素材之一，大会新闻公报还以《世界上第一幅全月球微波图像》为题，向全球科学界推介了中国探月工程的科学成果，受到了美、印、英的高度关注，并获得 NASA、"每日科学"（*Science Daily*）等的高度评价（佚名，2012a）。这些都是探月工程推动数据积累，推动后期基础研究的显著体现。"嫦娥一号"卫星获取的数据足够让科学家研究 10 年。

二、探月工程二期的实施及基础研究成果

探月工程二期包括"嫦娥二号""嫦娥三号""嫦娥四号"工程的实施与探测数据信息的研究及应用。

1. "嫦娥二号"

"嫦娥二号"发挥了承前启后、持续发展的先导作用，既延续了对月球的全面探测，技术更先进，精度更高，也为后续探月和着陆任务打下了坚实基础，取得了多个方面的科学成果：提交了分辨率为 7 米的全月球地形图，这是全世界覆盖最全、精度最高的一张全月图；测绘了"嫦娥三号"着陆区 1 米分辨率的高精度地形图，为"嫦娥三号"的成功软着陆月面奠定了基础；"嫦娥二号"飞向日地拉格朗日 L2 点位置，235 天监测太阳爆发活动；随后"嫦娥二号"飞离地球 700 万千米，与"战神号"小行星交会，精确测定了小行星的形状、大小与运行轨道；此后，"嫦娥二号"成为一颗人造小天体，围绕太阳运行，飞离地球数亿千米（欧阳自远，2016）。

2009 年，在开展我国探月二期工程的同时，为有机衔接探月工程一期、二期，兼顾未来载人登月和深空探测发展，我国正式启动了探月三期工程的方案论证和预先研究（叶培建等，2014）。由中国地质调查局主办，中国地质科学院与中国国土资源

航空物探遥感中心（现中国地质调查局自然资源航空物探遥感中心的前身）承办的探月与地学科学研讨会于 2009 年 6 月 16—18 日在北京举行。会议学术交流主题包括：行星探测与行星科学；月球遥感与月球地质；月球地球化学与月岩样品研究；月球地球物理（Lunar Geophysics）；当前月球探测动态；未来月球与行星探测计划。会议期间，中外科学家围绕中国探月与行星科学研究进行了座谈并提出了相关建议（《地球学报》编辑部，2009）。

2. "嫦娥三号"卫星的实施及基础研究成果

探月工程三期工程于 2011 年立项，任务目标是实现月面无人采样返回。2011 年 6 月 9 日，"嫦娥二号"奔向 150 万千米远的日地拉格朗日 L2 点，我国成为世界上第三个抵达日地拉格朗日 L2 点的国家，开启了我国深空探测的新征程（蒋建科和喻思娈，2013）。国务院新闻办公室于 2011 年 12 月 29 日发表的《2011 年中国的航天》白皮书指出，未来五年我国将开展载人登月前期方案论证。我国将按照"绕、落、回"三步走的发展思路，继续推进月球探测工程建设，发射月球软着陆和月面巡视探测器，完成月球探测第二步任务（佚名，2012b）。

2012 年 10 月，正式启用喀什站和佳木斯站。"嫦娥二号"卫星对喀什 35 米和佳木斯 66 米两个深空站和上海 65 米 VLBI 站进行标校试验，实战检验了我国深空探测、天文探测的水平和能力，为我国未来的深空探测活动，尤其是小行星探测奠定了坚实的基础（钟新，2013）。

月球探测工程使我国掌握了许多深空探测技术，也新建了一批基础设施。探月工程二期实施期间，我国建成两座大型地面测控站，加上其他技术，我国的深空测控通信能力得到很大提升。叶培建认为，在 2020 年左右，我国有望实现月壤的采集和返回。目前月球是我国深空探测的主要目标。根据当时的设想，叶培建表示，探月工程将在 2020 年前完成"绕""落""回"三个步骤。相关专家也论证了我国 2025 年实现首次载人登月的可行性。叶培建认为，这些深空探测发展目标实现后，我国将突破和掌握开展深空探测所需的一系列关键技术，获得一批自主创新的深空探测科学成果，为长远的深空探测科学研究和航天活动奠定坚实的技术、物质和人才基础，并带动相关产业发展。叶培建说，在深空探测方面，我国目前缺乏系统的中远期规划，探测范围和探测方式还有待大力拓展，深空探测技术能力和技术储备仍不足（蒋建科和喻思娈，2013）。

"嫦娥三号"于 2013 年 12 月 2 日发射，12 月 14 日精确着陆在月球雨海西北部 44.12°N、19.51°W 区域，12 月 15 日实现两器分离和互拍。此后，巡视器遭遇故障失去移动能力，于 2016 年 7 月停止工作，着陆器至今仍在工作，两器共获取约 2 太字节的 2 级科学探测数据（裴照宇等，2020）。"嫦娥三号"的成功发射，使中国成为世界上第 3 个独立实施月球软着陆的国家，标志着我国已进入世界具有深空探测能力的国家行列。随着月球探测的进展，月球之外的其他主要天体已经成为中国航天技术和空间科学发展的重要目标。中国已经开展了深空探测的专项论证，正在推进对太阳系行星、小天体和太阳等的探测活动，我国的太阳系探测将迎来重要的战略机遇期（郑永春和欧阳自远，2014）。

2013 年 12 月 15 日，中国首辆月球车"玉兔"，抵达月球表面，执行一系列有关太空、生物科技、资源等方面的科研工作。中国月球车登陆成功，其意义非凡（王敏和任沁沁，2014）。我国"嫦娥工程"二期"嫦娥三号"的着陆器与月球车首次在月面实施"巡天、观地、测月"的联合科学探测，陆续收获了一系列新发现和丰硕的科学探测成果（欧阳自远，2016）。

这次"嫦娥三号"落月最大的特点是自主避障，此次奔月两个不可逆的关键动作惊心动魄。第一次是 2013 年 12 月 6 日进行的近月制动，第二次是动力下降（余晓洁和左元峰，2013）。与外国相比，中国的探月投入不算多。据悉，全世界 20 世纪 60—70 年代共开展了 118 次月球探测。其中，苏联 64 次，美国 54 次，当时成功率基本是 40%。之后美国、印度、中国、日本等共搞了 10 多次。中国"嫦娥一号""嫦娥二号""嫦娥三号"连续三次成功，成功率很高。美国"阿波罗"工程搞了 10 多年，投入了 250 亿美元。美国当年投入探月工程的资金约占国内生产总值（gross domestic product，GDP）的 2%—2.5%。我们现在每年投入的资金约占 GDP 的万分之几。相比之下，关于航天技术对国民经济的作用，我们投入的钱不是很多（佚名，2014）。

2014 年 11 月 1 日，中国探月工程三期再入返回飞行试验的返回器在内蒙古四子王旗预定区域顺利着陆，标志着我国探月工程三期再入返回试验任务圆满完成，为确保"嫦娥五号"任务顺利实施和探月工程持续推进奠定了坚实基础（吴月辉，2015）。这是继苏联 20 世纪 70 年代发射"月球"系列探测器之后，全球近 40 年来首次有航天器在环游月球后返回地球，使中国成为继苏联、美国之后，第三个成功回收绕月航天器的国家（徐菁，2015a）。

"嫦娥三号"的研究进展及科学成果主要包括着陆区的岩石矿物成分、地质构造及该区的地质演化历史，极紫外相机获取的地球等离子体层数据的研究成果，月基光学望远镜获取的天文巡天数据的研究成果，等等。

3. "嫦娥四号"卫星的实施及基础研究成果

在"嫦娥四号"之前，人类没有实施过月球背面的专项科学探测。"嫦娥四号"的轨道器、着陆器和月球车对月球背面开展联合探测。2018 年发射的"嫦娥四号"中继星和探测器，实施了世界首次月球背面探测任务。

2019 年，中国成为历史上第一个让月球车在月球背面着陆并运行的国家。"鹊桥号"中继星于 2018 年 5 月 21 日发射，6 月 14 日进入预定轨道（裴照宇等，2020）。"嫦娥四号"探测器于 2018 年 12 月 8 日发射，2019 年 1 月 3 日在月球背面南极的艾特肯盆地冯·卡门撞击坑成功着陆，并通过"鹊桥号"中继星传回了世界第一张近距离拍摄的月背影像图（被命名为天河基地）（裴照宇等，2020）。此次任务实现了人类探测器首次月背软着陆。自任务顺利运行以来，已经向全球发送了十余批月球探测数据。"玉兔二号"月球车打破了世界纪录，成为人类在月面工作时间最长的月球车。

2019 年 12 月 27 日，"长征五号"遥三运载火箭在中国文昌航天发射场顺利升空，并进入预定轨道。这意味着中国具备发射更重航天器，或将航天器送向更远深空的能力，这将为中国未来的登月计划提供强有力的支持，为今后的探月活动、中国空间站建设以及火星探测计划提供重要基础保障。"天问一号"是中国太空探索领域的一个新里程碑。中国已经制定了在 21 世纪 30 年代拜访小行星和木星这两个更加大胆的项目。

三、探月工程三期的实施及对基础研究的牵引

欧阳自远说，2017 年后，我国在基本完成不载人月球探测任务后，将择机实施载人登月探测以及建设月球基地（彭训文，2014）。2020 年底"嫦娥五号"任务实施，完成探月工程"绕、落、回"三步走。承载返回任务的"嫦娥五号"，作为我国月球探测工程第三阶段的首发星，实施"绕、落、回"计划的第三步，在月面采集 2 千克的月球样品带回地球。无人自动采样返回是"嫦娥五号"的主要目标，它装备了自动取样器、岩芯钻探机，在月表打孔取样，钻取岩芯样本。"嫦娥五号"T1 飞行器于 2014 年 10 月 24 日发射，返回器于 11 月 1 日着陆在内蒙古四子王旗预定区域，服务舱先后实施了日地拉格朗日 L2 点环绕飞行、环月轨道调相试验、模拟交会对接等一系列拓展任务后，于 2018 年 5 月结束任务（裴照宇等，2020）。

月球背面地形更复杂，陨石坑更多。要找到既有研究价值又适合着陆的地点，进行区域性详查和精查十分重要。月球背面对研究月球的起源和演变、调查月球地质和资源情况有重要作用，同时不受来自地球的无线电波干扰，是建造科研基地的理想胜地。

探月工程四期"嫦娥六号"计划 2025 年前后发射。"嫦娥六号"作为"嫦娥五号"的备份，进行了相应改进，将执行月球背面样品的自动采样返回任务，开展月球背面着陆区的现场调查和分析，对样品进行系统、长期的实验室研究等。"嫦娥七号"任务计划 2026 年前后发射，计划开展月球南极的环境与资源勘查，并为国际月球科研站建设奠定基础。"嫦娥八号"计划将在 2028 年前后实施发射，届时，"嫦娥八号"和"嫦娥七号"将组成我国月球南极的科研站基本型（国家航天局，2022）。

四、小结

我国探月工程分为"绕、落、回"三步。自从月球探测工程实施以来，已经取得了一系列显著的成就：第一步"绕月"的顺利完成是在 2007 年 11 月 7 日，我国第一颗月球探测卫星——"嫦娥一号"发射升空并准确入轨，13 天后进入月球环绕轨道展开科学探测，之后传回了第一幅月面图像。2009 年 3 月 1 日，"嫦娥一号"在控制下成功撞击月球表面预定地点。2010 年 10 月，"嫦娥二号"成功发射，正式进入"落月"阶段。2011 年 8 月 25 日，"嫦娥二号"进入日地拉格朗日 L2 点环绕轨道。2013 年 12 月，"嫦娥三号"的成功落月，实现了中国航天器首次地外天体软着陆；2013 年 12 月 15 日，"嫦娥三号"着陆器和巡视器互拍成像。2019 年 1 月 3 日，"嫦娥四号"成功登陆月球背面，首次实现月球背面软着陆。2019 年 5 月 16 日，中国科学院国家天文台李春来团队，发现并证明了月球背面南极-艾特肯盆地（South Pole-Aitken basin，SPA）存在月球深部物质，为解答月幔物质组成问题提供了直接证据，为完善月球形成与演化模型提供了支撑。2020 年 12 月 3 日，"嫦娥五号"将携带样品的上升器送入到预定环月轨道。这些成就的取得，本身就与探月工程长期的基础科研的支撑离不开。中国科学院组织开展探月工程的科学数据的应用研究，产生了一批有影响力的成果。而且，这些工程任务积累下来的宝贵的科研数据，将继续长期供应科研人员的研究。

对于深空探测，各国都保持着很高的积极性，新兴航天国家正不断涌入。各国的目标都基本重点锁定于月球、小行星和火星三类天体，计划正在稳步实施推进。目前我国正抓紧在 2030 年前安排多次深空探测，推进后续月球探测工程和火星探测工程的规划与实施，这些都构成了我国月球与深空探测活动牵引基础研究的重要基础。后续我国还将开展月球极区探测、月球科研站和月球基地建设，以及火星、木星、小行星探测等多项行星际探测任务，也将继续牵引空间科学、空间应用相关的基础科研发展。预计 2030 年在月球建设无人科研站基本型，安排 4 次月球探测任务；2024 年发射太阳系边缘探测，2028 年进行火星取样返回，2029 年进行木星探测；等等，这些计划都已经紧锣密鼓地实施和启动（包为民，2018）。预计到 2030 年，我国将实施重型运载火箭、下一代空间基础设施、火星和小行星取样返回等重大工程项目。我国将在 2030 年前后实施的"觅音计划"，用于对太阳系外是否有适宜人类居住的行星进行探测。在 2035 年前后，将建设月球科研站作为实验型月面基础设施。此外，到 2045 年，我国将建立功能完备、长期运行的月球科研站，进行太阳系边际探测，拥有组合动力重复使用运载器，并具备载人登陆火星的能力。到 2050 年，将建设以规模开发利用为目标的月球基地。2021 年 4 月，中国向太空中发射了第一个空间站的核心舱"天和号"，实现了人在太空长期驻留并开展一系列空间科学实验。中国科学院是我国探月工程的倡导者、推动者和重要的参研部门。

第五节　中国火星探测的历史与进展

火星探测是当今航天技术的前沿和航天强国的重要标志之一，在 21 世纪迅速成为全球焦点。地球到火星的最近距离约为 5500 万千米，最远距离约 4 亿千米，是地月距离的 100 倍到 1000 倍（陈求发，2013）。火星绕太阳转一圈是 687 天（保罗·海涅，2008），其间经过地球要交会一次。虽然技术难度大，鉴于火星探测在国防、科研和民用领域的巨大潜在价值，许多国家在实施月球探测后纷纷马上开启火星探测。

2020 年 7 月 23 日，我国首次火星探测任务"天问一号"探测器在海南文昌航天发射场发射成功并顺利入轨，目前正在执行既定研究目标。我国首次火星探测任务并非简单重复美国、俄罗斯、欧洲火星探测的老路，而是设置了很高的起点，大大提升了我国空间探测器的研制水平，推动了我国在行星探测和基础科学研究方面的发展，使我国跻身国际空间探测领域先进行列。

那么，我们为什么去火星？中国的火星探测又是如何酝酿和逐步实施起来的呢？本章将对我国以往"探火"历程做一番回望。

一、20 世纪 90 年代已开展火星探测的必要性和可行性研究

正如欧阳自远曾说的，实际上，中国开展火星探测的可行性论证几乎与探月工程同步。在 20 世纪 90 年代，我国许多专家学者就开始对我国开展月球探测的可行性和必要性进行了系统的论证，并一致认为：当时中国完全可以利用现有设备和条件，大部分采用现有的成熟技术，开展环月探测；在此基础上，充分利用 921 工程所发展的技术，进一步开展月球软着陆探测工程。在开展火星探测上，尽管当年还不完全具备能力（如测控、运载等），但也开展了一些预研究和关键技术的攻关，在实施我国月球探测工程的过程中，适时开展火星探测，并积极开展国际合作，使我国的火星探测融入国际主潮流。

1992 年，国际空间年之际，中国空间专家就未来火星探测的组织机构与法律问题提出自己的建议（朱毅麟，1993）。例如，中国专家建议建立由联合国外层空间委员会作为最高层的组织机构，统一计划、安排世界各国的火星探测活动，在该委员会内设立火星探测工作组，并提出在自愿的基础上，组建国际火星探测空间机构论坛。这些建议引起了国际上同行的巨大兴趣。

二、"863"计划和"973"计划支持下开展火星探测预研究

围绕火星探测的预先研究，在国家"863"计划和"973"计划中关于"行星探测"方面的课题均得到部署和开展。空间物理学家、中国科学院院士刘振兴早在 20 世纪 90

年代中期，曾主持过我国"863"计划中的一项软课题——"我国开展火星探测的必要性和可行性研究报告"。他基于当时国外火星探测的现状和发展趋势，结合我国的国情，提出了我国火星探测的目标以及探测器粗略方案设想。可惜这个计划并没有被列入国家规划，只是"研究研究而已"。他的这一计划相当程度上是日后我国火星探测计划的雏形，他也多次提倡中国应尽早对火星探测计划进行预先研究，特别是一些关键技术，如火星卫星轨道计算、运载系统及大功率远距离通信设备。2003 年，国家自然科学基金委员会已将"地球空间环境与火星空间环境比较研究"列为重要资助领域。欧阳自远院士也曾提倡，地外天体的探测，基础性的研究总要提前很多年着手。

为实施中国的火星探测计划，国家"863"计划在"十一五"期间设立了重大项目，开展火星探测器总体技术、自主导航技术、机构结构技术、大气进入技术等专项研究。"973"计划于"十二五"期间支持了两个深空探测领域的综合交叉项目，重点开展"火星精确着陆自主导航与制导控制、探测器巡航飞行高精度自主导航"等关键技术研究。

在"863"计划和"973"计划的支持下，科学家不仅调查了国外在火星等行星探测方面的进展与科学成果，研究了我国初期火星探测的科学目标和探测器方案；而且，我国突破了火星表面复杂形貌时空表征与识别、多尺度信息优化自主导航等前沿技术，研制了火星精确着陆导航与制导控制综合仿真系统，为火星探测工程立项提供了技术支撑，并首次提出了开展火星探测的技术路线。2000 年国务院新闻办发布的《中国的航天》白皮书中也已把"深空探测"作为空间科学的一个重要内容列入其中。

三、"嫦娥工程"为火星探测提供技术基础

经过多年发展，我国航天事业已较成体系。2007 年 10 月 24 日，"嫦娥一号"在西昌卫星发射中心发射升空，并于 2009 年 3 月 1 日按照计划撞击月球表面预定地点。"嫦娥一号"任务的成功实施使我国掌握了深空探测的一系列关键技术。探月工程二期后，我国建立完善了地面站，解决了测控通信等难题。正是由于这些技术积累带来的信心和底气，我国在 2009 年公布的《中国至 2050 空间科技发展路线图》中明确列出：在 2020 年前后，建立长期有人逗留的近地轨道空间站，探测器可达火星……

2010 年，趁着"嫦娥二号"月球探测器成功运行的东风，多位院士联名向国家建议，开展月球以远深空探测的综合论证，国家国防科技工业局立即组织专家组开展了发展规划和实施方案论证，对实施方案进行了三轮迭代和深化。但是工程立项则等到了 2016 年。

四、尝试搭乘俄罗斯火星探测"顺风车"而失败

尽管中国"嫦娥一号""嫦娥二号"的成绩令国人骄傲，但是中国科学界也深知，火星探测技术复杂，要解决 4 亿千米之遥的深空远距离测控通信问题在内的诸多难

题。于是，我国并没有一开始就决定完全自主探索，而是选择借鉴和学习美国与其他国家的火星探测活动，并努力争取搭一下火星探测先发国家的"顺风车"。当时我们想到的是借俄罗斯之力。

2007年3月26日，在中俄两国元首的见证下，中国国家航天局局长孙来燕与俄罗斯联邦航天局局长佩尔米诺夫共同签署了《中国国家航天局和俄罗斯联邦航天局关于联合探测火星-火卫——合作的协议》，确定双方于2009年联合对火星及其卫星火卫进行探测。从2007年6月开始，以上海卫星工程研究所为主的科研团队花了两年多的时间完成了"萤火一号"的研制，上海的科研团队共攻克了探测器的5项关键技术。

同样作为两国合作的一部分，2010年6月3日17时至2011年11月4日18时，我国航天员教员王跃及俄罗斯等国家的另外5名志愿者参与了俄罗斯历时520天的"火星-500"计划。在该实验中，志愿者模拟了飞往火星、环绕火星、登陆火星和返回地球等全过程。通过该项目的实验，我国获得了一些重要的火星探测实验资料。

在历经了较原计划两年的推迟后，2011年11月9日，我国首个火星探测器"萤火一号"搭乘俄罗斯发射升空的"福布斯-土壤"卫星，在运载该卫星的"天顶号"运载火箭从拜科努尔航天中心发射升空后就出现了意外，不仅卫星未能按计划实现变轨，"萤火一号"也不知所终。由于此次整个发射过程完全由俄罗斯方面控制实施，我国全程非常被动。此次失败给我国火星探测带来了一些技术和经济上的损失，对中国独立自主研制、发射火星探测器产生了反向激励。

通过与俄罗斯合作的失败经历，中国航天界更加意识到，由于我国月球和火星探测相关研究起步较晚，目前仍面临不少困难和问题，我们既要保持国际合作，以充分利用深空探测资源，同时，应努力实现未来中国自主进行火星探测。鉴于中国火星探测需要形成更具有前瞻性的、明确的科学目标，并借鉴和总结国外的成果和经验，2011年10月18—20日，由中国工程院、国土资源部、中国科学院、中国航天科技集团有限公司主办的"月球与火星探测科技高层论坛"在北京举行。来自美、法、印、日等国专家以及我国参与"嫦娥"和"萤火"探测的首席科学家和主要负责人，分别就国际新一轮探月地学研究成果、火星探测成果、各国月球登陆点的选择方案、科学目标与相关的探测技术等内容作了主题报告。

五、难度上开创先例的火星探测技术方案和关键技术研究

从以往人类火星探测的历史看，环绕探测是着陆和巡视的先期工程，环绕探测和着陆巡视任务一次性实施的难度极大，我国首次任务以"绕、落、巡"为目标，将成为世界火星探测史上的先例，因此任务难度相当巨大。除了上述探月工程所掌握的关

键技术为火星探测任务奠定了基础外，我国在大推力运载火箭、超 1 亿千米测控等技术也取得了重大突破。以往深空探测的飞行轨道控制和远距离测控方面是我国的薄弱环节，但通过地面测控系统 64 米大口径天线的建设，我国完善了深空测控网，为未来火星探测器的远程测量与控制奠定了基础。从总体上看，我国已经具备了自主开展到达距地球约 4 亿千米远的火星探测的前提条件。

欧阳自远曾在 2011 年总结了火星探测的三大科学任务：一是探测现在火星生命活动的信息，探寻火星过去是否存在过生命，为生命起源和探寻地外生命提供新的科学依据；二是探测与研究火星的演化以及与类地行星的比较研究，为太阳系的起源与演化研究提供新的科学论据；三是探讨在火星上创造适合人类生存的环境的可能性。首次火星探测任务的工程目标则包括：一是突破火星制动捕获、进入/下降/着陆、长期自主管理、远距离测控通信、火星表面巡视等关键技术，实现火星环绕探测和巡视探测，获取火星探测科学数据，实现我国在深空探测领域的技术跨越；二是建立独立自主的深空探测工程体系，包括设计、制造、试验、飞行任务的实施、科学研究、工程管理以及人才队伍，推动我国深空探测活动可持续发展。

2014 年 9 月，国家国防科技工业局探月与航天工程中心召开首次火星探测任务先期启动会，明确了要围绕探测器这条主线，启动先期研制工作。中国空间技术研究院立即成立型号研制队伍，从 2014 年 10 月开始先期研制工作。那时，一些重要的试验保障设施尚不齐备。在对实施方案经过三轮迭代和深化后，中国首次火星探测任务（"天问一号"任务）在 2016 年 1 月由党中央、国务院正式批准立项，并把目标定为：在国际上首次通过一次发射任务，实现火星环绕、着陆、巡视探测，成为世界上第二个独立掌握火星着陆巡视探测技术的国家。在此之前，我国已经完成数次月球探测任务，为火星探测任务打下了基础（陈立和赵聪，2020）。

火星探测任务由工程总体、探测器、运载火箭、发射场、测控、地面应用这五大系统组成。火星探测的科学目标是通过环绕火星探测和火星表面巡视探测，研究火星形貌与地质构造特征；研究火星表面的土壤特征与水冰分布；研究火星表面的物质组成；研究火星大气电离层及表面气候与环境特征；研究火星的物理场与结构（陈立和赵聪，2020）。

立项之后，我国组织科研单位开展了紧锣密鼓的关键技术研究，推动深空探测工程实施。"天问一号"探测器由一架轨道飞行器和一辆火星车构成。自立项以来，中国空间技术研究院在 4 年多的时间里高效完成了火星探测器研制任务。我国也加快建设了大功率天线、火星探测地面站、微弱信号高性能接受系统以及深空测控网，更大推力的"长征五号"运载火箭更是火星探测器成功发射的重要支撑。2016 年 7 月，火星探测器研制转入初样。2016 年底，探测器完成全部关键技术攻关和详细设计。

六、"天问一号"顺利升空履行使命

2019 年 11 月，国家航天局才首次公开了我国火星探测任务。根据计划，我国将在第二年择机发射火星探测器，开展火星全球性和综合性探测。同年 11 月 14 日，国家航天局邀请部分外国驻华使馆及国际组织人员，赴河北观摩中国首次火星探测任务着陆器悬停避障试验，并参观相关试验设施。这是中国火星探测任务及飞行控制团队首次公开亮相，也是中国向国际航天界表达合作诚意的信号与举措。

2020 年是火星探测任务发射大年，多项火星探测器发射升空，包括阿联酋的"希望号"（Hope）、中国的"天问一号"和美国的"火星 2020"（Mars 2020）。2020 年 3 月 10 日，北京航天飞行控制中心圆满完成我国首次火星探测任务无线联试，这也是任务中心与航天器正样的唯一一次地面联合演练。4 月 24 日，第五个"中国航天日"期间，中国行星探测任务被命名为"天问系列"，首次火星探测任务被命名为"天问一号"。7 月 23 日 12 时 41 分，载有"天问一号"火星探测器的"长征五号"遥四运载火箭在海南文昌发射场成功发射升空，标志着我国首次自主火星探测任务正式开启。"天问一号"是由中国航天科技集团有限公司下属中国空间技术研究院总研制的探测器。

2021 年 4 月 24 日，中国首辆火星车被命名为"祝融号"。此前，美国火星探测计划借助"好奇号"火星车将一个配有高精度仪器的巨大实验室搬到火星，而中国的火星探测计划更侧重"火星轨道器＋火星车"组合协同工作。在太空中进行漫长旅程后，同年 5 月 15 日 7 时 18 分，科研团队根据"祝融号"火星车发回遥测信号确认，"天问一号"着陆巡视器成功着陆于火星乌托邦平原南部预选着陆区，我国首次火星探测任务着陆火星取得圆满成功。5 月 17 日，"天问一号"第一次通过环绕器传回火星车遥测数据。

"天问一号"任务不仅是我国首次火星探测任务，也标志着我国行星探测计划的"问天之旅"已经走出了第一步，逐步形成整体概念，深空探测正挺进更深远的宇宙。未来，"天问"系列探测任务还将继续，我国计划在 2030 年开展第二次火星探测任务（采样返回），也会继续推动小行星探测和木星、土星等更远星球的探测工程（冯华等，2020）。

七、我国深空探测的特点

1. 我国深空探测起步晚、积淀少

与美国、俄罗斯等航天强国相比，我国开展深空探测活动的历程还很短。我国目前正在进行的深空探测任务仅有探月工程，而月球以远目标探测所需的发射技术、地面支持系统、通信系统等尚未形成体系，还需要进一步加强技术的积累和基础条件设施的建设（任杰等，2016）。

2. 我国深空探测花费低、成功率高

我国深空探测尽管起步较晚，但近期的发展取得了令世界瞩目的成就，为我国成为航天强国奠定了良好的基础。我国探月工程现已成功实现了月球软着陆和巡视，成功率达 100%，这在航天历史上是绝无仅有的。此外，相比于美国、俄罗斯/前苏联的同类型任务，我国的深空探测任务花费较低。

3. 我国深空探测任务应进一步扩展目标天体

不同的探测目标具有不同的科学价值，开展多样化的探测有助于空间技术的发展和空间科学研究的完善。我国目前仅对月球实施了探测，并制定了火星探测计划，相比于各航天大国的深空探测情况，探测目标不够多样化，有必要进一步扩展深空探测的目标天体范围。

4. 深空探测应长远规划、超前部署、提前攻关

深空探测涉及的技术范围广、难度高，且任务风险大，必须在任务实施之前预先开展技术开发与验证工作。从各航天强国对任务的长期规划看，未来的深空探测任务，特别是载人火星探测任务的各项筹备工作已经启动。我国也应尽早制定深空探测长期规划，提前梳理关键技术，加强技术储备。

第六章 量子科学实验卫星工程牵引
基础研究专题

本章将以历史回溯为基点，对"墨子号"量子科学实验卫星（以下简称"墨子号"量子卫星）这一大科学工程的发展和管理实践进行长时间大跨度的案例深描，在此基础上提炼出"墨子号"量子卫星工程独特的管理模式，包括"首席科学家+工程两总"的管理组织，以及分布式天地大系统的集群式创新等，还独创性地提出大科学工程共同体的概念，阐释科学家与工程师的有效融合对降低工程风险的作用。最后，就"墨子号"量子卫星所折射出的大科学工程管理中存在的代表性问题进行分析，并就大科学工程牵引基础研究提出几点政策建议，以促进创新型国家建设。

第一节 大科学工程的历史与管理模式概述

一、国内外大科学工程发展简述

大科学工程是以科学探究为主要目标，又有赖于工程手段而实现的一种工程类型，如中微子探测大科学工程、"墨子号"量子卫星工程等。大科学工程往往规模大、资金投入多、能产生很大的经济效益和社会效益，对科技与社会的影响深远，但也伴随着较大的项目风险。大科学工程往往要经历预研、设计、建设、运行和维护等一系列活动，需要科学高效的科研组织和工程管理才能顺利实施。人类历史上大科学工程的管理模式随着时间发展而不断演变。

20 世纪 40 年代，美国开展的曼哈顿计划（Manhattan Project）是人类历史上第一个大科学工程，该计划所采用的集散联合项目制后被众多大科学工程所采用，"阿波罗"登月计划、人类基因组计划（Human Genome Project，HGP）等均采用了这种管理模式。第二次世界大战之后美国政府大幅度增加科研和工程发展经费，在欧美科研项目申请中最早出现了主要研究者（principal investigator，PI）制，意为保障学科带头人对所负责项目有主导权。这种科研组织管理模式后来在我国重大科技任务的管理中被广泛采用。

20 世纪 70 年代后，发达国家的重大科技任务中，如日本超大规模集成电路（Very Large Scale Integration，VLSI）项目（1976 年）、欧盟框架计划（1984 年起）、美国国家纳米技术计划（National Nanotechnology Initiative，NNI）（2000 年 1 月起）（曹学军，2000），以及韩国"构想 2025：韩国科技发展长期计划"（又称为韩国先导计划，2000 年起）（佚名，2000）等，均采用了产学研联合研究的组织管理模式（董佳敏等，2016）。

不同时期因时代背景不同，重大科技任务的组织模式也不尽相同。20 世纪 50—70 年代，我国实施了"两弹一星"工程，政治要素与技术、行政管理因素在该工程的组织实施中共同发挥重要影响（刘昱东，2013）。该工程开创了项目"工程两总"系统（总指挥、总设计师），即通常所说的技术指挥线和行政指挥线构成的"两条指挥线"，其中总设计师专注技术实现，工程总指挥负责调度管理。"两弹一星"工程是我国运用举国体制成功开展重大科技任务的典范。

改革开放后，我国实施了"863"计划和"973"计划等重大高科技项目。这些项目继承了"两弹一星"工程的"举国体制"，又借鉴了西方 PI 制。"863"计划和"973"计划均采用专家负责制，在各领域设立专家委员会，由专家进行决策管理、首席科学家对项目总负责，全面实施课题制管理、实施项目全额预算、成本核算和课题负责人负责制。还有学者提出在"863"计划项目中应用虚拟合同研发组织等进行组织制度变革（林镝，2009）。

20 世纪 90 年代开始的载人航天工程继承了"两弹一星"工程管理的"工程两总系统"。2004 年，中国正式开展月球探测工程，并将其命名为"嫦娥工程"。"嫦娥工程"共包括"无人月球探测""载人登月""建立月球基地"三个阶段。2004 年 1 月 23 日，国务院批准立项的绕月探测工程（即中国月球探测工程一期工程）对该模式进行了改进，设立了工程总指挥、总设计师和月球应用科学首席科学家（任荣珍，2004），又设立了卫星系统、运载火箭系统、发射系统、测控系统和应用五个分系统，各系统又分别配备总指挥和总设计师，人员由国防科学技术工业委员会任命（王建蒙，2010）。

根据《国家中长期科学和技术发展规划纲要（2006—2020 年）》，我国实施了 16 个国家科技重大专项（含三个军口保密专项）。随着科技体制的改革，我国科技体系也逐渐从以科技规划为主导的体系，过渡到基本科技计划与科技重大专项相结合的结构体系（郑巧英，2014）。

二、大科学工程管理模式研究概述

近些年来，我国在建设创新型国家目标的指引下，陆续创造性地完成了很多大科学工程。大科学工程的组织建设能力代表着一个国家核心的、原始的创新能力，是国家综合实力、科技和经济竞争力的重要体现（邢超，2012），因此学术界以往对大科学工程的组织管理多有讨论：美国阿奇博尔德（2004）从知识层面探讨了高科技项目的管理。招富刚和关皓元（2009）将国家重大科技专项的组织管理模式分为闭环控制模式、业主制管理模式和全生命周期项目管理模式三种。董佳敏等（2016）将国内外大科学工程的管理模式分成集散联合项目制、官产学研联合研究制、"行政+技术举国制"和"工程两总系统"下的柔性项目制这四种模式，不过却将"863"计划等重大科技任务与大科学工程混为一谈，且对后两种模式的区别阐释不清。郭磊等（2013）研究了"973"计划、"863"计划、国家科技支撑计划和国家科技重大专项的组织管理体系的区别和联系。于军和邱菀华（2006）研究了学习型组织、虚拟团队和利用新型流程导向的多项目管理及其在高科技项目中的实用性。邢超和吴凤凤（2017）对大科学工程国际热核聚变实验堆（International Thermonuclear Experimental Reactor，ITER）项目的管理理念和实施借鉴进行了研究。中国科学院重大科学装置发展战略研讨小组讨论了大科学工程的发展建议（中国科学院综合计划局和基础科学局，2004）。罗小安和杨春霞（2012）探究了大科学工程的风险管理问题。邢淑英（2000）则系统研究了中国科学院"六五"到"八五"期间的大科学工程建设的进展和"九五"期间的安排，以及大科学工程管理中的关键环节。聂继凯和危怀安（2015）认为，政府在大科学工程的立项、准备、建设和完成四个阶段上分别扮演着决策者、启动者、协调者和评估者四个核心角色。不过，围绕典型性大科学工程翔实深入的案例研究及其管理模式分析尚不多见。

　　"墨子号"量子卫星于2016年8月16日1时40分在酒泉发射升空，这标志着我国空间科学研究又迈出重要一步（王晋岚，2016）。通过实施这一工程，我国在量子信息领域实现了全球领跑，有人甚至将"墨子号"量子卫星首席科学家潘建伟称为"中国离诺奖最近的人"。"墨子号"量子卫星的发展历程及管理模式对我国大科学工程的管理具有典型示范意义，目前亟待对这类"领跑"型的大科学工程开展深入研究。本章将以科技史为研究视角，厘清"墨子号"量子卫星的发展历程，在此基础上提炼其组织管理模式，分析问题并给出政策建议。

第二节　"墨子号"量子卫星工程的发展历史

　　国际上大科学工程往往起源于战略规划，从概念研究和预先研究起步，发展到工程设计、研制、建造和运行，结束于科学产出。量子卫星工程基本遵循这一链条。

一、酝酿科学目标阶段：海归科学家提出星地量子通信概念（2001—2005年）

　　20世纪90年代，美国、欧盟、日本纷纷把量子通信作为21世纪的战略项目，这一时期郭光灿院士、张永德教授等老一辈科学家已致力于用量子信息技术确保信息安全（吕斌，2010）。改革开放后，我国一大批学子赴欧美科技发达国家学习和交流。1997 年，正攻读博士的潘建伟与其奥地利导师安东·塞林格（Anton Zeilinger）共同在国际顶级科学期刊《自然》上发表了论文，宣布在实验中实现了量子态隐形传输，潘建伟为第二作者，《科学》将其列为年度全球十大科技进展。1999 年，潘建伟和他在奥地利维也纳大学的导师安东·塞林格（Anton Zeilinger）及同事们首次实现了独立光子偏振态的量子隐形传态的实验验证，这一成果发表于《自然》。1999 年，潘建伟博士毕业准备回国工作，却发现国内习惯了跟踪国外科学，在国内尚一片空白的量子科学研究甚至被认为是伪科学。令人振奋的是，他们那篇关于"量子隐形传态"的论文在同一年被《自然》选为"百年物理学 21 篇经典论文"。在获得了一定的国际认同后，潘建伟随后申请的科研项目在国内获得批准。地面量子通信和星地量子通信是实现远距离量子通信的两条技术路线，前者将中继器建在地面上，而后者把卫星当中继器，量子卫星相对于地面的位置时刻变化（袁岚峰，2017）。20 世纪末，奥地利等欧美国家率先开展了地面量子通信研究，我国只能做跟跑者。但潘建伟很早就意识到地面短距离量子卫星通信有其固有的局限性，要实现量子通信技术的重大突破，打破量子通信实用化的壁垒，并带动量子物理研究实现重大突破，必须发射量子卫星和开展星地量子通信。

2001 年潘建伟回国，他创造性地提出在太空中进行量子密钥分发的科学设想。在中国科学院基础科学局、国家自然科学基金委员会的资助下，他在中国科学技术大学组建起量子物理与量子信息实验室。当时他们向中国科学院基础科学局申请了 200 万元经费，对方却果断拨款 400 万元。经中国科学院领导牵线，潘建伟与中国科学院上海技术物理研究所的王建宇开始了十多年的合作。

2003 年，潘建伟明确提出了星地量子通信概念。2005 年，潘建伟和团队成员率先在全球范围内实现了 13 千米自由空间量子通信，验证了星地量子通信的可行性。

二、工程预研阶段：中国科学院支持开展量子通信地面攻关（2006—2011 年）

在中国科学院物理研究所于渌院士、南京大学闵乃本院士等的建议下，"量子调控"于 2006 年被列入国家重大科学研究计划，量子通信业得到了国家"十一五"计划、"十二五"计划和"863"计划的支持。

星地量子通信的地面攻关于 2008 年列入中国科学院知识创新工程重大项目，由中国科学院的计划财务局、基础科学局和高技术研究与发展局三家联合出资 7500 万元。大科学工程的预研是对工程建设的初步"演习"，是对工程建设中需要攻克的所有相关的关键技术与重要设备进行加工，目标是最大限度地降低工程风险（唐素琴和李志红，2008）。与上海同步辐射光源等通用性的、在地面上运行的大科学工程相比，量子卫星工程作为专用性很强、在空间运行的科学装置，其科学目标非常明确，设计完成之后不可轻易更改，因此工程难度也更大、风险更高。

2008—2011 年，在首席科学家潘建伟与项目总工程师王建宇的指导下，中国科学技术大学与中国科学院的上海技术物理研究所、光电技术研究所、上海微小卫星工程中心、上海光学精密机械研究所联合开展了量子卫星地面攻关，很好地完成了原理样机在内的工程预研。

三、工程攻坚阶段：中国科学院空间科学先导专项立项和研制（2011—2014 年）

当奥地利等国就量子卫星项目还在不断讨论的时候，中国就充分发挥社会主义集中力量办大事的优势，果断做出决策。2011 年，量子科学实验卫星完成立项，被列入中国科学院空间科学先导专项首批科学实验卫星之一。潘建伟给这第一颗量子卫星取名 "墨子号" 量子卫星，是因为 "过去我们的科研跟跑的年数太久了，很多人甚至认为好的东西都得跟在欧美后面才合理，这种感受很不好"。潘建伟指出，墨子在世界上最早用实验证明了光是沿着直线传播的，他提出了粒子概念与牛顿惯性定律的雏形，故而被称为 "科圣"。"我们想用名字提醒大家，中国人也可以做很好的科学。从前有、现在有，将来会有更多。"（徐海涛，2016）。

在为 "墨子号" 量子卫星制定科学目标时，起初科学家团队只提出了空间量子通信实用化验证这一实用目标，要 "借助卫星平台，进行星地高速量子密钥分发实验，并在此基础上进行广域量子密钥网络实验，以期在空间量子通信实用化方面取得重大突破"（刘诗瑶，2016）。后来扩展到更偏向量子物理维度的科学实验研究，要利用量子卫星平台所提供的在地面上难以配备的长距离、大尺度的科学实验条件（张志会，2018），"在空间尺度进行量子纠缠分发和量子隐形传态实验，开展空间尺度量子力学完备性检验的实验研究"（国杭，2017）等。在 "2011 计划" 的支持下，中国科学技术大学、南京大学、中国科学院上海技术物理研究所、中国科学院半导体研究所、国防科学技术大学于 2012 年联合创建了 "量子信息与量子科技前沿协同创新中心"。

"墨子号" 量子卫星工程由不同参与者有序分工、协同创新。中国科学技术大学负责提出科学目标，参与地面系统建设以及卫星载荷研制，完成科学实验。中国科学技术大学和中国科学院上海技术物理研究所负责共同验证 "墨子号" 量子卫星的可行性，中国科学院上海技术物理研究所也是卫星载荷研制的总体单位。中国科学院微小卫星创新研究院负责研制卫星平台，并负责保障卫星运行。中国科学院三大天文台（国家天文台、紫金山天文台和新疆天文台）负责提供天文观测支持，并保障地面系统运行。中国科学院光电技术研究所负责地面接收望远镜的研制，并保障其正常运行。中国科学院上海光学精密机械研究所负责研制部分激光器，并利用这个平台搭载高速激光通信试验设备。

中国航天科技集团公司第八研究院研制生产了一发"长征二号"丁运载火箭，并负责将卫星发射至预定轨道（张志会，2018）。在量子卫星工程的研制中科学载荷系统是核心环节，具有很强的探索性和开创性。量子密钥通信机、量子实验控制与处理机、量子纠缠发射机，以及量子纠缠源这四个有效载荷是量子卫星工程研制的核心。同时，瞄准两个地面站的高精度星地光路对准、星载量子纠缠源、星地偏振态保持与基矢校正等工程级关键技术，以及卫星两年的设计寿命，都是世界级技术难题。卫星平台复合姿态控制技术、天地链路的单光子接收也都难度极大。经过潘建伟的科学家团队与以王建宇为主的工程研制团队通力配合，在中国科学院国家空间科学中心对量子卫星工程总体的管理下，才突破了上述一系列世界级技术难题，实现了杰出的技术成就。

中国科学技术大学潘建伟、彭承志等与中国科学院上海技术物理研究所王建宇、中国科学院光电技术研究所黄永梅等组成联合团队，于2008—2011年在青海湖成功实现了百公里量级的自由空间量子态隐形传输和双向纠缠分发，在国际上首次成功实现了星地量子密钥分发的全方位地面验证（佚名，2013）。2014年12月，量子卫星完成卫星初样研制。

四、全球领先阶段：量子卫星发射和持续高水平的科研产出（2015年至今）

2015年2月26日，《自然》以封面标题的形式发表了潘建伟、陆朝阳等的论文《单个光子的多个自由度的量子隐形传态》。2016年6月，中国第一颗量子卫星顺利出厂。2016年8月16日，中国将世界上首颗量子科学实验卫星"墨子号"成功发射升空，实现了星地之间密钥分发。发射成功后，德国、法国、加拿大、巴基斯坦等国的科研人员纷纷到中国"取经"。

实现科学目标是大科学工程的最终目的。量子卫星发射升空后，中国科学家团队在科学产出上捷报频传。国际学术期刊《科学》刊载了2017年6月16日"墨子号"量子卫星科学团队实现公里级星地双向量子纠缠分发和量子力学非定域性检验（Juan et al.，2017）。《科学》审稿人认为它是"兼具潜在实际应用和基础科研重要性的重大技术突破""毫无疑问将在学术界和广大社会公众中产生巨大的影响"。2017年8月10日，中国科学家利用"墨子号"量子卫星在国际上首次成功实现了空间量子物理研究的另外两项重大突破——从卫星到地面的量子密钥分发和从地面到卫星的量子隐形传态，其研究成果发表在《自然》上，至此，"墨子号"量子卫星提前一年完成了全部既定的科学目标。这些突破性成果为量子网络和量子通信实验研究奠定了基础（邱晨辉，2017），标志着我国量子通信一举跨越到领跑阶段。

2018 年 1 月，中国量子卫星协同创新团队与奥地利科学院塞林格研究组合作，他们通过"墨子号"量子卫星，在中国和奥地利之间首次实现了距离长达 7600 公里的洲际量子密钥分发，并利用共享密钥实现了加密数据传输和视频通信。该成果标志着"墨子号"已具备实现洲际量子保密通信的能力（吴长锋，2018）。

第三节　"墨子号"量子卫星工程的管理特征

量子卫星工程作为国家系统支持下的大科学工程，有明确的目标导向、良好的顶层设计和制度保证，并独具特色。

一、工程实施期间运行"首席科学家+工程两总"的管理模式

以往美国 NASA 的科研体制中，首席科学家不仅负责科学问题的攻关，还全面负责工程技术问题。中国科学院国家空间科学中心于 1997 年提出的"双星计划"是中国和欧洲合作的第一个探测卫星项目（徐菁，2015b）。"双星计划"沿袭了美国 NASA 首席科学家制度，除了负责科学研究活动外，首席科学家刘振兴院士还对该项计划的所有工程技术活动负责。

在继承中国"两弹一星"工程的组织模式和借鉴西方首席科学家制度的基础上，中国空间领域的大科学工程创造性地发展出"首席科学家+工程两总"制（倪思洁，2018），量子卫星工程也采用了这样的管理结构（图 6-1），其中的"工程两总"是指工程总设计师系统和工程总指挥。

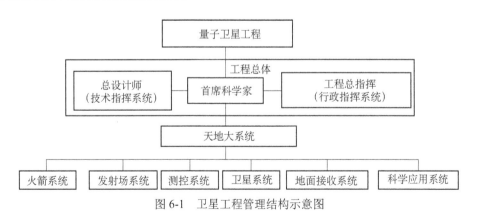

图 6-1　卫星工程管理结构示意图

在探月工程中，中国特色的"首席科学家+工程两总"管理模式已具雏形。但量子卫星工程对这一模式有所改进和发展，首席科学家潘建伟被赋予了"一票否决权"，拥有更高的权限和地位。正如习近平同志所言要"强化自主创新成果的源头供给"

（习近平，2014），科学家团队的原创性思想是量子卫星工程的灵魂。王建宇担任量子卫星工程常务副总设计师、卫星系统总指挥，提出了量子科学实验卫星的总体技术方案，负责卫星载荷、天地一体化系统的设计，指导建立了天地一体量子通信科学实验系统，并负责处理工程日常事务。中国航天科技集团有限公司第八研究院徐博明担任量子卫星工程总设计师，中国科学院微小卫星创新研究院、上海微小卫星工程中心朱振才担任量子科学实验卫星系统总设计师，对该工程顺利完成发挥了很大作用。中国科学院国家空间科学中心抓总量子卫星工程。

二、分布式天地大系统为平台的协同创新

"墨子号"量子卫星工程除了研制一颗"量子科学实验卫星"外，还需要建设好由卫星系统、火箭系统、测控系统、发射场系统、地面接收系统以及科学应用系统这六大系统组成的天地大系统。每一分系统由项目不同参与者通过柔性项目制参与，进行系统式创新。

科学应用系统正是量子卫星工程区别于一般大科学工程的独特之处，毕竟大科学工程是基于科学又为了科学的工程（李俊峰和王大洲，2016）。该系统负责科学产出和发布科学成果，由4个量子通信地面站和1个空间量子隐形传态实验站构成（王建宇，2017）。

每个分系统按照项目集群的方式，兼顾学科性质去部署科研任务。每个分系统亦设有"工程两总"，分别负责项目设计与项目管理。在"工程两总"领导下的技术活动采用计划控制下的多项目管理（肖伟刚，2018）。在科学目标导引下，项目组通过领导层的快速决策和对多项目团队的精诚管理，降低科技创新的成本与风险，有效挖掘、整合和利用不同分系统的创新资源，实现系统协同创新（陈套，2014）。

三、首席科学家权威下参与者有效融合的管理机制

工程共同体概念近年在国内学术界受到普遍关注，学者们认为，区别于结构同质的科学共同体和相对同质的技术共同体，工程共同体是由工程师、工人、投资者、管理者和受众等利益相关者构成的异质共同体（李伯聪等，2010）。张秀华（2009）曾研究了工程共同体讲时效的协同主义等维系机制。不过，以往研究相对忽略了大科学工程这类特殊的工程。对此，本章提出大科学工程共同体的概念。大科学工程集科学研究、技术开发和工程建设三者于一身，大科学工程共同体主要由工程管理者、首席科学家率领的科学家团队、承担不同分系统任务与具体项目的工程师团队构成，这些不同行动者与利益相关者长期合作、有效融合，共同完成大科学工程。

面向国家量子通信的重大战略需求是"墨子号"量子卫星工程发展的基本动力，而工程的顺利完成也关乎科学家和工程师的切身利益，如职称晋升、社会认同和个人

声誉等利益保障。工程实施中科学家、工程师与管理者的彼此信任与有效沟通是维系工程的重要微观机制。科学家总有新创意,工程师却追求稳定和低风险。王建宇曾说,"对于做工程的人来说,没有99%,必须做到万无一失"(黄海华,2017)。

对于工程师团队的重要作用,潘建伟有清醒的认识,他曾指出量子研究发展到现在,单靠一个团队单打独斗的时代已经过去了。比如,量子卫星的难点就在于工程技术,因为进入量子尺度后,许多符合宏观物理学原理的经典器件都遇到了麻烦,例如单光子是不受衰减规律影响的,但光束在与电子交换时就存在着衰减现象,经典器件原理和量子力学原理如何吻合,是一个需要研究的大课题(沈湫莎,2014)。此外,科学家团队与工程师团队形成了有效的沟通制度。在早期阶段,为帮助工程技术人员理解量子卫星的科学目标及量子通信原理,科学家们做了十几场学术报告。为了帮助工程研制人员了解在轨科学实验流程,工程总体组和科学应用系统的人员一同编制了《量子科学实验卫星工程天地一体化实验流程分析报告》。"墨子号"量子卫星常务副总设计师王建宇还担任中国科学院上海分院副院长这一职务,虽然行政事务繁忙,做科学载荷出身的他经常在周末扎进实验室,了解量子卫星工程技术的内在机理。科学家也仔细了解工程师的设计思维和技术难度,听取工程师的建议。正因如此,"墨子号"量子卫星实现了高效的创新。当然,首席科学家的学术权威、社会威望,以及工程总设计师的组织领导才能和个人特质也是大科学工程得以高效运转的重要因素。

此外,"墨子号"量子卫星涉及大量核心技术和科学机理研究,工程风险较高,大科学工程共同体内不同参与者之间的通力合作则有利于及时、准确地识别和化解风险。"墨子号"量子卫星原计划在2016年7月择机发射。但在发射前却发现激光器能量快速下降,如盲目发射,"墨子号"可能无法完成高空到地面的光荣对准(周琳,2016)。对于是否延期发射,共同体内的科学家团队与工程师团队存在两种不同意见。最终双方达成一致,决定先解决问题,推迟一个月发射。之后,大家加班加点,为解决问题各显身手,以确保科学目标的实现。问题很快解决,最终"墨子号"量子卫星于同年8月中旬升空。

四、积极开展国际交流与合作

因量子信息研究集多学科于一体,必须有不同学科背景的人才的参与方能取得科学突破。潘建伟一开始就有计划地派学生到欧美先进机构学习不同方向的学科,这些学生回国后在学科上互补,为量子通信的基础科研打下了良好基础。而且,量子科学实验卫星在保障我国科学发现优先权的基础上,较早地实现了向世界开放。潘建伟与他在奥地利的老师塞林格教授团队在"墨子号"量子卫星上有很好的合作。今后,我国量子通信的国际合作将拓展到德国、意大利、加拿大等国。

第四节　"墨子号"量子卫星工程管理的问题及建议

一、"墨子号"量子卫星折射出的大科学工程管理的普遍性问题

量子卫星作为我国在国际上"领跑"型的大科学工程，其工程管理过程中暴露出的一些问题在我国大科学工程中具有一定的代表性。

（1）20 世纪下半叶，不管政治、经济和社会因素如何变化，我国空间技术始终得到党和政府的最大支持，得以迅速发展（Chen，2016），但国家对空间科学的重视较弱。美国 NASA 一般是先制订好较完备的空间科学规划，再立项研究，而直到 2016 年"墨子号"量子卫星发射那一年，我国才由中国科学院发布了述及量子卫星的《2016—2030 空间科学规划研究报告》（吴季等，2016）。因缺乏长期规划，科研经费来源一直是科学家担心的问题。

"实践十号"返回式卫星、量子卫星、暗物质粒子探测卫星（Dark Matter Particle Explorer，DAMPE，又名"悟空号"）和硬 X 射线调制望远镜（Hard X-ray Modulation Telescope，HXMT，又名"慧眼"）卫星等科学实验卫星取得成功后，国家在"十三五"规划、"十四五"规划中继续部署了对中国科学院科学实验卫星的支持。2016 年，"量子调控与量子信息"成为国家重点研发计划优先启动重点专项，2017 年 5 月，国家自然科学基金委员会与中国科学院共同出资设立了空间科学卫星科学研究联合基金（卢宇，2017），不过上述科研资助渠道偏向基础研究，还未述及今后新型量子卫星的研发。

（2）耗资巨大、显示度高的航天高科技工程往往万众瞩目。我国公众和媒体对航天工程有着很高的期望，但航天科技的发展必定是高风险的、破坏性创新的过程。因此，管理者、科学家和工程师往往内心长期紧绷一根弦，这种状态不利于科研的长期发展。

（3）很多科研单位都招聘一定的工程技术人员，与从事基础研究的人员相比，工程技术人员的职称晋升和发展空间相对受限。在考核时与科学家"一视同仁"，只看文章和专利，而忽视了工程技术人员在型号任务中的贡献，这样就难免挫伤团队中工程技术人员的积极性。

二、改进大科学工程管理的几点建议

现在欧美等国相继启动了量子专项计划，为了保持我国在量子通信领域的国际领先地位，本书尝试提出以下政策建议：一是顶层设计要考虑长期支持重要方向。对于量子卫星工程这类科学目标明确、公众参与度高、科研基础雄厚、能长远推动国计

民生的项目，国家需要有选择性地制定发展规划和进行长期支持。有必要继续开展量子通信工程技术研究，相关研究需要得到国家科技重大专项的后续支持。

二是完善针对工程技术人才的科技评价。工程技术人员和科学家都是大科学工程中创新活动的主体，要激发工程技术人员的潜能，需要制定科学合理的评价体系。中国科学院上海技术物理研究所针对偏向工程和偏向理论基础的科研人员专门制定了不同的评价方法。对于工程师的职称评定主要看其完成了哪些工程项目，是否牵头突破了工程技术和研发出高科技产品。不过工程技术人员因缺少论文和专利，在申请国家科研项目时依旧没有优势，上升空间狭窄。未来，还需要为工程技术人员的职业发展和资源获得提供更多机会。

三是培育包容自励的创新环境和推进科学传播。科学研究倡导学术自由探索，社会公众和媒体环境应对大科学工程的风险有一定的准备，因此应努力创建宽松、和谐、向上的科研氛围，推动科研人员求真务实、大胆创新，产生更多原创性科学思想。此外，由于科学传播工作不足，有些人将量子通信与在量子卫星上所开展的量子密钥分发实验相等同。关于量子纠缠所存在的学术争议是正常现象。也正因存在争议，量子通信的科研才更有意义。做好科学传播，可增进公众对量子卫星这类大科学工程的理解和支持。

综上所述，目前我国正致力于建设创新型国家，科技发展正努力从"跟跑"到"并跑"再到"领跑"。我国地面量子通信遵循的是后来者的"赶超"路线，2017年京沪干线的开通标志着我国在该领域达到了国际先进水平，且"墨子号"量子卫星以潘建伟等海归科学家的原创性思想为源头，在政府的果断决策和可靠的资源保障下，依托科学高效的管理模式，于2016年在世界上首次实现了星地通信，凭借"弯道超车"达到全球领先，大大促进了我国量子通信的实用化和量子物理研究的发展。这些对于我国大科学工程的组织管理和中国式科技创新多有借鉴意义。

第七章　中国空间科学基础研究发展路径与特征专题

空间科学是以空间飞行器为主要平台,研究发生在地球、日地空间、太阳系乃至整个宇宙的物理、化学及生命等自然现象及其规律的科学(顾逸东,2014)。中华人民共和国成立以来,空间科学一直处于我国航天计划的范围内,但相对于空间技术和国家安全目标而言,显然只是排在了次要的位置。今天,尽管中国拥有一个庞大且不断增长的航空航天部门,不过相较于中国航天强国的国际地位,空间科学仍然需要继续加快发展。围绕这一话题,一线航天科技管理者与空间科学家曾立足于各自的专业领域,表达一些直观的理性思考,不过学界尚缺乏科技史角度的反思性认识。

本章以时间轴为主线,回顾了中国空间科学产生和发展的四个时期及典型特征,挖掘出影响中国空间科学发展的关键影响因素:缺乏长期规划和稳定的资金支持;缺乏空间科学管理组织;中国空间科学界内部存在分歧,导致难以选择原始项目,国际合作有限。

第一节　中国空间科学发展路径回顾与阶段性特征

一、围绕人造卫星预研迅速起步(1958—1965 年)

人造卫星是空间科学发展的重要科技基础设施。20 世纪中期在美苏争霸的背景下,苏联于 1957 年 10 月 4 日将第一颗人造卫星发射升空,标志着人类进入太空时代。中国科学院地球物理研究所的科学家赵九章非常期待中国也能研制出人造卫星,以地磁为起点,发展空间科学探测。1958 年,经赵九章和钱学森等科学家倡议,中共中央批准中国自行研制人造卫星。在 20 世纪 50—70 年代的"两弹一星"任务中,中国科学院是人造卫星研制的主导单位。中国科学院很快组建了"581 组"办公室,组织实施和协调业务。

1958 年,中国派出一个"高空大气物理代表团",其真正的目的是赴苏联考察卫星。没想到遭遇了冷遇，什么都给看了，就是不给看想看的东西。之后又遭遇国民经济困难，1959 年中央改变了卫星发展战略。赵九章与卫一清、钱骥商量后，提出"以探空火箭练兵，高空物理探测打基础，不断探索卫星发展方向，筹建空间环境模拟试验室"（张劲夫，2007）。

之后进入火箭探空和人造卫星的预研阶段。在组织机构上，建立了总体研究室、中高层大气探测、遥测遥控跟踪定位、电离层、空间磁场，以及空间光辐射实验室与空间环境模拟实验室等（中国科学院国家空间科学中心，2005），研制出了探空火箭并开始空间探测。上海市机电设计研究院研制出 T7 型火箭，后改进为 T7A 型，1960—1965 年，中国共发射了 20 多发探空火箭，实现了 60 千米以下的气象探测，开展了对电离层、高空磁场和宇宙线探测的空间物理探测，以及空间生物学探测，测得大白鼠、小白鼠、果蝇和小狗等多种生物在空间失重状态下的生理状态（王绥琯和刘振兴，2003）。

中国科学院也紧跟国际学术前沿，开展空间科学理论研究。20 世纪五六十年代，国际上发现了辐射带。赵九章迅速于 1959 年正式成立磁暴研究组，开展了地球辐射带、太阳风和磁层的相互作用及磁暴理论和形态研究。此外，早在 1963 年钱学森曾设想防御导弹袭击的方案，并布置中国科学院地球物理研究所二部（1966 年更名为应用地球物理研究所，1968 年划归国防科学技术委员会变为 505 所）承担空间环境研究任务（刘振兴，2001）。

二、"文革"时期缓慢发展（1966—1977 年）

尽管中国空间科学的发展起步很早，但在"文革"期间，错过了发展期，与美苏拉开了差距，不过在"实践"号和返回式卫星的空间技术领域取得了进展，为开展空间物理研究提供了条件。

在"581 组"的基础上，中国科学院于 1966 年 1 月成立"651"设计院，公开名称为"中国科学院科学仪器设计院"，赵九章兼任院长。第一颗卫星于 1970 年发射时仅开展了很少量电离层和大气密度探测。1970 年后第七机械工业部第五研究院 505 所（空间物理和探测研究所）在院长钱学森的指导下开展空间环境预报和研究。

战略科学家赵九章提出的中国卫星系列规划，后来切实影响了中国空间科学的发展。1966 年 5 月，他提出先以科学实验卫星打基础，再发展返回式对地观测、通信、气象、导航等应用卫星和飞船，特别建议及早安排利用应用卫星开展具有关键意义的科学项目。1971 年发射的"实践一号"卫星探测了宇宙线、内外辐射带粒子和太阳 X 射线，取得了一些有价值的数据。紧接着，1975 年 11 月，中国第一颗返回式卫星的发射为开展空间生物实验提供了有利条件。

三、依托返回式卫星和应用卫星开展空间探测（1978—1999 年）

1978 年党的十一届三中全会上确定了"把党和国家工作的重点转移到社会主义现代化建设上来"，空间科学的科研组织更加体制化。1980 年 9 月，中国空间科学学会（Chinese Society of Space Research，CSSR）成立；同时创办了《空间科学学报》。20 世纪 80 年代，国家"863"计划中关于航天技术的内容包括了流体物理、材料科学和生物技术的地面研究与空间实验。

改革开放后，中国科技界恢复了国际交流。20 世纪 80 年代，ESA 会员国每年通过联合国向发展中国家提供研究资金，用于发展中国家的科学家到 ESA 的机构进行气象学、遥感学和电子信息工程相关学科的在职培训，帮助中国培养了空间科学的人才（Bergquist and Hood，2019）。

1. 利用返回式卫星开展空间科学实验

"实践"号返回式系列科学卫星成为这一时期空间科学最重要的实验平台。尽管"实践二号"在 1972 年便作为中国第一颗专门用于空间物理探测的科学实验卫星列入了国家计划，但几经变动，直到 1981 年才升空。这颗卫星搭载了 11 台科学仪器，探得了关于太阳活动、地球附近空间的带电粒子、地球和大气的红外和紫外辐射背景及高空大气密度的一些数据（张永维，2001）。1987 年，中国进行了首次空间材料科学实验，中国科学院半导体研究所在林兰英院士的领导下利用返回式卫星，在空间微重力环境下第一次从熔体中成功生长砷化镓单晶（何春藩，1991），开辟了中国空间材料研究新领域。1994 年 2 月发射的"实践四号"载有 5 台探测仪器，对近地空间带电粒子环境及其对航天器的影响进行测量，取得了一些较为重要的探测结果（王绶琯和刘振兴，2003）。

2. 高空科学气球实验和空间天气研究

高空科学气球是在平流层开展空间和邻近空间技术试验的有效手段。1977 年科研秩序逐渐恢复后，在中国科学院何泽慧、顾逸东等的倡议下，中国科学院大气物理研究所、高能物理研究所、上海天文台等开始发展高空科学气球探测系统。气球可升到 30 千米以上的高空进行探测，推动了高能天体物理的起步和发展。到了 1980 年中国科学家已可成功发放万米级科学气球（荆其一等，1982），到 1984 年中国科学院建成了我国第一个高空科学气球系统并开始科学观测和研究。

科学气球在国际合作上也有所成绩。20 世纪 80 年代，中国与日本宇宙科学研究所合作开展了日本至中国的跨太平洋飞行，1989—1991 年与苏联合作进行了北半球飞行距离最长的跨境飞行（陈欢欢和刘征宇，2018）。随着中国对空间天气研究日益紧迫的战略需求，"十五"期间陆续启动和开展"双星计划""太阳空间望远镜"等国家重大计划的建设或预研（曹晋滨，2005）。

3. 在应用卫星上搭载科学载荷进行实验

在 20 世纪 80—90 年代，应用卫星因顺应经济发展需要而迅速发展。通过在通信卫星、"风云"系列气象卫星、资源卫星等上搭载科学载荷，中国首次获得了太阳 X 射线爆发和同高度上高能电子的资料，首次测量了太阳质子和重离子时间及银河宇宙的异常成分（王绥琯和刘振兴，2003），还在"风云"系列气象卫星、资源卫星等卫星上搭载了空间环境监测系统。

4. "双星计划"——中国第一个空间科学卫星计划

在 21 世纪以前，中国一直没有自己的空间科学卫星计划。直到 1997 年初，中国科学院空间科学与应用研究中心刘振兴院士提出"双星计划"。该项目计划由一颗赤道星（"探测一号"）和一颗极轨星（"探测二号"），探测地球近赤道区和极区的地球磁场及其波动情况。2002 年 10 月，由刘振兴任首席科学家的"双星计划"立项，中国国家航天局与 ESA 正式合作。该项目是首个由中国科学家提出并牵头的以科学目标牵引的卫星计划，也是中国在航天领域的第一次重大国际合作项目（唐琳，2018 b）。"双星计划"还与 ESA "星簇计划"联合探测，实现了世界上首次地球空间"六点协调探测"，利用探测数据提出的亚暴触发的新理论——"锋面理论"产生重要影响（European Space Agency，2007）。

四、新时期呈现多元发展格局（2000—2009 年）

这一时期，中国政府于 2000 年首次发布《中国的航天》白皮书，指出航天事业包括空间科学、空间应用和空间技术三个方面（中华人民共和国国务院新闻办公室，2000），空间科学作为一个正式领域被认可。

这一时期继续了以往应用卫星搭载空间探测仪器的方式。在国际合作方面，我国分别利用 2007 年俄罗斯"光子"号返回式卫星和国际空间站（International Space Station，ISS）开展了半导体材料生长、流体物理空间实验等研究，在中法合作的欧洲抛物线飞机上也进行了多项材料科学实验，产出了不少有意义的科研成果。21 世纪初，由于飞行空域和自然环境改变等因素，高空科学气球一度沉寂。

鉴于载人航天对增强国家竞争力的巨大作用，中国效仿美苏于 1992 年启动了载人航天工程，并在筹划该工程时就已考虑到了空间科学的需要。作为载人航天工程三大发起部门之一，中国科学院在载人航天工程立项之初就牵头负责空间应用系统研究，并在 1993 年组建了中国科学院空间科学与应用总体部，来管理载人航天工程的应用。从"神舟二号"开始，中国较好地解决了载人航天的科学与工程的结合问题，组织领导数十个单位，在不同型号的"神舟"飞船上圆满完成了空间对地观测、生命科学、微重力科学、空间天文、空间环境等 50 余项任务。

中国完全自主实施的月球探测工程启动以来，陆续发射了"嫦娥一号""嫦娥二号""嫦娥三号""嫦娥五号 T1 试验器""嫦娥四号"卫星，跻身国际月球探测的重要队伍。2007 年 10 月发射的"嫦娥一号"卫星开展了月球空间环境探测，传回第一幅月面 CCD 图像。2010 年发射的"嫦娥二号"卫星上搭载的 CCD 相机获取了分辨率优于 1.5 米的月球虹湾图像数据。

五、科学卫星系列和自主空间站时代（2010 年至今）

国际空间站在 2011 年后进入了全面应用。中国载人航天工程也迈入空间站时代。与此同时，中国空间科学也蓬勃发展，进入自主建设空间站的时代。

1. 空间科学得到国家政策支持

2010 年 3 月 31 日，国务院通过了中国科学院"创新 2020"规划，要求中国科学院"组织实施战略性先导科技专项，形成重大创新突破和集群优势"（齐芳，2011）。中国科学院于 2011 年部署了空间科学先导专项，开启了中国空间科学卫星的新时代。

仿效美国 NASA 喷气推进实验室（Jet Propulsion Laboratory，JPL）及戈达德航天飞行中心（Goddard Space Flight Center，GSFC），2011 年，中国科学院党组依托空间科学与应用研究中心，成立了国家空间科学中心，"一个单位两块牌子"（张巧玲，2013），2015 年 6 月正式更名。在中国科学院面向国家重大需求，启动实施"率先行动"计划的背景下（中国科学院国家空间科学中心，2014），中国科学院微小卫星创新研究院于 2017 年 9 月 26 日正式成立，先后研制并成功发射了包括暗物质粒子探测卫星、量子科学实验卫星等复杂的科学卫星（《空间科学学报》编委会，2019）。

面对学科发展的困境，科学家通过自下而上地制订学科发展规划来寻找突破口。2016 年 3 月 17 日，中国科学院国家空间科学中心牵头完成了《2016—2030 空间科学规划研究报告》（吴季等，2016），提出了 2016—2030 年我国空间科学发展战略目标及路线图，详细列出了 23 个空间科学计划，预期在 2030 年完成近 20 颗科学卫星的发射。"十二五"期间，已有 8 个项目脱颖而出入选了空间科学先导专项背景型号项目。

国际竞争的演变也使得中国政府意识到太空探索是未来增长和竞争力的重要领域，对促进经济发展、促进高端产业和外溢技术至关重要。"十二五"期间中国空间科学的巨大成绩也引起中共中央高层的重视。2013 年 6 月 24 日，习近平总书记在与"神舟十号"3 名航天员天地通话时充满深情地说，"飞天梦是强国梦的重要组成部分。随着中国航天事业快速发展，中国人探索太空的脚步会迈得更大、更远……"（中共中央文献研究室, 2013)。2016 年 4 月, 习近平总书记在中国首个 "中国航天日" 来临之际作出了重要指示: "探索浩瀚宇宙, 发展航天事业, 建设航天强国, 是我们不懈追求的航天梦"(中共中央宣传部宣传教育局, 2018), 为我国航天科技的发展指引了方向。2016 年 5 月, 全国 "科技三会" 召开。"科技三会" 的全称为全国科技创新大会、中国科学院第十八次院士大会和中国工程院第十三次院士大会、中国科学技术协会第九次全国代表大会。习近平总书记在全国 "科技三会" 上发表的重要讲话中指出, "空间技术深刻改变了人类对宇宙的认知, 为人类社会进步提供了重要动力, 同时浩瀚的空天还有许多未知的奥秘有待探索, 必须推动空间科学、空间技术、空间应用全面发展"(习近平, 2016), 首次将发展空间科学放到了中国航天科技发展的首要位置, 这预示着空间科学在国家层面获得了更强大的政策支持。国务院 2016 年 8 月印发的《"十三五" 国家科技创新规划》中, 空间科学卫星系列首次被写入国家五年规划。2019 年 10 月召开了第一届中国空间科学大会, 中国空间科学学术共同体进一步规范化。习近平总书记曾多次强调基础研究在整个科学体系的重要地位与作用, 2021 年 5 月 28 日在中国科学院第二十次院士大会、中国工程院第十五次院士大会和中国科学技术协会第十次全国代表大会上, 习近平总书记在《加快建设科技强国 实现高水平科技自立自强》这篇重要讲话中指出, "加强基础研究是科技自立自强的必然要求, 是我们从未知到已知、从不确定性到确定性的必然选择。要加快制定基础研究十年行动方案。基础研究要勇于探索、突出原创, 推进对宇宙演化、意识本质、物质结构、生命起源等的探索和发现, 拓展认识自然的边界, 开辟新的认知疆域"(习近平, 2022)。这一重要论述阐明了建设航天强国与加强基础研究在实现中华民族伟大复兴中国梦中的重要战略地位和战略意义(王赤, 2022a)。

2. 空间科学卫星计划取得突破

中国科学院空间科学战略性先导科技专项(一期)的卫星包括由中国科学院与瑞士、意大利科学家合作研发的暗物质粒子探测卫星、中国首颗专用微重力实验卫星 "实践十号" 返回式科学实验卫星、中国第一个空间天文卫星 HXMT, 以及世界首颗量子科学实验卫星 "墨子号"。这些科学卫星的研发催生了一批重要成果。

在中国科学院空间科学先导专项实践的基础上, 逐渐建立了空间科学卫星任务的管理体制: 确立了以科学目标重大性和带动性为核心的卫星计划遴选标准, 实践了自下而上的项目征集和同行专家评审的遴选机制(吴季, 2016)。摸索出了建立确保科学产出的工程管理机制。将中国航天工程长期奉行的 "两条指挥线" 拓展为 "首席科学家+工程两总" 制。中国科学院国家空间科学中心原主任吴季研究员指出: 在 "首席科学家+工程两总" 制中, 首席科学家的地位首次被提高到了与工程 "两总" 相同重要的地位, 首席科学家还被赋予 "一票否决权", 真正做到让首席科学家 "有职有权"，以避免过去科学目标往往只能"就汤下面"，不得不让位于工程技术目标的情况，从而确保了科学成果的产出。新管理体制还确立了覆盖空间科学卫星工程全生命周期的创新链，专门设立了空间科学工程管理中心（倪伟波，2018）。为了切实落实习近平总书记关于空间科学的相关指示要求，加快推动中国空间科学的发展，2018 年，中国科学院决定实施空间科学战略性先导科技专项（二期），计划在 2023 年之前发射四次新的科学卫星。随着商业航天的发展，空间科学卫星的商业化也有所尝试。2018 年 1 月 31 日，用于暗物质探测的"龙虾眼" X 射线探测卫星启动，这是在中国借助商业资本开展基础科学研究的一次重大尝试（佚名，2018a）。2020 年 7 月 25 日，该卫星搭载"长征四号"乙运载火箭在太原卫星发射中心成功发射入轨。该卫星配备了中国科研人员自主研发的"龙虾眼"聚焦 X 射线探测器与高精度小型载荷平台，长期在轨工作期间将验证 X 射线能段的大视场聚焦成像技术，并完成若干重要的空间 X 射线探测实验，特别是将在 X 射线能段开展深度探测暗物质信号的研究（金凤，2020）。

3. 中国自主建设的空间站潜力巨大

国际空间站项目自启动以来，一直将中国排除在外，直到近年来，中国科学家团队才获得了极其有限的在国际空间站进行搭载实验的机会。2011 年 9 月发射的"天宫一号"（TG-1）作为空间实验室的"入门级"实验飞行器，开展了空间科学、航天医学和空间技术等一系列实验。2016 年 9 月 15 日发射的"天宫二号"（TG-2）是真正意义上的小型空间实验室，装载了空地量子密钥分配试验、空间冷原子钟等 14 项空间应用载荷，2017 年 4 月发射的货运飞船"天舟一号"（TZ-1）也开展了空间科学项目研究（张保淑，2019）。

2021 年 4 月 29 日，中国空间站"天和"核心舱被送入轨道。该设施具有丰富的空间科学实验条件，将与传统的空间科学试验方法相结合，为中国积极建立国际声誉、促进高科技产业和经济发展创造条件。2024 年之后，中国空间站将成为唯一在轨运行的空间站。中国希望借助于空间站，在空间科学领域获得若干具有国际影响的重大发现，进入世界先进行列（王海名等，2013）。目前已确定了空间天文学、微重力流体物理与燃烧科学等来自 17 个国家的 9 个项目作为首批国际合作项目。设立国际空间咨询委员会科学项目可能是促进对外合作联盟的一种手段。

4. 深空探测继续开展

中国探月工程在空间科学上取得进展。2013 年升空的"嫦娥三号"登月探测器，实现了月球软着陆和月面巡视勘察，完成了月球探测第二步任务。"嫦娥四号"探测器于 2019 年 1 月 3 日首次实现月球背面着陆，搭载沙特、荷兰、德国和瑞典等 4 国科学家研制的科学载荷并获取探测数据（王琴等，2019）。

中国对火星探测关注甚早。20 世纪 90 年代，我国科学家开始论证火星探测的必要性与可行性。2011 年 11 月，俄罗斯发射的"福布斯—土壤"火星探测器及其所搭载的中国"萤火一号"火星探测器在刚升空不久就出现意外，中国首次火星探测任务失败（褚英志等，2013）。中国火星探测计划 2016 年 1 月立项，2021 年 5 月 15 日 7 时 18 分，科研团队根据"祝融号"火星车发回的遥测信号确认，"天问一号"着陆巡视器成功着陆于火星乌托邦平原南部预选着陆区，我国首次火星探测任务着陆火星取得圆满成功。中国还计划在月球的南极地区建立科学研究站，并在 10 年内建立自己的精密大型太空站，并向小行星、木星甚至太阳系边际发送探测器（Campbell，2019）。

第二节　中国空间科学发展的发展困境与原因分析

过去十几年来，中国空间科学研究取得重要进展，然而仍然面临着一些较为严峻的发展困境，需要我们去认真思考，分析这些困境产生的原因，并努力去寻求突破困境的破解之道。

一、政策优先性和资金稳定性有待增强

空间科学的发展需要国家层面统一的空间科学规划和稳定的资金作为支撑。国家层面政策优先性的缺乏使得资金支持缺少确定性，科研经费来源的分散化影响着科研人员的精力，支撑条件的建设尚欠缺前瞻性和长期准备，这在一定程度上影响着空间科学发展的机遇。

与人类基因组、神经科学和地质学等高科技项目以及基础科学领域相比，空间科学在中国科技体系中尚缺乏优先地位。与其他科技领域类似，五年周期的国家规划对于空间科学的规划与发展至关重要，全国性统一的空间科学计划出现相对较晚。这种规划结构使得科研项目往往只能在获得五年期的相对短期资金后，必须继续争取下一步的支持。

高级别项目，特别是涉及国际合作的项目则通常需要更多的时间。ESA 前副局长罗杰·莫里斯·博内（Roger Maurice Bonnet）指出，中国的管理方式更聚焦于中小项目。几十年来，国内对太空科学需要长期稳定的巨额资金投入这一点的认识还存在欠缺。相反，空间科学是作为空间技术项目的补充进行管理的，它被视为面向任务的研究。这种基于项目的资助模式导致了不均衡的支持和不连续的发展。例如，虽然 HXMT 任务出现在 2007 年中国的"十一五"空间科学发展规划中，但由于财政部、

国家国防科技工业局和中国科学院的机构间分工与协作关系，HXMT 在很长一段时间内没有获得足够的资金资助。随着商业航空的发展，商业资本开始参与中国空间科学卫星的研制与发射。此前，中国的空间科学预算并不包括地面科学中心、运营和发射后科学研究的成本。当前，这些情况正在改变，我们可以预期一个更好的将来。

二、尚欠缺统一的全国性空间科学管理组织

中国的空间科学任务通常有多个机构赞助。中国国家航天局是 1993 年 4 月 22 日经中央人民政府批准成立的非军事机构。国家航天局是在原航天工业部的基础上建立起来的，现隶属工业和信息化部（工业和信息化部对外保留国家航天局牌子），其职责是执行中国的国家航天政策，负责民用航天及国际空间合作的管理。

国内还设有载人航天飞行办公室。作为系统最复杂、科技最密集、创新最活跃的科技工程之一，载人航天涵盖力学、天文学、地球科学、航天医学、空间科学等众多科学领域，涉及系统工程、自动控制、计算机、航天动力、通信、遥感、新能源、新材料等诸多工程技术，是国家先进科技成果的"集大成者"。几十年来航天产业的跨越式飞速发展，也辐射带动了材料、通信、微电子、化工、冶金、纺织、机械制造等领域快速发展，极大促进了我国科技水平的整体提升。载人航天工程立项之初，工程共设有七个大系统，到中国空间站的研制与建造阶段则逐渐增至十四大系统及上百个分系统，参与单位多达上千家，涉及数十万科研工作者。其中，中国空间科学与国家载人航天任务紧密结合，空间物理、空间环境探测等学科领域在面向国际学术前沿的同时，也为我国航天科研试验能力整体跃升提供了基础研究层面的底层支撑，还培养出一支作风过硬、专业扎实、善于攻关、堪当重任的高素质人才队伍，并为后续其他重大航天工程的发展持续提供助力。

中国科学院内有多家科研机构开展空间科学、空间技术与空间应用工作，中国科学院空间应用工程与技术中心有一个单独的管理办公室，负责所有载人航天任务的科学活动。此外，卫星的交付、发射和使用由国家国防科技工业局负责。尽管目前中国空间科技发展势头良好，部门间协作也取得了明显成效，不过各机构之间的行政协调依然存在一些问题（Marco，2015）。此外，空间科学家之间的分歧和部门之间的异议也在有些情况下推迟了空间科学决策。1980 年以后国内卫星项目曾出现过机构间互相激烈竞争的现象。考虑到中国的经济结构，一个统一的航天管理与科研机构或许更有利于空间科学的发展。与国际接轨，在国内组建一个统一的组织，对空间科学进行管理和科研也是值得考虑的做法。

三、在国内推广原创科学理念存在困难

空间科学的最终目标是探索未知，产生知识，加深对太空的理解。创新性的科学

思想是空间科学发展的基础。改革开放后至 2000 年，一些中国科学家走出国门，到欧美从事空间科学研究的研究机构和大学接受培养，形成了较为广阔的国际视野。这些科学家们在学成归来后，提出了一些有趣的空间科学项目，但没有实现。例如，1984 年天文卫星任务被取消。中国科学家于 20 世纪 90 年代提出的太阳望远镜和 HXMT 也都曾经历了一个非常漫长的酝酿期。

究其原因，部分是由于国际科学界的话语权长期被西方国家主导，我们的科技文化自信在很长时间内被遮蔽了。如果国内科学家有了显著不同于国外研究人员已有做法的超前性、原创性科学思想，那么有时候反而会面临国内科学共同体的质疑。例如，HXMT 是在长时间延迟后才最终发射的，在一定程度上恰恰是因为中国科学家最初的科学想法和设计方案不同于西方国家。中国科学院院士李惕碚是 1993 年首次提出 HXMT 这一太空望远镜项目的关键人物之一。他曾敦促我国迅速行动，先于其他国家发射此类卫星。不幸的是，李惕碚的工作被认为"不同于欧洲和美国传统的工作方法"，项目因此停滞不前。这一项目直到 2011 年才获得批准，直到 2017 年才启动。同样，2000 年后，当中国科学家准备建造太阳望远镜时，也因各种复杂的原因而迟迟未能上马。

在一定程度上，有些中国科学家对自己同行的工作尚缺乏足够的信心。事实上，中国科学家是从来不缺乏国际前沿水平的领先性科学设想的。中国科学界需要继续培养自己的底层自信，并在国际学术界争夺更多的话语权。

四、复杂形势下国际合作面临挑战

在复杂的国际环境下，广泛、持久和深入的国际合作，是中国空间科学发展不得不面临的一个重要影响因素。西方对中国科技发展的国际条件一直有着限制与约束，我们也一直强调科技自立自强。

在当下，中国卫星计划坚持着"强大的本土发展，同时尽可能吸收外国技术"的理念（Erickso，2014）。在气球与火箭领域，中国科学院等国内科研机构与 ESA 下属欧洲空间研究和技术中心等机构之间进行了一些有效的合作，特别是在 2000 年之后。中国科学院和 ESA 提出的联合任务"太阳风-磁层相互作用全景成像卫星"（Solar Wind Magnetosphere Ionosphere Link Explorer，SMILE）自 2015 年起由双方共同设计和开发，为研究地球磁场环境提供强大工具。除了科学仪器，ESA 和中国共同建立卫星系统、开展科学操作与落实项目其他内容。SMILE 成为中欧空间科学写作的新典范。此前中欧之间成功实施了"双星计划"。

中国科学家将国际合作视为增强中国国际影响力的一种方式，而不仅仅是从外国学习技术、科学或先进管理理念和方法的一种手段。近几十年来，我国的空间科学探索活动产生了大量的数据。通过与国际科技界的合作，将数据转化为新的科学知识对于空间科学的长期发展通常被证明是有效的。国际交流有助于空间科学的知识传播和转让。随着空间科学项目成本的增加，国际合作也扩大了可用于空间科学的科研资金。

令人担忧的是，中美空间科学合作一直充满困难。1992 年，美国将中国排除在国际空间站之外，因为美国担心中国学习先进空间技术的能力会夺取美国在太空的优势地位。当然，后来已经发生了一些细微的改变：1992 年 1 月和 1994 年 9 月，中国先后资助美国航天飞机进行实验，"发现号"和"哥伦比亚号"航天飞机先后将中国学生的五个项目送入太空，包括草履虫形成实验等。1995 年 9 月和 1998 年 1 月，中国科学院物理研究所和生物物理研究所在"奋进号"航天飞机上开展了蛋白质晶体实验等空间科学实验。

随着中美关系的变化，进入 21 世纪以来，中国和欧洲不同机构正在探索更紧密的联系。我国提出的"国际月球科研站计划"，将联合多个国家在月球建设一个可长期、稳定的，开展多学科、多目标科研活动的平台（王赤，2022b）。通过国际月球科研站，中国有希望在国际空间合作上掌握更多的主动权，取得更优异的成绩。

面临复杂的国际合作环境，中国航天包括空间科学领域始终坚持科技自立自强。面向建设科技强国、航天强国的时代需求，中国科学院院士王赤研究员建议中国在有基础有优势的极端宇宙、时空涟漪、日地全景和宜居行星等科学主题上，加快部署系列科学卫星和相关任务，实现"0"到"1"的突破，让空间科学成为高水平科技自立自强的重要抓手，推动航天强国的建设（王赤等，2022）。

第三节　推进空间科学基础研究的政策建议

中国空间科学的政策含义在基础科学前沿领域取得了重大突破，已成为当代中国的重要国家目标。然而，高级别的空间科学任务的数量仍然很少。这表明，未来在空间科学领域仍有许多工作要做。政策领域的若干步骤可能会加强这一知识领域的工作。

首先，中国可能会受益于建立一个类似美国 NASA 或 ESA 的独立机构，直接负责中国的空间科学发展。该机构将根据科学研究产出最大化的原则选择和管理空间任务（Wu and Bonnet，2017），以监督、评估和审查任务计划，管理项目从概念介绍到研发和发射的整个过程，并协调运营，包括工业研发、发射、在轨运营和科学研究的所有方面。该机构应拥有必要的资源和权限，以引导科学家成功实施自己的项目。它还应为可持续发展建设专业人才团队，以最大限度地发挥空间科学专业的重要作用。

其次，中国可以借鉴西方的管理经验，考虑更稳定的长期预算计划。许多国家的科学组织迫切要求采取此类行动，但中国的空间科学似乎在资金和连续性方面面临着特别尖锐的问题。在 2000—2014 年，美国 NASA 在空间科学方面的年平均投资为 60.8 亿美元；ESA 每年投资 22.7 亿美元。粗略估计，中国每年在空间科学方面的投资不到 100 万美元。事实上，在整个"十二五"规划期间，中国对空间科学卫星的承诺是美国 1 年投资的 1/10，例如 2016、2017 财年，美国 NASA 分别获批预算 193 亿美元和 190 亿美元。在总共 5000 多项国际空间科学实验中，中国进行了大约 100 项。鉴于这一现实，罗杰·莫里斯·博内曾建议中国制订一项为期 10 年或更长时间（而非 5 年）的长期空间科学计划，并定期评估和更新该计划。

再次，中国需要鼓励更多的"自下而上"的项目开发方法，并以广泛、开放的方式征求科学家对空间科学项目的想法。毕竟，科学家最了解科学界寻求解决的紧迫问题。中国科学院的空间科学战略性先导科技专项的试点项目似乎是一个有希望的开端。

最后，放松对政策方向的自上而下的控制，这将鼓励国际合作与协作。中国科学界对空间科学取得重大突破寄予厚望，政府也呼吁在大型国际科学项目中发挥带头作用。要实现这一目标，需要开发先进的、探索性的和概念性的项目，来吸引国际同行。同时，中国必须积极参与其他国家或 ESA 等组织发起的大型科学项目，以积累组织管理经验。

中国的太空计划正在迅速发展，并且越来越复杂。在过去的十年里，中国的空间科学发展取得了长足的进步。开展与空间科学相关的政策和组织调整，进一步将空间科学纳入国家规划，可以更好地提高中国在空间科学方面的领先地位。

第四篇 大科学装置对基础研究的牵引与典型案例

世界大战使科学突破了原有模式,科学与技术及生产产生了空前的紧密联系,科学家亦走出实验室与社会产生交互作用(刘戟锋等,2004)。由于曼哈顿计划,大型科学工程开始受到人们的关注。1961年,美国物理学家艾尔文·温伯格(Alvin M. Weinberg)在《科学》上发表《大规模科学对美国的影响》("Impact of large-scale science on the United States")一文,指出大科学可能如修建大型纪念碑而造成经济扭曲导致文明衰落一样,会给我们带来哲学和实践上的一些难题(Weinberg,1961)。"大科学"进入公众视野。一年后,美国科学家、科学计量学奠基人德瑞克·约翰·德索拉·普赖斯(Derek John de Solla Price)受温伯格启示,出版了《小科学,大科学》(*Little Science, Big Science*)一书(普赖斯,1982),尽管并未为二者给出定义,但其对小科学到大科学的变革渐进过程作以计量方法的论证使人们对大科学的概念有了进一步的了解。有关大小科学概念的引述、纷争层出不穷。赵红州和蒋国华(1988)、蒲慕明(2005)、申丹娜(2009)、李建明和曾华锋(2011)、黄振羽和丁云龙(2014)、王贻芳和白云翔(2020)从技术的国际化趋势与科学国际性的内在关联、研究规模与运行方式、所处时代与组织形式、资产专用度的高低等角度进行了讨论。陶迎春和胡业生(2012)指出,在现阶段中国从传统向现代的赶超中,应更明确科学目标,发挥中国特色,大力发展大科学;在接近科学前沿时,应着力培育、完善广泛不同领域、不同层次的小科学,为中国科学提供新的分岔点和增长点。

大科学装置是国家科技布局的重要利器，在提升人对自然的认知能力、解决国家发展的重要问题、促进产业技术突破和抢占科技领域高地等方面扮演不可或缺的角色。20世纪50—60年代，首枚原子弹、导弹、人造卫星的成功研制开启了我国"大科学工程时代"。

从20世纪80年代，北京正负电子对撞机、中国遥感卫星地面站以及兰州重离子加速器等设施的建设兴起，到90年代，上海同步辐射光源、海洋科考船以及地壳运动观测网等一大批设施的建设，开启了大型科学工程建设的新篇章。国外对此类设施的命名有所不同：美国、德国、英国等称为"装置"（facilities）或"大型装置"（large-scale facilities），而欧洲大部分国家称为"研究基础设施"（research infrastructures）。我国多称之为"大科学装置"，在政策语境上称为"重大科技基础设施"。

近年来，中国政府大幅度增强了对大型科技设施发展的支持力度，并将支持范围由原来的"大科学装置"扩展到"重大科技基础设施"。根据2013年2月国务院印发的《国家重大科技基础设施建设中长期规划（2012—2030年）》，重大科技基础设施是为探索未知世界、发现自然规律、实现技术变革提供极限研究手段的大型复杂科学研究系统，是突破科学前沿、解决经济社会发展和国家安全重大科技问题的物质技术基础（国务院，2013）。根据设施目的将我国大科学工程分为三类：公共实验设施（如同步辐射装置、自由电子激光装置、中子源装置等）、专用研究设施（如受控热核聚变实验装置、全超导托卡马克核聚变实验装置等）以及公益科技设施（如中国地壳运动观测网络、遥感卫星地面站等）。《国家重大科技基础设施建设中长期规划（2012—2030年）》明确提出：未来20年将针对科技前沿和国家重大战略需求，以能源、生命、地球系统与环境、材料、粒子物理和核物理、空间和天文、工程技术等7个科学领域为重点，加快国家重大科技基础设施的建设。

以往学者虽然对重大科技基础设施对基础研究的牵引作用有初步的认识，却尚未作为一个严谨的学术问题加以研究，对于重大工程与基础研究之间的作用机制更少有涉及。爆轰驱动激波风洞、FAST工程作为国内新型的大科学装置，尚无完整的相关研究，较为遗憾。本章以爆轰驱动激波风洞、FAST工程案例为靶向，对工程的概念酝酿、论证决策、建设实施和运行管理等不同阶段展开剖析梳理，将"工程活动"视作科学知识生产的场所之一，基于当代知识生产模式的现代转型，寻求具体案例的最佳解决对策，重新审视大科学装置的管理和运行机制，探索如何在大科学装置的全生命周期更好地牵引基础研究。

第八章 爆轰驱动激波风洞牵引基础研究专题

　　风洞设备是一国重要的科技基础设施，为国家航空、航天事业提供了强大的发展机遇，为经济发展和国家安全做出了贡献。第二次世界大战以后，高超声速风洞伴随着高超声速飞行器的崛起而发展势头强劲。为了更真实模拟高超声速流动及其流动过程中的热化学反应进程，又不使高温对风洞设备和试验模型造成损坏（Bertin and Cummings，2006），美国、日本、俄罗斯、德国、澳大利亚和中国等世界航天大国，探索了不同类型的超高速地面试验装备。其中的关键是尽可能改进风洞的驱动方式，提高驱动能力。目前世界上高焓激波风洞驱动主要包括加热轻气体（氢气、氦气等）、自由活塞和爆轰驱动方式三种。爆轰驱动未出现前，欧美主要采用前两种驱动方式。

　　爆轰现象最早被发现于 20 世纪 50 年代，却因一系列技术瓶颈而停滞。1954 年，赫茨伯格（A. Hertzberg）和史密斯（W. E. Smith）在燃烧驱动激波管实验中发现异常现象，测到入射激波马赫数超过按等容燃烧假定与激波管流动理论计算求出的数值（Hertzberg and Smith，1954），他们提出"等压燃烧"模型来解释这一异常现象。中国科学院力学研究所俞鸿儒院士创造性地发明了激波风洞爆轰驱动技术，这在世界上是首创。

　　运用俞鸿儒独创的反向爆轰驱动技术和核心技术理念，中国科学院力学研究所姜宗林率领团队成员建成了 JF-12 激波风洞。该项目是 8 个国家重大科研装备研制项目之一，2012 年 5 月顺利通过验收。这是一个自主创新的典型实验设备，克服了自由活塞驱动技术的弱点，集成了五大关键创新技术，是当今世界上实验时间最长的激波风洞。

　　俞鸿儒本人独具特色的创新思维、持之以恒的科研精神，特别是他对大型科研装置与基础研究的内在关系的深刻认知，是他能指导力学研究所高温气体动力学团队建成 JF-12 激波风洞的重要原因。他通过认真践行钱学森的"工程科学思想"，做到基础研究、应用研究以及国家建设任务"三足鼎立"、均衡发展，在研制爆轰驱动激波风洞的过程中，有效牵引了基础研究的发展。

第一节　理性分析激波管试验事故发现爆轰

20 世纪五六十年代我国三年困难时期,中国科学院力学研究所的许多项目都被取消了,激波管组的项目却被保留了下来。1958 年 12 月至 1959 年底,激波管组的科研人员都被调到该所承担国防尖端任务的气动实验部（又称 140 部）,从事超声速风洞测量仪器的配置与研制,俞鸿儒被委任 140 部测量组的组长。1962 年,俞鸿儒率领的激波管组建成直通型风洞 JF-4。同年,在钱学森"搞研究不能一味模仿别人,要走出自己的路"的教导下,考虑到赫茨伯格的"等压燃烧"模型难以理解,他尝试采用膜片处多火花点火的反向氢氧燃烧驱动方法,实验发生了几次事故。有次因实验压力过大,实验设备的螺丝被打松了,实验室的墙壁也给炸坏了。然而每次事故后他都未遭责难,反而得到安慰与鼓励。原来郭永怀已预先向党委和钱所长说明了情况。

俞鸿儒在分析一次激波管氢氧燃烧实验事故时,发现根源是出现了爆轰。爆轰是极其危险的现象,应尽力避免。他很想努力弄清爆轰驱动的规律,郭永怀也鼓励他把风洞实验继续做下去。之后实验中又数次偶然起爆。他分析认为,反向爆轰驱动的激波衰减率显著降低,且重复性较高,其产生的入射激波较氢氧燃烧驱动形成的入射激波更强（张志会,2017）。之所以与博尔德的分析结果不同,是因为博尔德没有考虑燃烧或爆轰过程中通过管壁的散热影响。但因爆轰时对激波管的高机械载荷容易出现危险,又没有安保措施,这种方法未能应用（俞鸿儒等,1993）。此后他做实验再未发生严重事故,科研上也不断自我突破。

1961—1963 年经过导师林同骥的指点,俞鸿儒进行《激波管风洞及其在传热实验研究方面的应用》的硕士论文研究,探索了激波管风洞的气动力原理,设备的设计调整及测量技术等,是中国科学院当年为数不多的取得学位的硕士毕业生。

当时国家经济条件有限,郭永怀鼓励俞鸿儒这些年轻人要学会用最省钱的办法解决困难问题。1964 年,他建成反射型激波风洞 JF-4A,开始设计大型激波风洞 JF-8,1967 年,俞鸿儒和同事搭建起一座高性能大型激波风洞。郭永怀看到安装起来的风洞后,误以为花费了几百万元经费而非常生气。当听说通过利用废置设备,找寻便宜靠谱的工厂,仅花费 8 万元加工费后,郭永怀非常满意。

受中国人民解放军国防科学技术委员会委托,中国科学院于 1965 年 10 月 5 日正式向力学研究所、物理研究所、电子研究所和地球物理研究所下达"640-5"任务,由力学研究所抓总,开展导弹再入物理现象研究,俞鸿儒所在的激波管组也参与了这一任务。1968 年 11 月,俞鸿儒在"文革""清理阶级队伍"期间,被撤销组长职务面临审查。这一年，郭永怀将俞鸿儒和崔季平所在的两个组从研究室抽调出来合并，调到绵阳地区的中国空气动力研究与发展中心（以下简称中国气动中心），俞鸿儒很快恢复了科研工作。上级将他所在的研究室编入部队序列，但不穿军装，办公地点也仍在力学研究所院内。1968 年 12 月 5 日，郭永怀以身殉职，俞鸿儒永远失去了聆听恩师教诲的机会。1972 年初，他参加了为返回式卫星提供设计数据的工作，并在 1975年参与了气动攻关的协作研究（张志会，2017）。由于"文革"，他的头脑中不停思考爆轰驱动技术，却苦于没有实践机会。

第二节　爆轰驱动新方法的开创

从 20 世纪 60 年代中期起，随着钱学森逐渐淡出中国科学院力学研究所，郭永怀因公牺牲，国内实验条件又差，爆轰驱动研究在国内沉寂了二十多年。但俞鸿儒内心一直未放弃激波风洞技术研究。

1978 年，中国实行了改革开放，随着科研秩序和国际交流的快速恢复，俞鸿儒及其团队的努力为爆轰驱动带来了新生。1979 年，俞鸿儒作为负责人的"激波风洞及实验技术研究"研究成果获国防科学技术工业委员会颁发的国防科学技术奖三等奖，他和同事建成 JF-4B 激波风洞，发展了瞬态测试技术。同年，他第一次到亚琛工业大学访问，在该校图书馆阅读到大量文献。他发现，1959 年，爱德华（D. H. Edwards）关于爆轰驱动出现实验事故的解释，竟与他 1962 年时对实验事故中的爆轰现象的解释一致（Yu，1989）。1979 年和 1987 年在该校两次召开了国际激波管大会，俞鸿儒均参会交流，结交了不少国际同行。

1979 年，应联邦德国学术交流协会（Deutscher Akademischer Austausch Dienst，DAAD）邀请，在亚琛工业大学激波实验室工作 3 个月。1988 年 9—12 月，作为联邦德国马普学会向中国科学院提名邀请的科学家，他在亚琛工业大学激波实验室参加"高超声速、高焓流动"专题研究，为期 4 个月，完成了爆轰驱动的原理性实验，回国后成功发展成反向爆轰驱动技术。基于对激波管理论的充分认识，他在 1989 年提出了在高起始压力条件下，在由膜片处直接起爆的氢氧爆轰驱动实验的驱动段尾部串接一卸爆段，来产生高焓试验气流的设想（张志会，2017）。

这一时期，俞鸿儒出访了美国、日本和英国等多个国家，在国际激波管学术会议应邀报告（张志会，2017）。20 世纪 80 年代末，在吕尼希（Hans Grönig）教授、张帆等的支持下，俞鸿儒在亚琛工业大学激波实验室重新启动了爆轰驱动激波管实验，回国后在中国科学院力学研究所的实验室内继续潜心钻研（图 8-1）。

图 8-1　1987 年俞鸿儒在实验室
（俞鸿儒院士供图）

由于俞鸿儒在激波管与激波风洞研究领域的突出贡献，1991 年，他顺利当选中国科学院学部委员（院士），这也是中国科学院在 1981 年后评选出的首届院士，在一定程度上代表了中国科技界的最高水平。1992 年，俞鸿儒和吕尼希二人关于爆轰驱动激波风洞的研究成果联合发表（Yu et al.，1992），引起了国际关注。

但是 1991 年苏联解体，美国在空气动力学领域失去了最强大的竞争对手，真实气体效应研究经费剧减，尽管作为欧洲主要的高超音速风洞之一的德国高焓激波风洞（The High Enthalpy Shock Tunnel Göttingen，HEG）和日本高焓冲击隧道的风洞都在建设，但欧洲研究高潮已过。当时中国学术界以仿真高温气动为主要研究手段，地面设备研制失去了政策支持。幸运的是，俞鸿儒依旧取得了很多同行专家的支持，1995—1996 年还得到中国科学院计划财务局，以及"863-2"项目的资助。

他还非常注重与欧美学界保持密切的科技交流，搭建国际学术网络。1991 年，俞鸿儒陪同林同骥先生接待希尔斯（Sears）夫妇参观应用流体实验室，希尔斯也是冯·卡门的弟子、郭永怀在康奈尔大学的同事（图 8-2）。

图 8-2　1991 年林同骥先生接待希尔斯夫妇参观应用流体实验室
（左 1 鄂学全，左 4 凌国灿，左 5 俞鸿儒，左 6 郑哲敏，左 7 希尔斯夫人，
左 9 希尔斯，右 1 郑之初，右 2 林同骥，右 3 浦群）

1993 年 2 月，中国科学院力学研究所与亚琛工业大学激波实验室签订"激波风洞与激波管爆轰驱动研究"科学合作协议。1993 年 5 月，亚琛工业大学激波实验室主任吕尼希教授访问俞鸿儒，调研力学研究所爆轰驱动激波风洞技术进展（图 8-3），俞鸿儒还陪同他调研了南京、绵阳和杭州等地相关领域的高校与科研机构。1994 年 7 月，亚琛工业大学已完成爆轰驱动段并开始实验，俞鸿儒受邀于 9 月 1 日至 10 月 1 日因"新颖的低温风洞冷冻方案研究"项目赴德工作四周，参加高起始压力直接起爆方法实验工作，与双方共同培养的博士生王伯良一起参与德方对爆轰驱动高焓激波风洞的研制（Yu et al.，1992）。10 月 27 日至 11 月 27 日，因"激波风洞与激波管爆轰驱动研究"项目再次出访德国。亚琛工业大学吕尼希教授大力推荐爆轰驱动技术，使这项我国创立的技术，很快获得国际同行的确认。1996 年，吕尼希教授再次到访中国科学院力学研究所，与俞鸿儒开展深度国际学术交流。

图 8-3　1996 年陪同吕尼希教授夫妇在国内调研
（左 1 俞鸿儒，左 2、3 吕尼希教授夫妇）

在经费缺乏的情况下，俞鸿儒经过深入思考后，采取了优先解决风洞技术难题，再进一步改建风洞的技术战略，这种做法使得他的工作反倒在国际上后来居上，1998 年，他率先将 JF-4B 激波风洞/炮风洞改造成为 JF-10 爆轰驱动高焓激波风洞，这是世界上首例此类型的风洞。JF-10 爆轰驱动高焓激波风洞可产生 8000 开、80 兆帕的高焓气源。1998 年，JF-10 爆轰驱动高焓激波风洞通过验收（图 8-4）。而后，俞鸿儒再次到亚琛工业大学访问，帮助吕尼希将该校原来的激波风洞改造成可爆轰的 TH2-D 风洞。

图 8-4　JF-10 爆轰驱动高焓激波风洞验收
（俞鸿儒院士供图）

　　JF-10 爆轰驱动高焓激波风洞建成后，吸引了德国、日本等多个国家前来观摩学习（图 8-5）。2000 年 5 月 4 日，国际知名的激波风洞专家、日本学者高山和喜（Takayma）教授也前来参观 JF-10 爆轰驱动高焓激波风洞，并在国际上积极宣传这一先进成果。

图 8-5　2000 年 5 月 4 日日本激波风洞专家高山和喜参观中国科学院力学研究所实验室
（左起：姜宗林、高山和喜、赵伟、俞鸿儒）

第三节　激波管应用于国防和工业的相关基础研究

　　粉碎"四人帮"后，步入不惑之年的俞鸿儒，嗅到了科学春天的气息。在 1978 年召开的全国科学大会上，"激波风洞应用研究"荣获全国科学大会奖，并同时获得中国科学院重大成果奖。他和同事们的科研热情高涨，通过国际交流，将视野扩展到基础研究和工业应用。

20世纪50—80年代，俞鸿儒领导开展的激波管与激波风洞研究集中于导弹再入气动力、气动热和气动物理现象，从而为"两弹一星"工程在脉冲型实验设备与瞬态测试技术方面提供支撑。到了20世纪八九十年代，他则着力推进激波管与激波风洞在航空和一般民用领域的应用。

1988年，俞鸿儒组织课题组成员用激波管研究导弹再入现象，开展"长征二号"捆绑式大推力运载火箭级间分离研究，为"长征二号"戊（CZ-2E）的研制成功发挥了重要作用。在火箭发射后分析故障原因时，他凭借广博的基础知识和丰富的实践经验，领导课题组应用激波管与激波风洞技术，运用巧妙的构思开展了游机喷管辐射加热影响研究，在一个月内分析出澳星事变原因，为澳大利亚通信卫星奥赛特B-1在1992年3月按期发射消除了障碍，帮助中国"长征"火箭在国际卫星商业发射市场赢得了宝贵的机会（张志会和马连轶，2018）。这些事情使得他在航空航天领域获得了良好的口碑。

俞鸿儒还积极开展与激波管相关的应用基础研究。为了搞清楚粒子运行对飞行器作用的机理，他开展了气固两相流与物面传热特性研究。20世纪80年代初，他建成了国内首座竖直含灰气体激波管，运用这一装置开展了含灰气体流动及激波特性研究，首次观察到无间断前沿的含灰气体激波结构。他还曾设计了新颖的激波管爆炸波模拟器，尝试研制将微细球形铝粉开展中试的生产装置等。1985—1988年，俞鸿儒与中国人民解放军陆军军医大学王正国等合作，研制出可开展生物冲击伤试验的生物激波管，研究成果获得中国人民解放军总后勤部科学技术进步奖一等奖和国家科学技术进步奖一等奖。

他还曾积极推动激波管技术在国民经济中的应用。20世纪80年代，他首先用激波管理论探索出热分离器内流分析与应用。之后，他还与大连理工大学方耀奇教授合作，运用他独创的热分离器理论，研制出了气波制冷机，应用于油田气回收，效果良好。1998年，他完成了"藉热分离器降低总温的低温风洞"项目，获中国科学院发明奖一等奖。1999年，他作为技术负责人，与中国空气动力研究与发展中心设备设计与测试技术研究所合作建成国内首座原理型新颖低温风洞"空气低温原理性风洞"（图8-6）。这一发明克服了国外用液氮制冷的低温风洞费用昂贵和污染环境的难题，开拓了建造高雷诺数低温风洞的新途径。他作为第一完成人的"GXJ-100S高压校准激波管系统研制"项目在1996年获得国家科学技术进步奖二等奖。

乙烯的产量是评价一个国家工业化水平的重要标志之一。早在20世纪50年代初，钱学森就提出了以气体动力学为反应气体创造急速升至高温和高压的反应条件，实现快速反应，将生成的化合物通过迅速膨胀冷却进行"冻结"的思路（张志会，

2017）。俞鸿儒从 20 世纪 80 年代就开始探索工业化裂解乙烯研究，提出反向射流混合加热法（张志会，2017）。到了 20 世纪 90 年代，他积极推动"用于裂解制造乙烯的气动加热方法研究"。后来，他又尝试用新型气动加热方法推进裂解制造乙烯的研究，2001 年，73 岁的他作为第一完成人的"反向射流混合加热裂解装置及生产乙烯的方法"获得发明专利。这一气动领域的新思想如能在化工中实用，将会产生重大的经济效益和社会效益。

图 8-6　1999 年俞鸿儒的科研团队与中国空气动力研究与发展中心
合作研制的原理型新颖低温风洞

第四节　高超冲压发动机性能研究

古稀之年随着体力下降，俞鸿儒逐渐减少了自己的工作量。20 世纪 90 年代，国家鼓励老年院士继续工作。那么，老年科研人员适合做什么样的工作呢？俞鸿儒对自己提出两条约束：不要和年富力强者争做适合他们干以及他们特别愿意干的项目；尽量少占资源并选择风险较大的项目。这并不是说他对自己放松了要求，相反，他虽年事已高，却依然耕耘在科研第一线，孜孜不倦地探索，学术思想活跃，善于从战略角度理性地看问题，如前辈钱学森和郭永怀一样，不断开辟新的方向。在瞄准某个方向后，他往往先刻苦钻研摸清思路，遇到技术难题时，再带着一个团队去攻克。等把主要的问题解决得差不多了，自己再去另找一个难题去攻克，给年轻人发挥的空间。

2001 年，俞鸿儒和陈宏二人首创双爆轰驱动方法。他提出在正向爆轰驱动段上游增设辅驱动段，在辅驱动段起始反向爆轰波，将正向爆轰驱动段中的泰勒波完全消除，从而克服正向爆轰驱动产生的强激波衰减严重的难题。同年，爆轰驱动高焓激波风洞方法研究被评为"863"计划 15 周年成果展览新概念新技术探索项目之一。

在当今社会，高超声速科技的发展直接关系到一个国家的国防安全和国际战略格局，并给航空航天技术带来巨大挑战，而这种影响正是经典气体动力学理论所不能预测的（姜宗林和俞鸿儒，2009）。高超声速飞行器的预期飞行高度为 30—100 千米，飞行马赫数为 5—30，高超声速流动的总温和总压分别高达 10 000 开和 100 兆帕。这样的飞行速度会在飞行器头部形成激波，这道激波将飞行器周围的空气加热至几千度，空气分子由此不断进行振动、激发、解离、化合乃至电离等热化学反应。

21 世纪初，全世界都对研制高超声速超燃冲压发动机热情极高。2003 年，美国国防部（Department of Defense，DoD）和 NASA 联合提出了国家空天发展的启动规划（National Aerospace Initiative，NAI）。在中国，高超声速技术（包含超燃冲压发动机）被列入《国家中长期科学和技术发展规划纲要（2006—2020 年）》中"国家科技重大专项"的三个保密项目之一。基于国家重大科技研发的需求，时任中国科学院院长路甬祥在 2005 年提醒和督促 78 岁高龄的俞鸿儒积极关注"高超"问题研究（图 8-7）。俞鸿儒由此选定了创建可靠的地面试验装置与增大冲压发动机的推力这两项关键性工作。在与周围同事商定后，他在 2006 年向中国科学院正式提出了建造复现高超飞行条件的脉冲风洞的建议。

图 8-7　JF-12 复现高超声速飞行条件激波风洞
（中国科学院力学研究所高温气动团队供图）

当时国际上高温气动研究都在采用污染气体进行试验，难以提供可靠的试验数据。自由活塞驱动与加热轻气体驱动均不能提供足够长的试验时间。面对延长试验时间的难题，不同于国内一般做法，俞鸿儒反其道而行之，从开展超燃相关地面实验的大型科研装备入手，探究美国超燃发动机研究为何未见起色。他的目标是在地面复现三四十公里的天空，并大幅度延长爆轰驱动激波风洞的试验时间。在反复思考后，他发现采用小直径驱动段，再将被驱动段长度增长并增大直径，用"以小驱大"的方式，并充入适量惰性气体，既可达到缝合界面运行条件，但又不部分降低激波马赫数，就可以将试验时间延长到 100 毫秒。在明确了概念设计后，他在 2006 年向中国科学院提出建造复现高超飞行条件的脉冲风洞的建议（张志会，2017）。

2006 年，为了突破高超声速推进关键技术，他又提出冲压发动机采用催化复合的方法提高发动机推力这一颇具创新性的方法。后来还深入探索高铁气动力学等关系国计民生的力学关键问题。

在中国科学院院长路甬祥、副院长张杰以及中国科学院力研究学所所长的支持下，2008 年 1 月，长试验时间爆轰驱动激波风洞项目正式启动，并被列入财政部和中国科学院共同支持的 8 个国家自主创新的重大科研装备研制项目之一。他一再强调，研究工作的价值在于"花比较少的钱、小的代价去解决大的、重要的问题"，不能落入"花钱越多，成果越大"的误区。这套世界水平的重大科研装备，如若在其他部门，可能需要申请几亿元经费，而在俞鸿儒"省钱办大事"的方针下，他们用 4000 多万元就建成了。

2008 年起在财政部的国家重大科研装备专项的支持下，运用俞鸿儒独创的爆轰驱动理论及技术，姜宗林研究员率领中国科学院力学研究所高温气体动力学实验室用 4 年时间进行风洞建设，在 2012 年这一风洞顺利建成，可复现 25—40 公里高空、5—9 倍声速的高超声速飞行条件，试验时间大于 100 毫秒，对高超声速冲压发动机将发挥重要作用。美国国防部 2013—2015 年连续三年向国会提交的报告中提及了 JF-12 激波风洞，认为"中国科学院在推进军事现代化的基础研究中起到了关键作用"。日本东北大学流体科学研究所高山和喜教授 2012 年写给姜宗林的来信中曾评价说，"在俞鸿儒的指导下，你们研究所开发的爆轰驱动系统是独有的。它的工作模式完全没有移动的活塞，后者显然是现有自由活塞激波风洞的缺陷"。

综上所述，受到钱学森工程科学理念的影响，俞鸿儒一直坚信工程技术装备研制与基础研究（含应用基础研究）之间可以相互促进，以任务带动学科发展。工程科学要求科技人员具备理工结合的知识背景与能力，可将基础理论与工程实践有效融合。俞鸿儒除了动手实验能力强，还有扎实的理论基础，且长期重视基础研究。

过去有一种看法认为基础研究是一切科学知识的源泉。在俞鸿儒看来，情况不完全是这样的，因为知识的源泉并不仅来源于纯科学，也来源于试验，来源于工程实际。他还认为，基础研究和应用研究并不矛盾，坚持技术试验与基础研究相结合，基础研究和试验研究应该同步发展。在他开展爆轰驱动激波风洞研制与技术创新的过程中，切实有效地牵引了高温气体动力学与相关应用基础研究的发展。

20 世纪 50—80 年代，力学研究所的激波管与激波风洞研究主要是为"两弹一星"研制提供脉冲型实验设备和瞬态测试技术，目的是研究导弹再入气动力、气动热和气动物理现象。另外，俞鸿儒和同事还一起研制了片状密集测点热流传感器、铜箔量热计和同轴热电偶等热流测量技术，为边界层分离流、灰尘气体流和高焓流气动传热的实验研究提供了技术基础和强有力的工具。

20 世纪 80 年代，他集中精力研制了带有卸爆段的反向爆轰驱动技术，使激波管爆轰驱动更加稳定；还开展了与激波管相关的应用基础研究，如推动气固二相流与物面传热特性研究，探索粒子云在激波层中的动能量交换及模拟理论。他还建成国内首座竖直含灰气体激波管，提出了新颖的激波管爆炸波模拟器，并开展了微细球形铝粉中试生产装置及产品应用研究等。20 世纪 80 年代末，为了配合国家航天器重要型号研制中的关键技术难题攻关，利用激波管、激波风洞等大型科研装备，研究导弹再入现象，以及"长征二号"捆绑式大推力运载火箭级间分离和游机喷管辐射加热影响问题，切实有效地牵引了超高声速空气动力学相关基础研究。

到了 20 世纪 90 年代，俞鸿儒更为注重激波风洞装备研制、应用基础研究与科技成果转化三者之间的结合，推动激波管技术在国民经济中的应用。除了爆轰驱动激波管新技术研发以外，他还领导了多项与激波及其应用研究方向相关的重大基础研究项目，开展了多项气体动力学相关的重要课题研究，为后续科学研究提供了有效的支撑作用。这些研究也更加坚实了他在非定常空气动力学研究领域的理论功底，为他在激波理论、激波膨胀波和爆轰等方面取得突出成绩打下了基础。俞鸿儒和中国气动中心联合研制新颖的低温原理型风洞，还牵引了有针对性的材料学基础研究以及低温条件下特殊金属材料性能的工艺研究。

为了响应国家对于高超声速研究的迫切需求，在几十年如一日的长期积累的基础上，俞鸿儒和团队成员在 1998 年建造了高焓高压的爆轰驱动激波风洞 JF-10。正是基于长达几十年的高温气体动力学领域的基础研究储备，以及围绕提高风洞实验气流的品质和延长风洞试验时间的锲而不舍的技术积累，俞鸿儒明确提出了高超声速复现爆轰驱动激波风洞 JF-12 的概念，这是一个逐步积累的艰难过程。

2000—2006 年，俞鸿儒带领力学研究所高温气动团队的有关人员，集中开展了长试验时间大型爆轰驱动激波风洞的基础研究与技术难题攻关。在他的科技理念指导下，科研团队建成的 JF-12 激波风洞的性能大大超出美国 LENS Ⅱ 激波风洞，在 2012 年顺利通过验收，成为国际上规模最大、试验时间最长的激波风洞。没有扎实的基础理论研究，激波风洞爆轰驱动理论不可能在实践上得以应用，JF-12 激波风洞也不可能做成。

面向未来，九十多岁高龄的俞鸿儒院士更加深切地意识到试验研究和基础研究对于激波风洞技术的未来发展均至关重要。他提出，要提高科研人员的素质，培养理工结合的、具有很强的基础研究能力的拔尖人才，才能及时发展和解决风洞运行中面临的深层次理论问题，进一步推动空气动力学理论的发展。

第九章 FAST 工程牵引基础研究专题

在新一轮科技革命和产业变革蓬勃兴起的背景下，大科学装置成为推动国家创新和科技进步的重要手段。在中国特色举国体制的优势下，我国自改革开放以来已投入巨额公共资金，建立起了一大批先进的大科学装置。大科学装置是指在科学技术前沿取得重大突破，解决经济、社会发展和国家安全中的战略性、基础性和前瞻性科技问题的大型设施，可分为专用研究设施、公共实验设施和公益科技设施三类，这些设施在建设和运行中产生大量科学数据。

FAST 工程是世界上最大的单口径射电望远镜。本章通过原始档案、文献梳理和口述访谈，对 FAST 工程开展案例研究，提炼出大科学装置牵引基础研究的实现机理，挖掘出大科学工程对我国基础研究与"卡脖子"技术的介导作用，以及对人才培养的拉动作用：大科学工程瞄准科学目标的需求提出概念和预先研究，并提出富有创意的工程设计，进而以产学研合作开展技术创新，在攻克"卡脖子"技术的过程中牵引相关应用基础研究，以远超现有技术指标的工程技术手段完成工程建设和调试，并在工程运行阶段以科学高效的管理保障既定科学目标的实现，在此全过程中拉动人才培养。最后为国家大科学装置的未来发展提出政策建议。

国外较早地开展了对大型科学设施的研究，制定相关发展计划并定时更新。如 2000 年，英国政府制定了协调大型设施规划的"路线图"，描述了英国科学界在未来 10—15 年希望建立的项目。英国研究理事会（Researh Councils UK，RCUK）大约每两年发布一次大型设施路线图（The Parliamentary Office of Science and Technology，2008）。2003 年美国能源部（Department of Energy，DOE）出台了《未来的科学装置——二十年前瞻》（Facilities for the Future of Science a Twenty-Year Outlook），2006 年欧洲研究基础设施战略论坛（The European Strategy Forum on Research Infrastructures，ESFRI）制作了《欧洲研究基础设施路线图》（European Roadmap for Research Infrastructures Reort）等（拜海霞，2016）。中国科学院也于 2012 年出台了《中国科学院大科学装置管理规定（试行）》（中国科学院，2009b）。

针对不同类型的大科学装置的研究主要有关于公共实验设施的研究，如郜媛莹等（2018）依托同步辐射光源对重大设施运行效率和机制进行评估分析，张玲玲等（2017）以散裂中子源为例对大科学装置的产业化模式发展的分析等；关于专用研究设施的研究，如朱相丽等（2019）以美国强磁场国家实验室为对象进行的管理运行机制探讨，尚智丛和张伟娜（2009）对北京正负电子对撞机的建设过程的梳理，李俊峰和王大洲（2016）针对 LAMOST 工程问题的思考等。关于公益科技设施的研究方面，安培浚等（2008）通过对美国、欧洲、日本、加拿大、澳大利亚等国家和地区21 个卫星地面站的调研，分析了国外遥感卫星地面站的性质、分布特征、管理体制、人员规模、接收数据类型，概括了国外遥感卫星地面站运行的特点并预测了其未来发展方向。

FAST 工程作为专用研究设施，黄梦林和朱明（2014）对其观测项目管理架构进行了系统论述；刘兴军和张金榕（2018）及米立功等（2019）分析了其作用与影响；樊潇潇等（2019）对 LAMOST 与 FAST 这两个重大科技基础设施实例的预先研究管理进行了比较与解析，还对美国国家科学基金会及欧洲研究基础设施战略论坛关于设施预先研究的管理、投资情况进行了研究。郜媛莹等（2018）以同步辐射光源为例，对国家重大科技基础设施的运行管理现状进行了评估。赵正旭等（2019）提出利用数字化信息技术对 FAST 工程的信息与资源进行保护的设想。Cyranoski（2016）在肯定FAST 工程对宇宙进行更深入的探索时，表达了对"其激进的设计的担忧"。

可以发现，FAST 工程作为国内领先的新型大型科学工程，有关其非研究成果与技术的综合性讨论较少，尚无将 FAST 工程作为单独案例进行全生命周期剖析及运行管理问题的深入研究。已有的 FAST 工程研究分散于分点侧面，对全生命周期区分不明确，相关概念界定比较模糊。究其原因，除工程建成时间较短外，主要是对 FAST 工程的研究缺乏复杂性的视角，未将复杂性作为 FAST 工程的主要特点进行深入分析研究。

大科学装置应作为我国设施研究的重点案例进行分析。以往的相关研究数量较少，且存在一定的局限性。应用复杂性研究方法对 FAST 工程进行全生命周期的解析探寻，对其运行和管理机制进行深度剖析，将对未来我国重大科技基础设施发展研究起到积极促进作用。

作为重大科技基础设施，FAST 工程以科学目标的实现为基础使命。在工程的全生命周期中，从酝酿、立项、规划、勘测、设计、建设落地的 22 年，到为保证科学目标实现的调试与运行阶段，复杂性特征贯穿始终。FAST 工程的规模之大、参与主体之多、涉及知识领域之广、技术要求之新、耦合程度之高使项目在建设和运行过程中将面临由科学探究不确定性带来的科学风险、非标设备和定制研究带来的技术风险、工程活动本身与外部因素相互作用带来的环境风险、国际合作与竞争带来的战略风险、工程行为者的角色转换和行为者之间的合作博弈带来的管理风险。

大型工程系统不是各分系统的简单叠加，因此对系统进行深入研究时，需从复杂性的视域对工程各阶段产生的问题进行思考。复杂性思维的考量使工程在决策阶段有效统筹已有信息资源进行可行性分析；复杂性思维的统观使工程在设计阶段掌握总体任务，对工程进行总体规划；复杂性思维的深描使工程在建造阶段通过涌现的问题被深入理解；复杂性思维的评价使工程在评估阶段总结既有经验为未来大设备研究提供基础支撑。以复杂性思维来看设施，探究工程牵引基础研究的理论模型与核心机制，应用实践智慧与权变管理对不确定性进行研究分析，是本章研究的主要方向。

本章针对 FAST 工程进行了大量一手档案的查阅与分析，并对研究对象长期跟踪，直至项目运行和验收完成。本章拟围绕"选取典型工程为中心—理论假设为基础—全生命周期为对象—理论的实际应用为启发"的思路展开，通过采取案例研究、档案查阅、人物访谈、参与观察、定量分析等多元研究方式，在复杂性视角下建立重大工程针对复杂性特点以科学合理的运行为桥梁促进基础研究重大产出的系统模型，聚焦大科学工程的复杂性来源、产生机制、表现形式，对其全生命周期复杂性特点中既已存在及可能存在的问题进行深入思考。

工程的可行性分析是工程决策的必要环节。在 FAST 工程的早期准备过程中，研究者便已经察觉到该项目的复杂性特征。因此在决策前研究团队展开了充分的预制分析、事前评估等工作，以确保在可知范围内将复杂性特征带来的微观行为引起的宏观作用限制在可控范围之内。对于环境影响、地质灾害、人口迁移安置等对影响工程建设和相关主体利益的因素，FAST 工程作出了充分的评估论证工作。

第一节 FAST 工程概念酝酿与预研究

工程的概念形成、论证、立项、投融资途径以及方案选择等环节由于资源、成本、程序等的不确定性而具有复杂性特征（盛昭瀚等，2020）。大科学装置的初期决策需要基本的经费和建设力量支持为基础，并基于所处时代背景和外界环境作出适应性的指向部署。

一、争取过程：多层面协调下的资源集结

FAST 工程从项目提出伊始便力争将高水平的国际化科学工程的建设地址定于中国，因此整个争建过程需紧紧围绕中国本土特色和实际情况进行论证。中国在争取定址 LT 方面具有一定的优势：广阔的地域选择，大有改善的通信环境，既有的天线、馈源、低噪声接收机等技术处理水平。尽管世界其他地区也具有拥有天然渗水能力的喀斯特地貌，但只有中国同时满足具有辽阔平坦的国土、低电噪污染的电波环境、相对廉价的劳动力以及长期稳定的行政能力。对此，由当时的中国科学院北京天文台发起，二十余个院所参加组成的 LT 中国推进委员会开展了数年的项目预研工作，以期

对 LT 可能的模型方案进行研究，一个是口径大于 300 米的单天线球面望远镜，一个是准备做 10 面口径 200 米部分球面天线阵（LT 中国推进委员会，1995）。

大型望远镜通过观测宇观领域的未知天体射电辐射使人类不断深入了解浩瀚的宇宙空间。这意味着其将为自然科学基本问题的宇宙起源、暗物质、暗能量和中微子方面获取数据，为空间科学、天体物理学、高能物理学等学科的长足发展打下预见性的基础。20 世纪 30 年代，央斯基（K. G. Jansky）发现了来自银河系中心的无线电辐射，标志着射电天文学的诞生。随着天文观测范围进一步拓展，人类除可见光外还可以通过电磁波窗口来观测宇宙。通过电磁波频谱以无线电频率研究天体，射电天文学为 20 世纪 60 年代天文四大发现——脉冲星、类星体、星际分子以及 3k 宇宙微波背景辐射做出了不可磨灭的贡献（王娜，2019），天文学取得了革命性的进展。为更加全面深入地探知浩瀚宇宙，射电望远镜经历了由被动接收无线电波到主动探测、由单一功能向多功能的转变，从 1939 年雷伯（G. Reber）研制的第一架射电望远镜到 1994 年建成的巨型米波射电望远镜（Giant Meterwave Radio Telescope，GMRT），射电望远镜的性能随技术发展不断改善，灵敏度有了大幅提升，宇宙学进入“精确”时代。然而科学家并未停止追求建造在灵敏度、成像速度及分辨率等方面不断提高的射电望远镜的脚步。1993 年，新一代 LT 倡议被提出（北京天文台等，1994）。2007 年 7 月，国家发展和改革委员会批复 FAST 工程立项建议书。FAST 工程作为具有中国独立自主知识产权的世界上在建计划中最大口径、最具有威力的单天线射电望远镜，其设计、建造彰显了中国的科技研究创新力量，同时将推动国家相关领域的突破提升，并对区域发展起到积极促进作用。航天测控、深空通信、空间天气预报等有关国家安全、经济建设与社会进步的不同领域也将得益于天文研究的进步，天文科普也将随之进一步发展。

在我国经济结构深度调整、新旧动能接续转换的新发展阶段，大科学装置作为国家综合科技实力的象征，对于推动国民经济持续发展、激发创新创造活力、促进科技自立自强具有重要意义（侯建国，2021）。由于大科学装置耗资大且有竞争力时限，并在组织架构、建造设计和管理运行等层面具有复杂性特征，因此做好其相关研究十分必要。

经过数年的酝酿、预研、设计、建造和调试运行，对于 FAST 工程，科研人员积累了相当多的工程建设和技术研究经验，其科学目标及相应指标的出色完成为未来我国大科学装置提供了成熟的研究模板。故而针对复杂性特点，对 FAST 工程的全生命周期开展深度案例研究进而厘清大科学装置在运行过程中普遍存在的组织与管理问题是本章研究的重点之一。研究设施更好地实现科学目标、促进自身的可持续利用，对我国重大科技基础设施相关研究乃至依托前沿科技大设备创新能力驱动发展提供重要理论支撑有着重要意义。

　　FAST 工程是国际一流大科学装置的典型案例。FAST 工程大大超出了社会现有的知识存量和技术水平（条件、手段等），最终突破了望远镜百米工程极限，成为我国自主知识产权、世界最大单口径、最灵敏的单口径巨型射电望远镜，可实现毫米级指向跟踪，精确地聚集和监听宇宙中微弱的射电信号。工程全过程采用了高效系统的管理模式，为实现工程的综合效益提供了支撑。本章以 FAST 工程的科技效益为核心，探索大科学工程的运行管理绩效的形成机制，相关研究成果可为完善大科学工程的综合效益的评估体系提供理论支撑。

二、国际大射电计划的提出与选址

　　工程决策是工程的发动环节，具有相当重要的作用。理解并处理未知对于项目管理来说是一项挑战，对于知识体系的技术理论存在的不确定性，项目需采取一定措施减少未知。本节将梳理 FAST 工程从项目的酝酿到立项决策阶段的历史沿革，依据重大工程决策过程中由于要素关联和认知的模糊与偏差而表现出来的复杂性对各阶段出现的问题进行逐一分析研究。

　　在 20 世纪，LT 作为精密的天文仪器，为人们发现天文新现象和新星体提供了机会。对于国际射电天文望远镜的研究已有一些卓越的先行者。1972 年 8 月建成的德国伯恩 100 米口径望远镜是目前世界上最大的可转动的射电望远镜，1962 年建成的美国阿雷西博 305 米口径望远镜曾是世界上最大的不可转动式射电望远镜，科学家曾借助它发现了双脉冲信号，并获得了诺贝尔奖。但是 305 米真的是个极限吗？在此之前，中国在射电天文望远镜领域的早期探索主要体现在新疆天文台南山基地 25 米口径射电望远镜，已经应用了主动反射面技术。

　　FAST 概念的提出体现了工程的巨大规模与灵敏性的辩证统一。射电天文学在宇宙学、星系演化、恒星物理、地外智慧生物搜寻等研究中扮演着重要角色（南仁东，1994）。自 20 世纪 40 年代无线电波在探索宇宙中的应用被发现，随着第二次世界大战后雷达设备的军转民用，射电天文学开始发展，射电天文设备逐步繁荣：50 年代，英国乔卓尔·班克天文台（Jodrell Bank Observatory）建设了可动射电望远镜，成为传统光学天文学向无线电天文学过渡的重要标志；60 年代，美国建立的 305 米口径的阿雷西博射电望远镜是当时世界上最大的单镜面射电望远镜；70 年代，德国马克斯·普朗克射电天文学研究所建成 100 米可跟踪式抛物面天线；80 年代，美国甚大阵（Very Large Array，VLA）建成，成为世界上最大的综合孔径射电望远镜；90 年代，GMRT 在印度建成……早期中国的射电天文学研究主要集中于太阳射电的观测，设备数量较少且规模较小。一直到 20 世纪 90 年代，中国的主要射电天文设备为密云米波综合孔径望远镜、青海德令哈 13.7 米毫米波望远镜、上海佘山以及乌鲁木齐南山两个 25 米射电望远镜等（韩金林，2011），尽管取得过一定成果，但与国际先进水平比只可算中小型设施，在大型射电望远镜研制方面无力与美国等射电天文大国相较（北京天文台等，1994）。

1993 年 9 月，在日本京都召开的国际无线电科学联盟大会上，多国射电天文学家共同发出要在地球电磁波环境毁灭前抓紧建设新一代的射电大望远镜的倡议，即建造一个总接收面积为 1 平方公里的射电望远镜组成的阵列，名为 Large Radio Telescope，简称 LT，后于 1999 年改为平方公里阵列射电望远镜（Square Kilometre Array，SKA），接收更多来自外太空的信息。大会上，射电天文专门委员会组织了"第三个千年（即 2001 年及以后）的射电望远镜"研讨会（北京天文台等，1994），并成立了 LT 工作组（LT Work Group，LTWG）以促进跨世纪的 LT 的准备和研究工作，架起广泛国际合作的桥梁。这让以南仁东为首的中国天文学者意识到这对中国天文学是一个新的契机。参与 LT 计划将极大地促进中国天文学的发展，为中国天文学者提供更多的机会接触前沿技术，吸引并培养青年一代人才，实现中国天文事业的繁荣，促进军事、国防和电缆制造、数据处理等关联产业的发展以及经济和社会的进步（北京天文台等，1994）。掌握前沿科技设备与科技能力，便是抢占了科技战略的制高点。因此，中国迫切地需要将这样一个先进的项目的台址定在中国。当然，到底是多建设几个大的单口径望远镜，还是一些小口径望远镜，科学界存在着争论。

然而，LT 计划在表现出现代科学技术的想象力的同时也有着巨大的风险。这是一个投资额巨大、技术复杂、脱离国际合作难以实现的工程，对于 20 世纪 90 年代的中国来说并不容易，因为在建设概念上，比起 1974 年升级过的阿雷西博射电望远镜，1993 年中国最大的南山射电望远镜口径只有 25 米，灵敏度差距显著；在综合国力上，中国的 GDP 较发达国家相差甚多，1993 年美国 GDP 约是中国的 15 倍。要想参与建造这样一个科学性大型工程，中国面临的困难与挑战艰巨异常。

1993 年，中国开始参与 LT 计划。1994 年 4 月，中国科学院北京天文台开始预研究。当时想作为主要参与国，利用中国地形地貌的优势，把建设地址放在中国，并先建设一个 FAST 工程，筑巢引凤。1994 年 7 月，南仁东首次提出 FAST 工程概念。在南仁东看来，"中国天眼"建设不是由经济利益驱动的，而是"来自人类的创造冲动和探索欲望"（人民，2017）。但是后期将 LT 建设地址定在中国的努力失败，只能自主建设 FAST 工程。1994 年底，北京天文台（现国家天文台）牵头 20 所院校，提出了"喀斯特工程"。

中国参与 LT 竞争的重要资本是台址的可选择性。符合条件的天文观测站应同时满足隔离性、易及性和经济性三个特点。为寻找一个观测条件和通信条件良好、物资和人员供给往来方便、造价和技术可行性强的观测地址，1994 年，由南仁东主持的 LT 中国推进工作计划小组展开了长期而广泛的台址普查和候选台址实测工作。在条件锁定在得天独厚的喀斯特洼地后，工作组通过统筹组建具备地理知识和遥感技术

（remote sensing technique，RS）的人才队伍，采用遥感技术、地理信息系统（geographic information system，GIS）、现场考察与室内分析测试等方法，对预选区区域稳定性、喀斯特地貌发育规律、洼地工程地质水文地质、预选区气候时空变化以及区域发展等进行综合评价和预测，建立了 391 个候选洼地的地形地貌数据库并进行高分辨率的数字地形模型（digital terrain model，DTM）三维图像分析（LT 中国推进委员会，1996），最终将选址选定在了安顺普定和黔南平塘。

1995 年底，国内 20 余所大学和研究所联合成立了 LT 中国推进委员会。从 1994 年到 2005 年，南仁东与中国科学院遥感与数字地球研究所的聂跃平等合作，通过遥感从中国西南喀斯特地貌的凹坑中确定了 300 个候选的圆坑，后来又走访了 80 多个圆坑，最后选定了克度镇的最圆深坑。1998 年，FAST 项目委员会正式成立，项目的选址在贵州黔南，因为黔南的地貌最接近 FAST 工程的造型，工程开口量也最小。

1995 年，由中国科学院北京天文台、贵州省科学技术委员会、中国科学院遥感应用研究所共同组织的 LTWG 的球状射电望远镜（W-SRT）会议在贵州召开，来自 8 个国家的 39 位天文学家就中国的选址和预研工作交流讨论并进行实地考察。在大量基础研究和多方合作的基础上，国内外多数射电天文学家均认为 LT 方案的总倾向是利用多个单元天线的组合，因而整个计划应当分两步走，第一步是最大限度地利用贵州喀斯特地，实现巨型球面天线的优势；第二步是探讨克服巨型天线面临的技术难题的途径（LT 中国推进委员会和中国科学院北京天文台，1998）。

为了争取支持，LT 中国推进委员会在国内国际上进行了大量工作，如利用大小会议在天文界报告和宣传，并取得广泛理解、支持和响应；在贵州省科学技术委员会、平塘和普定县政府、贵州普定岩溶研究综合试验站、中国科学院遥感应用研究所及兄弟天文台的支持和配合下，进行贵州喀斯特洼地的实地勘查、气象普查、抽样细测与计算机模拟和无线电干扰的监测（LT 中国推进委员会，1996）；对球面射电望远镜方案进行研究和再论证，以期克服其可观测范围小的固有缺点；将选址、考察及研究的初步结果在出国访问、参加境内外国际会议及接待来访外宾的各种国际交往中，进行尽可能广泛的宣传和报告；等等。在漫漫科技长征路上，没有国家、社会及个人层面的协同努力，是无法建成一个复杂的大型科学装置的。从正式立项前中国科学院多次给予的预支经费、国家自然科学基金委员会给予的经费资助、贵州省委省政府和县乡村的鼎力支持，到村民自发为考察团与进场车辆从无到有修建道路，再到以南仁东为代表的科学工作者坚持不懈的探索钻研，无一不是 FAST 工程的酝酿阶段不可或缺的重要支撑。因此，多层面协调下的信息整合和资源集结是针对决策前期复杂境况的中坚力量。

南仁东具有理工结合的知识背景，是当年吉林省的高考理科状元，考入清华大学无线电系。工作 10 年后，他报考了中国科学院北京天文台王绶琯的研究生，曾参与了怀柔太阳观测站的相关科研工作。在荷兰的访问学习结束后，南仁东于 1987 年 5 月回到国内，之后陆续到日本、美国、意大利等国的天文机构开展客座研究，博采众长。20 世纪八九十年代，一批有留学经验的天文学家回国后提出了 HXMT、空间太阳望远镜等设想。

一开始国际上倾向于建设一些小型阵列，施工简单，且技术风险较小，小口径的视场大，巡天效率高。这种方式是将难度放在后端数据处理上。专家预期若干年后，计算机将有能力处理海量数据，高昂的接收机造价与数据处理成本将随着技术进步而迅速下降到可接受的程度。

技术复杂性是大科学装置共有的特性之一，技术是工程复杂度的主要贡献因素。技术是工程要素之一，具有多样性和不可分割性等特征，因而技术无法进行无限分解，而是要做到整体有序及有效地合理集成，最终实现工程的结构和功能形态（殷瑞钰等，2013：103-104）。由于大科学装置是在前沿研究领域实现顶尖技术攻关与创新，人的有限理性在大量的知识应用面前受到严峻挑战。主体的认知过程是指在选择关注有限变量后基于经验知识归纳得出理论模型，在解释了以往案例的同时可对未来事件进行预判与推断。主体认知贯穿工程的全生命周期，从上马前决策期的初步设计、风险预估，到工程开建期的统筹推进、调整更新，再到运行调试期的整合修正，最后到评估与验收，无一不依赖于主体的理性思维与经验分析。因此，大科学装置的技术方案设计是工程建造实施的重难点环节。

三、计划调整与立项

对于 LT 的技术方案，国际上一直有两种不同的声音。一种是主张小口径多数量的建造方案，另一种是主张大口径少数量的建造方案。前者主要由多个国家所倡导，而中国倡导的是后者。建造地址的定夺除了科学上的论证，也有国际政治等因素的影响。不同于以往国际互助繁荣的情景，此次对于中国的极力争取，一些发达国家的做法并不积极。在经历多年的争取和等待后，LT 中国推进委员会意识到，与其在漫长的等待中寄希望于国际合作，不如发动群体力量，自力更生建造这台国之重器。

立项之路并不简单。自 FAST 工程概念的酝酿、成型到立项和可行性研究，中国天文学家在建造巨型望远镜这一科学原动力的驱使下联合天文界和工程界等各方人才，集结技术力量展开预制研究。2002 年，由中国科学院国家天文台联合清华大学、同济大学、中国科学院南京天文光学技术研究所等十余所高校和研究院所进行的 FAST 工程的关键技术优化研究作为中国科学院知识创新工程重大方向项目正式立项，通过建立 50 米室外 FAST 工程的总体缩尺模型目标进行子课题任务研究，内容涵盖台址优选、主动反射面技术、馈源指向和跟踪系统、测量与控制及馈源和接收机等方面。为启动研究项目，工作组广泛开展国内外相关领域合作，先后与英国、德国、澳大利亚等国家签订合作协议，并通过多次研讨确定了相关试验研究方案，全面展开包括馈源指向跟踪的全程仿真和机构完整模型实验、主动反射面优化与反射面单元原形设计研制、FAST 工程的接收机方案优化以及测控技术研究实验在内的关键技术优化设计及工艺路线（中国科学院综合计划局，2007）。由于前期积累的充分预研究，2005 年，FAST 工程的建议书在专家评审会上获得顺利通过。2006 年，FAST 项目国际评估与咨询会议在北京召开，来自国外 11 位天文学家和国内 6 位院士参加会议。专家学者就预研究建造的结构缩比模型及预研结果进行讨论，认为尽管 FAST 工程的各项技术已有相应的成功案例，但将多种复杂技术集于一项工程还未有先例。2006 年 9 月，国际 SKA 计划推进委员会作出建造地选择的最终决定，中国未能中选。但同年 11 月，FAST 项目国际评估与咨询会议也给出了外国专家意见：项目可行，建议尽快立项建设。2007 年，国家发展和改革委员会批复 FAST 工程立项建议书，工程正式立项。

四、三项重点决策

从积极参与国际合作、争取国际项目建在中国本地，到决定依靠自身力量打造国之重器，FAST 工程体现了中国天文学者捕捉和争取发展机会、潜心钻研打下预制研究基础、掌握形势及时调整计划、敢想敢做打造国之重器的漫长过程。在整个决策过程中，南仁东作为工程的倡导者，既是科学家又是总工程师，在一定程度上规避了决策主体异质性导致的决策复杂性。

工程的概念酝酿、目标凝练和立项决策过程体现了理论思维的建构性与工程思维的实践性。做好风险评估与可行性分析以防止将实力不行的责任推卸给实践方面，从而在项目建设前进行充分的考虑分析并尽可能地规避人的认知局限性。然而，由于大型工程属于复杂系统，具有一定的复杂性，再充分的论证、再完备的决策、再详尽的初步设计也只是工程开展的第一步，在项目进入建设阶段后，更多的问题将随之涌现。

作为巨型创新工程，FAST 各系统工程的技术极具创新难度，国际上没有可借鉴的工程经验，也没有同类工程投资造价标准。尽管中国科学院国家天文台 FAST 工程团队前期已联合国际与国内 20 余个顶级专业团队一起开展了历经数年的研究和设计，但是，随着工程的深入，工程技术难题仍不断显现——需要定制研发（包括特制）大量非标设备、材料及工艺设施（如主动反射面的索网工程的疲劳难题），索网系统的控制耦合设计、变位设计、柔性设计难题，轻型并联六索拖动馈源平台以实现望远镜高精度地指向跟踪设计技术的瓶颈问题，望远镜宁静电波环境要求等特殊条件下的电磁兼容设计难题等，均在项目实施过程中得以深入揭示。因此，随着工程进展的不断深入，施工难度加大，各系统设计需不断做出相应调整。FAST工程从预研到项目落成长达22年，从项目构思到初步设计再到建设运营经历了大量攻关突破创新和变更修正调整，导致进度滞后调整的因素较多，施工难度极大，技术要求极高，相关要素关联紧密、互动频繁，工程表现出较强的复杂性，具体为结构复杂性、技术复杂性和过程复杂性。

FAST工程的预研究（1994—2009年）一共历时15年。FAST工程创新的科学思想及其新颖的工程概念得到了国内外广泛关注，吸引了众多相关领域前沿的研究机构和骨干力量参与合作，从而得以突破各项关键技术，使望远镜方案设计日臻成熟。2001年，"FAST预研究"作为中国科学院首批知识创新工程重大项目立项，并得到中国科学院及科技部的支持。FAST工程是国家科教领导小组审议确定的国家九大科技基础设施之一。2001年10月，中国科学院知识创新工程首批重大项目"FAST预研究"总体验收。

按照工程设计，FAST工程采用了全新的设计思路，由中国科学院国家天文台主导建设，发挥了贵州喀斯特洼地得天独厚的台址优势，工程由台址勘察与开挖系统、主动反射面系统、馈源支撑系统、测量与控制系统、接收机与终端及观测基地等几大部分构成一个复杂的巨系统。

为实现对FAST工程的关键技术的优化，2004年2月，中国科学院国家天文台密云观测站开始建设FAST 50米总体模型（图9-1）。该模型在2006年9月成功观测到银河中性氢谱线。

图9-1 在密云建设的FAST 50米总体模型

（FAST工程团队供图）

2007年7月，国家发展和改革委员会批复了500米口径球面射电望远镜国家重大科技基础设施立项建议书,原则同意将 FAST 工程项目列入国家高新技术产业发展项目计划,FAST 工程进入可行性研究阶段。2008 年,国家发展和改革委员会批复了 FAST 工程项目可行性研究报告,FAST 工程开始了初步设计工作。2011 年 3 月,FAST 工程开工项目初步设计和概算获得中国科学院和贵州省人民政府的批复。

一般而言,大科学工程作为主要由政府资助的重大科学项目,必须要有科学亮点和显著技术创新才可获得政府立项。FAST 工程的设计方案与原理模型并非一开始就十分清晰,而是有一个循序渐进、渐渐清晰的过程。它具有 3 项自主创新:①利用贵州天然的喀斯特洼坑作为台址;②应用主动反射面技术在地面改正球差(图 9-2),当时在柔性索网与刚性环梁、三角形网格和单根下拉索这两种方案之间进行艰难的权衡,后来决定在洼坑内铺设几千块单元组成的 500 米球冠状主动反射面;③采用轻型索拖动机构和并联机器人,实现望远镜接收机的高精度定位。为了采用轻型索拖动馈源支撑将万吨平台降至几十吨,开展了大量的模型试验。全新的设计思路,加之得天独厚的台址优势,FAST 工程突破了望远镜的百米工程极限,开创了建造巨型射电望远镜的新模式。

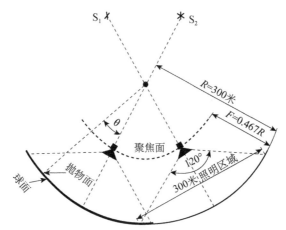

图 9-2　FAST 工程主动反射面几何光学
(FAST 工程团队供图)

通过在观测方向形成 300 米口径瞬时抛物面汇聚电磁波,及在地面改正球差,以实现宽带和全偏振。采用光机电一体化技术,自主提出轻型索拖动馈源支撑平台和并联机器人,实现望远镜接收机的高精度指向跟踪。

针对 FAST 工程主动反射面,在美国阿雷西博射电望远镜的反射面支承结构的启发下,国家天文台 FAST 工程团队于 2002 年提出采用柔性拉索来支承 FAST 工程主动反射面的设想。FAST 工程团队组织了多所高校和科研院所,包括清华大学、同济大学和哈尔滨工业大学等,对 FAST 工程主动反射面整体索网的支承结构开展了深入的理论与试验研究。其中，清华大学提出一种称为索-膜一体化设计方案（Ren et al., 2001）。同济大学经数值分析表明，在每个主索的节点设置单根下拉索，可满足 FAST 工程的要求。在此基础上，哈尔滨工业大学对四边形网格、凯威特网格、三向网格、短程线网格等索网分型方案开展比对分析，建议采用短程线网格+刚性背架+单根下拉索的方案（图 9-3），这一方案形成了 FAST 工程的反射面支承结构的初步设计方案，于 2003年通过验收（钱宏亮，2007；沈黎元，2004）。中国科学院国家天文台的姜鹏、王启明、赵清等开展了巨型射电望远镜索网结构的优化分析与设计，不仅减少了圈梁与主索网节点的种类与数量，又可满足馈源系统检测维修的功能需求（姜鹏，2013）。

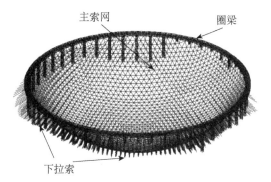

图 9-3　FAST 工程的索网支承结构示意图
（钱宏亮，2007）

确定了索网结构后，另一个棘手的问题就是索网的抗疲劳性能。索网结构是 FAST工程的关键易损部件。在变位观测过程中，索网长期承受的疲劳载荷将高达 500 兆帕，超过相关标准规范规定值一倍。中国科学院国家天文台 FAST 工程团队与柳州欧维姆机械股份有限公司、北京市建筑设计研究院有限公司，以及东南大学土木工程学院等进行产学研合作，根据望远镜的科学目标，估算出未来 30 年望远镜的观测轨迹，并评估 FAST工程运行观测对索网结构疲劳性能的要求。经过两年多的试验与反复的"失败-修正-改进"过程，终于确定了环氧涂层技术与改进挤压锚固工艺，研制出高疲劳性能钢索结构，还通过整索试验、水密试验、节点试验等抗疲劳试验，验证了该种钢索结构可满足 FAST工程对索网结构的技术要求（姜鹏等，2015）。

第二节　FAST 工程关键技术创新

国家重大工程需要众多实体要素的有机组合，高度分化的部门层级在一定程度上割裂了虚体要素间的隐藏关系。如其他大型工程项目一样，FAST 工程由多元主体交互作用联系的多层嵌套组织结构、多个分系统组成，具有目的性、风险性、动态性和不确定性等特点。但作为大科学装置，FAST 工程还具有由一定的以科学目标为导向、多学科基础和关键技术支撑构成的独特性质。由于资金投入多、项目影响重大，工程的科学目标及交付时间节点要求严格，技术难度较高。本章将重点梳理 FAST 工程在设计与建造过程中的复杂特性及产生的诸多突发性影响要素。

工程的结构复杂性基于工程的多元主体构成与主体间的非线性关联。组织任务的实现、实施内容的分工、项目资源的分配等均需要利益相关者的协同、合作与妥协。以科学目标、应用目标和建设目标为指引，FAST 工程采用总体设计、分步实施和逐步到位的设计思想，根据建设内容和工程需求划分为台址勘察与开挖、主动反射面、馈源支撑、观测基地建设、测量与控制和接收机与终端六大系统，每个系统在工程不同生命周期既进行有针对性且相对独立的研究设计，又以不同方式在关键节点路径相互关联支撑。

由于工程规模庞大、内容繁多，涉及天文学、电子学、机械、测量学、控制力学等多学科领域，FAST 工程形成了以中国科学院为项目主管部门，贵州省人民政府为项目共建部门，中国科学院国家天文台为项目建设单位，中国中元国际工程有限公司为项目管理单位，贵州省建筑工程勘察院有限责任公司（详勘、圈梁基础勘察等）、贵州地质工程勘察院（台址专项、施工勘察、塔基础勘察等）为勘察单位，贵州正业工程技术投资有限公司（台址开挖、圈梁、地锚基础等）、北京市建筑设计研究院有限公司（圈梁设计）、华北电力设计院工程有限公司（馈源支撑塔设计）为设计单位，北京中城建建设监理有限公司为监理单位，中铁十一局集团有限公司、江苏沪宁钢机股份有限公司、大连华锐重工集团股份有限公司（EPC）、柳州欧维姆机械股份有限公司为施工单位的众多参与主体构成方式（中国中元国际工程公司，2019），自 2011 年工程开工后，项目的设计与施工建设前后共涉及 20 余所大学和科研院所以及 150 余家企业和相关单位参与。设计单位和专业咨询单位的加入向整个系统引进了各自既定存在的组织结构，随着利益相关者数量增加，FAST 工程作为一个多元结构系统的复杂性随之增大。

在项目的不同周期，FAST 工程的结构划分有着相应的调整（图 9-4）。在施工建设阶段，由 FAST 工程指挥部全权指挥调度 FAST 工程的一切现场工作，处理施工有关的重大事宜，并负责协调与贵州省各级政府和职能部门之间的关系。工程指挥部接受 FAST 工程经理部的领导、对工程经理部负责。根据工程特点，工程指挥部可聘请专家咨询组，给重大技术问题提供咨询意见与建议，并由现场总工根据工程指挥部的要求，组织专家咨询组工作，为工程指挥部的决策提供咨询。台址勘察与开挖项目部是土建施工的具体执行和管理机构，负责对设计、施工、监理等单位的具体施工管理，协调各方面关系，督促和检查施工、监理单位的工作，并为项目其余系统部门在施工场地内的工作提供条件和进行协调（FAST 工程办公室，2011）。

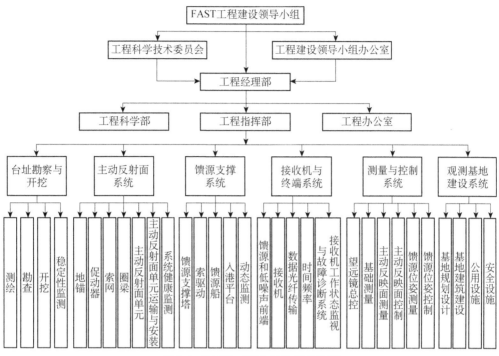

图 9-4　FAST 工程建设组织结构图
（根据 FAST 档案自行绘制）

　　2016 年工程建成后，FAST 工程进入全系统联通的调试阶段，并成立调试小组开展相关工作。调试小组组长在各系统承担的任务范围内行使日常管理职权，技术线实行总工程师负责制，负责系统的科学技术工作。在组织架构上，FAST 运行和发展中心下设综合管理部、科学观测与数据部、结构与机械工程部、电子与电气工程部和测量与控制工程部五个部门（中国科学院国家天文台和中国中元国际工程公司，2016）。FAST 工程在行政管理方面实行经理负责制，在科学技术方面实行首席科学家负责制。工程所有重大事项须由工程经理部全体成员讨论研究并决策。

　　FAST 工程的参与主体多元性、系统架构耦合性以及分布层级关联性等构成了项目的结构复杂性。由于大科学装置具有一定的科学导向和工程固有性质，其架构的多领域跨度和多层级延伸不可避免，因此在工程初始规划阶段应更加注重项目结构和分系统任务划分的复杂性来源依据。

　　工程活动是技术和非技术因素的系统集成（殷瑞钰等，2013：118），其中技术因素是工程设计的要点。由工程规范与创新精神组成的工程技术性结构与功能对于总体目标的实现至关重要。

　　主动反射面系统是 FAST 工程的三大自主创新之一，其核心在于反射面的主动变位功能。反射面的主要支撑结构设计为索网结构，故而造就了世界上独一无二的超大跨度、超高精度、主动变位式的索网工程。对于复杂的空间结构体系，索结构的锚固端长度及节点盘实际尺寸等索结构组成部件对索结构弹性变位的影响是在初步设计中没有考虑到的。例如，系统评估结果表明，主索网在变位过程中钢索的应力幅可达到500兆帕，相当于相关标准规范规定值的2.5倍左右（中国科学院国家天文台和中国中元国际工程公司，2016：7）；索网变位是多自由度、复杂耦合的控制系统，其工作模式与国内外现有成熟技术和产品在性能要求等方面差异较大，在若干方面超出初设阶段预计，因而暴露出较多问题；在局部促动锁死工况下，下拉索承受的载荷将远超过其极限承载力，造成安全风险等（中国科学院国家天文台和中国中元国际工程公司，2016：8）。经集中攻关与全面试验，项目最终成功研制出超高疲劳钢索结构，采用液压促动器方案并调整相应结构材质（中国科学院国家天文台和中国中元国际工程公司，2016：8-9），这是为主动反射面实现变位功能采取的技术创新必要尝试举措。

采用轻型索拖动并联机器人实现指向跟踪创新是三大自主创新之二。由于FAST口径极大，无法采用机械固定式馈源支撑平台结构方案，故选用轻型并联六索拖动馈源平台式方案，在降低支撑有效载荷和尺寸的同时有效减少对反射面的电波遮挡。然而，基于此出现的系统在风扰下的馈源平台高精度定位控制、六套钢索驱动链的安全系数和可靠性保障、运动状态下平台的供电和信号传输等技术难点促使研究人员进行进一步的攻关研究。基于全过程系统仿真结果，为保证风扰下馈源平台的定位精度，结合塔结构抗风荷载标准和抗震设防烈度的提高，支撑塔结构要求有较高的刚度。钢索拖动具有特殊的工作状态，既不同于索道、矿井提升装置，又不同于水利行业的升船机、起重机，无任何标准可直接使用（中国科学院国家天文台和中国中元国际工程公司，2016：9）。经多番研究比对与综合考虑，研究人员最终确定了钢丝绳安全系数和绳径比，在满足抗弯曲疲劳寿命、抗拉强度、质量轻度和自润滑性的同时确保机构的安全性和可靠性（中国科学院国家天文台和中国中元国际工程公司，2016：10）。传统的信号线进舱方式无法满足动馈源和大跨度柔性支撑结构的电力和信号传输要求，研制组针对性地提出了窗帘式信号线入舱方案，历时四年研究光缆的抗弯曲疲劳寿命和信号附加衰减难题，选取托令电缆，加工新型轻质滑车（中国科学院国家天文台和中国中元国际工程公司，2016：10），解决了一大工程难题。

主反射面变位的大尺度高精度实时动态测量是望远镜必须解决的关键技术问题。样机研制技术需满足效率、精度、尺度、无接触和全天候等指标，并克服野外大气折射等影响。项目均匀分布建立基墩并采取双层保温设计以防振、防风、防阳光直射以增加稳定性，测站及基准点复用差分消除大气影响，采取多节变径设计降低基墩效率影响，研制自动化监测软件以解决无法对众多复杂环境因素解耦并精确得出变化对测量精度影响的问题，完成样机研制工作（中国科学院国家天文台和中国中元国际工程公司，2016）。

以上技术创新既是工程面临功能实现和进度完成困境时的必要举措，又是项目走技术引进与自主创新道路的必要选择。

FAST工程的系统参与要素本质上是紧耦合的、相互作用的，工程活动过程本身是集成的、动态的，与系统环境存在大量物质和信息交换。随着项目推进，基于耦合系统相互依赖的要素协同工作，大量非技术和技术因素造成的关联扰动致使工程项目出现不等程度的滞后，因而为实现合同交付工程项目需作出适应性的调整。

第三节　FAST工程密云模型与建设期重要创新

由于国际合作任务掌控难度较大、对工作任务难度估计不足，原计划于2011年完成的反射面节点动态测量样机研制工作有所推迟（FAST工程测量与控制系统，2013）。该任务的拖延对后续工作产生较大影响，尤其给测量基墩布局设计、反射面整网布线及索网节点设计接口等均带来不便。测控系统的工作特点是和其他系统接口较多，故而主要困难为工程启动受制于其他系统工程进展，时间不受控。为解决这一问题，项目尽可能地充分利用一切条件，将无法在现场进行的工作内容利用密云模型进行推进。

2011年于贵阳召开的第二届"射电天体物理前沿及FAST工程早期科学"研讨会上，美国加州大学伯克利分校射电实验室主任卡尔·海尔斯（Carl Heiles）发言称："FAST相比起阿雷西博来说，更加灵敏，覆盖更大天区，且具有19波束的接收机，这使得FAST在HI/OH吸收线、脉冲星搜寻等方面拥有革命性的机遇。"（姜浩峰，2016）

2011年3月，FAST工程开工报告获得批复。FAST工程在建设阶段采用的管理模式是工程经理部负责制，这是对传统的"首席科学家+工程两总"模式的改进：FAST工程所有重大事项须由工程经理部全体成员讨论研究并决策，中国科学院国家天文台台长严俊担任经理，同时设常务副经理、副经理。科学目标方面实行首席科学家负责制。南仁东担任总工程师兼首席科学家，这样便于以工程方式实现科学家的创意。南仁东主持可行性研究、初步设计，主编科学目标，指导各项关键技术的研究及其模型试验。总工程师对工程全局的理解与把握能力，直接关系着工程建设的成败。南仁东对FAST工程这个庞大系统的每个领域都了如指掌，能快速提出意见并做出决策。工程另设总工艺师和总经济师。成立FAST工程指挥部，负责工程的实施；成立FAST工程科学部，负责FAST项目的科学和技术发展，科学部主任面向海内外进行招聘；成立FAST工程办公室，作为工程经理部的办事机构和工程综合管理机构。

FAST工程立项后，天文领域正在进行一系列革命性的变革，包括激光干涉引力波天文台（LIGO）发现引力波、快速射电暴、相控阵技术。天文学研究已然迈入时域天文观测和多信使天文观测的时代，海量观测数据流给数据挖掘和处理带来了挑战。FAST 工程很早就注意到人才培养的重要性，并有意识地带领天文学家利用国外望远镜数据开展研究，将年轻科研人员送到国外科研机构磨炼，在中国科学院天文大科学研究中心设立 FAST 重大成果培育项目，提拔优秀人才为特聘青年研究员，为后期 FAST 的科学应用储备优秀人才。

作为当代中国大科学装置的重要案例，表 9-1 体现了 FAST 工程产学研联合推进关键"卡脖子"技术创新的研发状况。

表 9-1　FAST 工程产学研联合推进"卡脖子"技术创新

类型	技术贡献
工程设计	FAST 工程反射面系统主体支承结构设计
技术攻关	大尺度、多目标、高动态测量技术
	高精度大尺度结构的精度控制体系
	大尺度、柔性并联机器人控制技术
工艺创新	超高疲劳性能钢索结构的工艺研制
	动态光缆的超低损耗制作工艺方法
	超大型结构复杂条件高空安装工法（吊装技术）

根据《中国科学院大科学装置管理规定》（科发计字[2007]164 号），在建设阶段，设立 FAST 项目工程建设领导小组、工程经理部和工程科学技术委员会（中国科学院，2009）。按 FAST 工程需求，在工程指挥部下设 7 个望远镜分系统。FAST 工程分系统的管理模式由指挥（行政）线和技术线组成。指挥线在各系统承担的任务范围内行使日常管理职权，技术线实行总工程师负责制（图 9-5）。

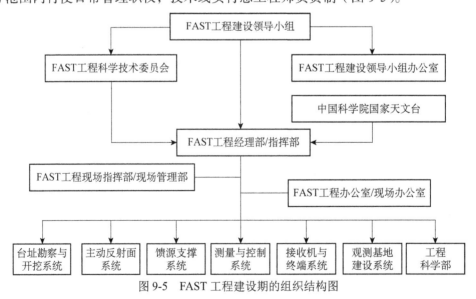

图 9-5　FAST 工程建设期的组织结构图

FAST 工程是人类用极端手段探索遥远星空的工程，因而 FAST 工程的一些高、精、尖的工程技术指标远远超过了我国当时的科技水平，在建设中使用了大量非标准的工业模块。FAST工程建设体现了举国体制的优势，采用工程项目组织者、科研人员、制造厂商等不同实体联合与密切协作的方式，以技术创新为重点整合创新资源，创造性地应用知识解决主要问题。通过强力攻关，攻克"卡脖子"技术，推进工程建造。研发投入、科学基础和工业技术基础，是进行技术创新的先决条件。为了攻克"卡脖子"技术，就需要布设科研项目。

FAST控制系统主要由望远镜总控、主动反射面、馈源支撑、测量与控制四个系统构成。其中，望远镜总控系统包括观测任务管理、观测过程调度、望远镜操作、望远镜监控、实时数据共享服务，以及望远镜宏观数据库；主动反射面系统包括控制、测量、监测、反射面数据库四个分系统；馈源支撑系统则包括控制、测量、监测和馈源支撑数据库四个分系统；测量与控制系统包括接收机、射频干扰监测、电能管理三个分系统（图9-6）。

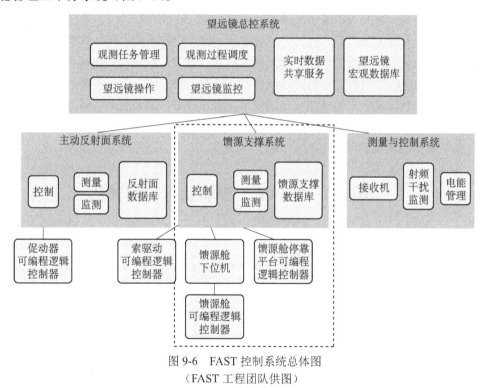

图9-6　FAST控制系统总体图
（FAST工程团队供图）

FAST工程建设期间，围绕超高疲劳性能钢索研制、高精度索结构制造检测、大跨度索网高空编织安装工法，以及高精度索网调控方案等方面，以产学研结合的方式开展研究，研发出了满足工程要求的新型钢索材料、包裹材料和制造工艺。因为馈源舱需要不断地调整位置，拽着钢索和信号光缆不断拉伸。设计人员提出索网的抗拉强度要达到 500 兆帕、200 万弯曲次数。FAST 工程团队与北京邮电大学、烽火通信科技股份有限公司、北京康宁光缆有限公司等合作研发了 4 年，制造出了突破 10 万次抗弯曲疲劳寿命的 48 芯动光缆，并让信号衰减达到最低，刷新了世界纪录。同时，他们申请了 12 项专利。上述研究成果被推广应用于多项国家重大工程，经济和社会效益显著。例如，超高疲劳性能钢索已用于港珠澳大桥。

项目的实施也推进了建造工艺的提升。FAST 工程环形支撑圈梁作为超大跨度构筑物，在焊接精度与测量准度上达到了极高的工艺水准，远远超出了钢结构技术领域，也推动了承接企业的竞争力的提高与国内相关高新技术产业的技术升级。此外，FAST 工程建设期还在大尺度结构工程、大型工业机器人研制、高精度动态测量等方面取得了关键技术成果，并可应用于诸多相关领域。

2016 年 9 月 25 日，FAST 工程在贵州平塘大窝凼建成，刘延东副总理亲临现场参加了落成仪式，并带来习近平总书记致 500 米口径球面射电望远镜落成启用的贺信。贺信中提到："500 米口径球面射电望远镜被誉为'中国天眼'，是具有我国自主知识产权、世界最大单口径、最灵敏的射电望远镜。它的落成启用，对我国在科学前沿实现重大原创突破、加快创新驱动发展具有重要意义。希望你们再接再厉，发扬开拓进取、勇攀高峰的精神，弘扬团结奋进、协同攻关的作风，高水平管理和运行好这一重大科学基础设施，早出成果、多出成果，出好成果、出大成果，努力为建设创新型国家、建设世界科技强国作出新的更大的贡献。"（新华社，2016）至此，FAST 工程进入了紧张的调试阶段。

第四节　FAST 工程调试运行与评估

一、调试与运行

FAST 工程灵敏的探测能力是实现其科学目标的基础。FAST 工程的优点是超高灵敏度，指向灵活。但缺点是系统构成复杂，容易产生设备故障，因国际上没有先例可循，FAST 工程的调试工作颇具挑战性。姜鹏率领调试小组构建调试方案，组织完成馈源支撑五个分系统间的整合，研制出的反射面实时仿真系统成功解决了复杂系统耦合控制的安全评估难题，望远镜系统对设备故障的容忍度大幅提升。望远镜调试工作的进展远超预期。工程团队经过三年多的调试工作，顺利实现了跟踪、漂移、运动扫描和编织扫描等多种观测模式，提前完成功能性调试任务。望远镜达到了国家验收标准，其中最重要的技术指标灵敏度达到当时世界第二大望远镜的 2.5 倍以上，终于实现中国射电天文设备由追赶到领先的跨越。

2017 年 9 月 15 日南仁东不幸逝世后，姜鹏接棒带领团队。2017 年 10 月，FAST

工程向外发布了首批发现的 6 颗脉冲星，实现了中国射电天文设备在脉冲星发现方面零的突破，实现了"早出成果"。在 19 波束接收机投入使用后，FAST 工程的巡天能力提高了五六倍，视场也扩大到原来的 19 倍。

大科学工程运行阶段的重点是如何协调和运用各方资源，有效开展各项管理工作，实现工程本身既定的科学目标，进行知识生产，并实现工程的应用目标。科研队伍会影响大科学工程运行后的科学产出，而大科学工程的牵头国是否具有过硬的科研队伍则直接关系到本国是否可在国际科学前沿占据优势。毕竟大科学工程探测到的数据在一定期限后要向全世界公开。

FAST 工程运行阶段的工作任务有所调整，以适应新阶段的工作重心，主要任务是以完善的组织架构（图 9-7）和高效的项目管理，为"多出成果"提供支撑。科学家走上前台，FAST 工程团队的角色由聚光灯下的建设管理者和调试者，改为退居幕后的设备运行者，并对望远镜性能进行持续提升，以全力满足科学家需求。FAST 工程团队的科学家不仅可利用 FAST 工程的观测数据，还享有自由开展学术研究的自由。

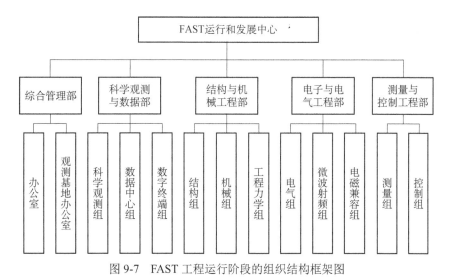

图 9-7　FAST 工程运行阶段的组织结构框架图

2019 年 4 月 22 日，FAST 工程通过工艺验收。专家组经鉴定认为，FAST 工程的所有性能指标达到验收要求，其中灵敏度（L 波段）和指向精度两项关键技术指标优于验收指标。工程在调试阶段获得一批有价值的科学数据，取得阶段性科学成果。同年 4 月 18 日，FAST 工程开始采用试开放的形式向国内天文学家开放观测时间，经过时间分配委员会评议，部分项目得到支持（中国科学院国家天文台，2019a）。FAST

工程项目计划按照国际惯例，通过科学委员会评审确立观测计划，并在适当时候对国内外科学家正式开放。

2020 年 1 月 11 日，FAST 通过国家验收，投入正式运行。FAST 现在已经取得了可观的成果，"多出成果"阶段已经开启。在调试运行期间，FAST 工程实现跟踪、漂移扫描、运动中扫描等多种观测模式，并且已发现 132 颗优质的脉冲星候选体，其中有 93 颗已被确认为新发现的脉冲星（新华社，2019）。2020 年 11 月，中国科学院国家天文台召开新闻发布会，公布了 FAST 运行和发展中心在快速射电暴领域的重要发现，两篇论文在国际权威期刊《自然》上发表，同时入选《自然》《科学》2020 年世界十大科学发现。截至 2023 年 3 月，FAST 探测的脉冲数量已经超过 740 颗，基于 FAST 工程数据发表的高水平论文近 150 篇。利用 FAST 工程超高的灵敏度，中国脉冲星计时精度达到国际最先进水平的 4 倍，并具备在五年内使人类首次具备纳赫兹引力波的探测能力。可以预测 FAST 工程将在未来 10—20 年保持世界一流设备的地位，并将吸引国内外一流人才和前沿科研课题，成为国际天文学术交流中心。

二、FAST 工程的评估

工程评估是工程决策与判断工程的社会实现程度的重要依据，应基于一定的价值标准判断。目前，工程的社会评估已有较为完整的评价规范体系，而对于大科学装置的评估应更注重评价角度和方式。

大科学装置的评估是工程顺利实施的重要保障：在工程决策期，环境风险、地质灾害、社会影响等相关评估是为工程提供决策支撑、风险规避的重要环节；在工程运行期，技术设计、工艺制造、调试运行的评估是工程以科学目标为导向顺利实施的必要步骤；在工程建成后，对于项目的总体验收评定也应从复杂特点出发，全面做出综合评价。FAST 工程于 2016 年落成，在调试期间针对望远镜验收指标和科学观测需要分解调试工作任务，制定技术路线并实施，在提前完成调试的同时在试运行期便取得了一定成果。

截至 2019 年，国家天文台为第一专利权人的授权专利共 84 项，其中发明专利 42 项、实用新型专利 42 项（中国科学院国家天文台，2019b）。

2020 年 1 月，受国家发展和改革委员会委托，中国科学院和贵州省人民政府在贵州省平塘县组织召开 FAST 工程项目国家验收会。经验收委员会针对工程建设总结、工艺、建安、设备、财务、档案专业组验收意见和电磁波宁静区电波环境评估意见进行了相关文件资料的审核及实地考察。经讨论认为 FAST 工程建设实现了我国射电天文望远镜从追赶到领跑的跨越，实现了"创造柔性索网主动变位支承结构""研制超高耐疲劳特性钢索""索网实时安全评估系统在力学仿真技术实时安全评估及预警在天文领域的首次应用""创新应用世界上最大跨度柔性并联机器人和刚性六自由度并联机器人实现高精度定位""融合卫星定位、惯导和全站仪等多种测量技术实现全天候、大尺度、高精度、高采样率的馈源支撑系统动态测量""光机电一体化等复杂系统的电磁兼容技术突破"等多领域创新，建设任务全面完成，望远镜系统整体性能稳定可靠，具备了开放运行条件（中国科学院国家天文台，2020）。同意项目通过国家验收，项目正式投入运行。

总体来看，在科学界，FAST 实现了多项科学成果发现，作为当今世界上最大的单口径射电望远镜，其综合性能指标达到了国际领先水平。2020 年 5 月，FAST 首次发现新快速射电暴（中国科学院重大科技基础设施共享服务平台，2020）。在工程界，FAST 实现了国际无先例的变位工作方式的索网体系，高精度索结构生产的配套体系已在港珠澳大桥斜拉索、新疆伊犁皮里青河桥、印度斯塔巴兹尔（Starbazzr）斜拉桥等其他项目中得以应用，极大提升了我国钢索结构生产制造水平；FAST 48 芯动光缆的成功研制攻克了缆线入舱方案中信号传输"生命线"难关，可广泛应用于军、民工程；大尺度高精度处时测量系统弥补了精密工程测量领域在大尺度、多目标、高精度动态测量和计量领域在大尺度超高精度动态测量在线检定的空白（中国科学院国家天文台，2019b）。以 FAST 为依托，相关天文科研中心与研究团队有效建立，我国射电天文学研究能力得以显著提升，公众理解科学进程得以有效推进。

2021 年 2 月 5 日，习近平总书记视频察看 FAST 工程现场，并勉励广大科技工作者以南仁东等杰出科学家为榜样，大力弘扬科学家精神，勇攀世界科技高峰，在一些领域实现并跑领跑，为加快建设科技强国、实现科技自立自强作出新的更大贡献（袁航，2022）。

第五节　FAST 工程牵引基础研究的机制

工程研究需要遵循科学—技术—工程的基本规律。工程系统性与自然系统性不同，工程需要集科学、技术、政治、经济、文化及自然规律等多重因素于一体，是人为地创造新事物的过程。工程与科学和技术联系紧密。工程的设计、建造、运行管理需要遵循科学理论的指导，工程参与者需利用唯物辩证法的基本规律以及系统论、控制论和信息论等科学方法进行工程思维的训练；技术是工程的基本要素，技术本身的自我稳定和抗干扰能力使工程的集成性得以有序体现。有关大型工程的研究已有较为翔实的科学—技术—工程统筹论述，然而大科学装置不同于一般工程项目，对科学和技术目标要求较高，科学、技术与工程结合紧密，更应注重三者相互作用、相互影响的关系。本章以 FAST 工程为靶向，应用复杂性理论以若干技术和子项目的集成为研究重点，符合工程研究的基础规律的同时突出了科学目标和技术创新对于工程项目复杂程度的贡献度。

基于 FAST 工程这一成功案例，对于我国未来的大科学装置可归纳出以下几点经验：①在项目概念酝酿阶段便致力于凝聚稳定的研究团队，使项目有机结合国家需求与科学信念的同时得到人才资源供给的切实保障；②除了项目的"被设计内容"，大科学装置在运行管理过程中应充分包容自组织活力的涌现，从而最大限度地发挥组织的能动智慧应对多变的环境；③对于大科学装置的验收与评估应突破传统评价链条，从复杂性认识高度科学评价工程的实际价值。

FAST 工程作为国家重大工程，体现了国家重大工程对牵引基础研究与关键技术创新具有重要的介导作用。FAST 工程是我国科学家在 20 年科学研究工作的基础上，独立设计、建造的世界上最大的单口径的射电望远镜。在传感器网络、智能信息处理、高精度定位与测量、高品质无线电接收机、海量数据存储与处理等关键技术无先例可循，耐疲劳特种钢索材料急需攻关，核心技术遭遇欧美发达国家封锁的重重困境下，南仁东带领 FAST 工程团队老中青三代科技工作者克服困难，牵头几十家科研院所开展联合创新，最终实现了由跟踪模仿到集成创新的跨越（唐琳，2018a）。FAST 工程的研制和建造带动了我国天线制造技术、微波电子技术、并联机器人等高技术的发展。在研制超高疲劳性能钢索结构时，FAST 工程团队与高校和企业联合开展应用基础研究，带动了特种索材料的突破，对中国乃至全球范围内索结构工程技术的提升都有巨大作用（南仁东和姜鹏，2017）。

FAST 工程创新依然是引进消化吸收再创新模式，尚未实现完全的核心技术国产化。相比之下，"北斗三号"在欧美国家严密的技术封锁下，实现了核心技术国产化100%。当然，要改变 FAST 工程所有关键技术与核心设备落后的状况，远非 FAST 工程团队一己之力。

FAST 工程体现了国家大科学工程介导的基础研究与颠覆性创新基本模式，实现了我国天文观测事业的跨越式发展。在前期基础研究、技术积累与人才培养的基础上，以大科学工程为介导，凭借富有创意的工程设计和满足极端技术指标的技术创新来完成工程的预计目标，服务于既定科学目标的实现。从影响因素上看，技术制约、经济制约、科学家内讧，以及国外"卡脖子"技术清单都会影响国家大科学工程的发展。在科研环境上，需要倡导对创新的容忍和鼓励，重视工程人员在团队中的价值。

一、人才培养

FAST 工程团队内的科学家、工程师、支撑人员，在 20 多年里一直保持持续稳定和协同工作。在核心部件的自主研发和如何通过科学合理的数据共享与高效利用，保持高质量的科学产出上积累了宝贵的经验，形成了一个活跃的创新生态。FAST 工程的核心技术创新，部分已成为行业共性技术，并得到市场应用。

FAST 工程体现了新型举国体制的优越性，科研机构、高校和企业在"卡脖子"技术攻关中形成临时联合体协力配合。FAST 工程作为国际一流的设备运用了国际一流的管理模式。同时，虽然是国内主导的大科学工程，但善于充分利用全球资源，与美国和南非开展合作。

FAST 工程 2008 年立项时，国家发展和改革委员会批准的投资是 6.67 亿元，最终的项目投资是 11.5 亿元。大科学工程既可牵引基础研究，又可带动对关键共性技术的创新。

值得一提的是，作为以工程牵引基础研究的范例，中国研究团队借助 FAST 工程，成为研究快速射电暴的关键力量，推动了新科学知识的增长点。FAST 工程的科学观测的重大进展预期包括通过多波段、多信使国际协作，实现中国望远镜发现高能脉冲源的突破；搜索快速射电暴、LIGO 探测器发现引力波对应体等暂现源，争取获取重要新参数。他们还在国内率先开启了雷达天文学这一新兴学科。

FAST 工程发端于大科学计划 LT（后来演化为 SKA），在中国尝试作为 LT 的重要牵头国和选址地的努力失败后，通过自主创新和国际合作建成了具有自主知识产权的迄今为止国际上最大的单口径射电望远镜。这一案例可为我国牵头组织国际大科学工程和大科学计划提供借鉴，即国家在遴选这类项目时的首要条件是我国在该领域具有雄厚的科学积累和技术优势，要有广泛而坚实的国际合作基础，同时注重效率导向和科学经济性。

在开放的全球化环境中，充分利用国际科技资源开展国际合作，是推动大科学工程自主创新的必要条件，也可以为我国组织实施"以我为主"的国际大科学合作计划提供前期准备。FAST 工程也与美国加州理工学院和南非开展了较为深入的国际合作。

20 世纪 90 年代，关于中国究竟是参与 SKA 的建设，还是自己主导建设 FAST 工程的争论，其焦点已然发生了变化。但是，SKA 也面临一些挑战，从成本上看，SKA 虽然单个天线的口径小，但总体数量显著增多，总体造价也高了很多。SKA 的数据量已超越目前人类所能处理的数据总量，需要发展新的数据存储、处理、分析的硬件技术和方法。随着摩尔定律濒临极限，只能期待量子计算给数据处理带来崭新的契机。同时，人们还发现，随着接收机技术的进步，大口径射电望远镜也可以把视场做大。将来多造几个 FAST，也可能是中国天文学界继续发展 LT 的可行路径。

2020 年 12 月 1 日，美国阿雷西博射电望远镜彻底崩塌。未来的 10—20 年，FAST 将在世界保持领先地位，推动我国射电天文学迈入世界一流水平，并在一定层面满足我国国防建设和国家安全等国家重大需求。FAST 还将把我国深空测控及通信能力由地球同步轨道延伸至外缘行星，并强有力地支持我国载人航天、探月和未来的深空探测计划。

抓住机遇，积极参与国际合作大型建设项目，证明中国已迈入重大科技项目时代，此乃 FAST 决策之一。面对科学发展的重任、国际形势的压力，中国天文学者迎难而上，汇集一流科技和制造人才队伍力量，这是证明中国有能力迈向重大科技项目时代的重要一步。

二、FAST 工程的国内外合作

重大科技基础设施为应对设计、建造、运行等过程的复杂性，需要开展大量国内与国际合作。在国内合作方面，国家天文台自 2015 年起与贵州大学、北京大学、北京师范大学、南京大学、云南天文台、上海天文台、新疆天文台、紫金山天文台等国内多家科研院所和大学在脉冲星搜索、中性氢宇宙研究、快速射电暴等多个领域开展了广泛和深入合作（中国科学院国家天文台，2019b）。

在国际合作方面，项目参与包括主导创立了国际合作计划与美国国家射电天文台等国家级射电天文台签署合作协议、成功合作申请国外重大项目（如 CAASTRO-3D）、筹备国际重大科学前沿研究、与 LIGO 签署引力波协同探测协议、与北美纳赫兹引力波团队开展合作、通过中国科学院国际人才计划（President's International Fellowship Initiative，PIFI）和中国科学院天文大科学研究中心等资助多位世界级专家、设立 FAST 会员（FAST Fellow）项目积极引进国内外高水平的优秀青年人才、与澳大利亚联邦科学与工业研究组织（Commonwealth Scientific and Industrial Research Organization，CSIRO）开展脉冲星观测认证等合作、与费米卫星课题组签署合作协议、签署与多波段多信使国内国际设备部分合作协议等（中国科学院国家天文台，2019b）。

在 2018 年底 FAST 各项调试已基本完成且具备进行更多科学试观测条件后，国家天文台于 2019 年 1 月面向全国天文领域发布《征集"中国天眼"调试阶段风险共担观测申请的通知》，并于 2019 年 4 月开始向国内用户提供共担风险观测。通过时间分配委员会的评议及用户观测培训，试开放观测推进了 FAST 的运行与全面开放。2021 年 3 月 31 日 0 时起，FAST 向全世界天文学家开放征集观测申请，所有国外申请项目统一参加评审，观测时间于 8 月开始（中国科学院国家天文台，2021）。然而，针对大科学装置是否应开放、开放到什么程度等问题仍有待斟酌，决策者应立足国家当前发展阶段和现状进行理性分析，不可让项目沦为"面子工程"。

三、同类装置的分析比较

由于大科学装置在同一科学领域有较多同类设施，因此在工程建成后同行与公众层面都会进行同类比对。将 FAST 与国内外经典案例进行横纵分析，从发展沿革到研究模式再到未来展望进行重点聚焦，对于工程更好地总结经验、实现可持续发展具有重要意义。

1. LAMOST 和 SKA 的比较

LAMOST 是我国"九五"期间批复的自主创新设计与研制的大口径大视场望远镜，这一望远镜的研制填补了我国在大规模光谱观测、大型天文基础观测数据方面的空白（施建荣，2016）。然而 LAMOST 工程在建设过程之中出现了诸多问题：对不可预见的费用预留不足、预制研究受经费牵制等因素影响未能得以良好实施、与斯隆数字巡天（Sloan Digital Sky Survey，SDSS）项目的潜在竞争、预计工期也由 10 年减为7 年、工程技术人员不足等（李俊峰和王大洲，2016）。在工程经费方面，LAMOST与 FAST 均超出了预算：LAMOST 超出约 1/4（樊潇潇等，2019），FAST 则由 6.7 亿元升至 12 亿元。在工期方面，LAMOST 工期较预期拖延四年，FAST 则通过科学高效的管理如期竣工。在科学成果方面，由于台址气象条件、项目的设计安装未达到设定目标等原因，LAMOST 实际获得的河外天体光谱数仅仅是原计划的 2%，实测的极限星与原计划值有较大出入（刘超，2017），而 FAST 则在达成预期目标的基础上提高了个别指标性能。尽管 LAMOST 在后期通过转变银河系巡天的附属任务为主要目标成功转型并取得高质量成果（中国科学院国家天文台，2018），但相比于 LAMOST的惊险转型，FAST 则表现出了对复杂性的出色应对。纵观 LAMOST 和 FAST 的预研和设计过程可以发现，FAST 在预研方面花费了大量的时间和精力，统筹多学科领域人才技术进行了全面系统、长达 13 年的预先设计研究。在经费支持方面，尽管在项目概念酝酿期间并未成功争取到 SKA 中国选址，但在 LT 中国推进委员会的不懈努力争取下，项目先后获得科技部、地方政府、院级部门等单位的经费支持和基础设施与条件供给，为项目顺利开展打下坚实的基础；而在建设过程中，FAST 工程项目采取了多元管理手段与信息技术平台支撑，把控关键时间节点进行以问题为靶向的灵活性调度，使工程在预期时间内完成建设。

SKA（前身为 LT）是 FAST 概念提出的重要背景，致力于起源和宇宙间基本力两大方面的科学目标，在功能性质和观测目标等方面与 FAST 有一定重合，且与FAST 一样在结构、技术和过程等方面具备复杂性特征。SKA 自 1993 年启动国际合作，经 20 余年的发展演变成为多国合作的国际大科学工程计划，预计在 2030 年全部建设完成。由于参与主体与技术要素多、涉及地域广，SKA 经历了长期的项目准备和科学目标凝练过程。中国作为主要参与国之一在低频孔径阵列、中频孔径阵列、信号与数据传输、中央信号处理系统和科学数据处理等关键技术领域开展技术研发（彭勃等，2017）。SKA 在实现大视场、高分辨率和灵敏度的同时提出了极高的数据储存和数据处理能力要求，因而从观测数据到科学成果的转化将经历时间未知的停滞期，是否存在潜心研究的核心团队对于项目开展十分关键。作为 SKA 的发起者、倡导者和共同研制者，中国是 SKA 建设中不可或缺的重要力量。SKA 中国办公室对于重点科学方向部署项目在组织管理机制上进行了创新，形成了以科技部主导、责任单位统筹协调的管理机制，由责任单位协助 SKA 中国办公室共同开展重点科学方向下设项目的过程管理，压实实施各方主体责任（科学技术部，2021）。在科技部和中国科学院的支持下，我国科学家成功研制世界上首台 SKA 区域中心原型机。中国电子科技集团公司第五十四研究所承担了 SKA 一期工程的一些天线的制造，拉动了国内制造技术的进步。

FAST 项目贯穿始终的研究团队对于整个工程的完成至关重要，人员流动与持续程度在中国科学界实属个例。FAST 项目概念源起于以南仁东为主要代表的中国天文学者个体，通过集结国内多个学科研究人员组成预研团队，从项目初勘到详勘，从模型试验到详细设计，从争取立项到建设施工，从调试运行到验收开放一步一步将当年看起来不可能的大工程变为可能。FAST 的成功除了依赖于项目核心人员的不懈坚守，也需要团队所有成员的向心凝聚与坚持。

FAST 团队目前主要由科学研究、核心技术研发、项目运维以及后勤保障组成。科学人员在完成固定指标之余具有较大的研究自由度，技术人员对于科学人员提出的研究需求进行技术、程序、格式上的相应调整，运行后勤保障项目针对干扰、流程、服务等进行优化改进。因此整个团队凝聚力较强，人员流动性较小。从我国射电天文发展历程也可以看出，从 20 世纪 60 年代北京天文台的兴隆站和密云站的建立、70 年代紫金山天文台在青海德令哈望远镜的建设再到 80—90 年代一批大型射电望远镜基地的兴建（米立功，2016），科学装置的发展对于领域内人才的培养、理论成果的产出具有基础性作用，而坚实的人才和技术储备也是装置复杂性应对的重要保障。

2. 与美国阿雷西博射电望远镜的横向比较

位于美国波多黎各的阿雷西博射电望远镜是 FAST 望远镜早期的主要追赶对象。致力于扩大并改善数据采集和分析结果，阿雷西博自成立后经历了多次改造升级（Tepley，1997）。由于自然灾害、资金不足、维修不力等原因，晚年的阿雷西博多次受损。2020 年 11 月，在经过多番论辩后，美国国家科学基金会正式宣布阿雷西博退役拆除。2020 年 12 月 1 日，阿雷西博发生坍塌事故。作为超限期服役的大型工程，阿雷西博射电望远镜还是取得了诸多科学成果。在长达半个多世纪的运行期内，阿雷西博先后对太阳系行星、近地小行星进行监测探秘，发现了新型脉冲星、太阳系外行星系统，捕捉快速射电暴，探测到星际物质，并在探索地外文明等方面作出尝试（安利，2021a，2021b）。

在 FAST 概念的酝酿期，LT 中国推进委员会的主要设计目标便是偏向于争取国际大射电确认阿雷西博工程类型及中国选址。建成后的 FAST 灵敏度突破了阿雷西博 20°天顶角的工作极限，灵敏度高两倍之多。同阿雷西博一样，FAST 预计也将超设计寿命服役（30 年）。在为新型国之重器的成功研制欢欣鼓舞的同时，关于该大型工程如何做到避免"大而不强""强而不新""新而不久"，实现可持续发展或战略转型、功能转型、升级改造等问题应该给予高度重视。赵正旭等（2019）针对阿雷西博的保护困境提出通过数字化信息采集、储存和处理等技术对 FAST 资源信息进行传承与保护。相信在数字化时代，会有更多有关大科学装置的维护升级的研究。

大科学装置的评估除了要求短期评估的指标实现，也需要长期的影响分析与跟踪评价。工程评估是根据一定的价值指标对工程活动进行的价值评判，它是工程决策与判断工程社会实践程度的重要根据，是工程活动不可缺少的环节（殷瑞钰等，2013：195）。国内学者早在 20 世纪 80 年代就已经意识到对工程技术活动进行经济评价的重要性，提倡工程技术活动在技术上符合科学原理、具备目标所要求的功能和质量的条件下，来评价该工程技术活动在经济方面的得失，如人力、物力、财力等资源的消耗与为社会创造的物质财富及其好处之间的关系（石永清，1984）。在现实中，从满足人类的不同层面需求上来讲，工程价值包括工程的经济价值、政治价值、生态价值、人文价值和社会价值等（闫坤如和龙翔，2016）。工程评估应突破以往注重经济效益的评价标准，从复杂性考量出发多维把握工程的实际价值，对工程进行全面系统的科学评估（殷瑞钰等，2013：195）。同类设施的横纵对比为工程的评估分析提供了权威的实际材料，因而工程在实现自身突破的同时，也应通过与国内外同类大型装置的横纵分析总结经验，为未来实现更多进展和可持续利用提供研究基础。

总体来看，FAST 工程在工期控制、队伍组建、科学技术目标的实现等方面表现出了较好的复杂性应对。但大科学装置本身是一个集成性的复杂系统，更是要兼具科学目的与国家利益，其设计建造涉及一系列围绕工程特殊需求的非标设备的定制研究，涌现问题较多。例如，尽管 FAST 在科学、经济和社会效益方面取得了较大的成效，但在建设过程中也不可避免地出现了研究经费增加的情况，这与工程系统复杂性本身密切相关。此外，从 FAST 团队的成功经验可以发现，一个稳定、扎实的科研团队对中国科研发展有着极大的积极促进作用。"十年磨一剑"需要科研人员的科学信念、追求欲望，也需要大环境的趋势引导、政策保障和基础支持。大工程需要"螺丝钉"精神，也需要主动创新能力，更需要在取得成果后保持原有作风继续寻找新的方向，并实现目标导向下的自由发展。例如，FAST 团队未来将从脉冲星时间基准、雷达天文学、相控阵接收机等领域寻找新的突破方向，弥补国内该领域的空白。

第十章　开放科学情境下大科学装置的开放共享

第一节　开放科学的兴起

一、开放科学的内涵与研究内容

开放科学最早来源于欧洲宫廷资助系统发明的同行评议方法（张学文等，2020）。开放科学作为一个科学治理范式正在全球范围内迅速兴起，并在欧洲国家率先落地。研究者考察了"开放科学"一词的起源和内涵，以及知识生产中的赞助经济学及其对公共资助开放科学的精神气质和组织结构中关键要素的历史形成的影响（David，2008）。经济合作与发展组织（Organization for Economic Cooperation and Development，OECD）强调，开放科学包括不受阻碍地获取科学文章、获取公共研究数据以及通过信息和通信技术工具以及激励措施实现合作研究。扩大对科学出版物和数据的获取是开放科学的核心，从而使研究成果掌握在尽可能多的人手中，并尽可能广泛地传播潜在的好处（OECD，2022）。欧盟委员会认为开放科学是建立在科研协作基础上的科学过程，它侧重于利用数字和协作技术在知识可用时尽快传播知识。开放科学是欧盟委员会的政策优先事项，也是其研究和创新资助计划下的标准工作方法，因为它能提高研究的质量、效率和响应性。当研究人员在研究过程中尽早与所有相关参与者分享知识和数据时，有助于传播最新知识。当来自学术界、行业、公共当局和公民团体的合作伙伴被邀请参与研究和创新过程时，创造力和对科学的信任就会增加（European Commission，2021）。有学者将开放科学相关的开放原则扩展到整个研究周期，旨在消除在研究过程的任何阶段共享任何类型的产出、资源、方法或工具的障碍，对科学和研究的方式进行系统性的改变（Mirowski，2018）。还有学者认为公众科学是指非传统意义上的科研人员、普通民众参与到科学研究过程中的全新科研范式，是新型开放创新模式（金瑛等，2019）。学者们已经意识到，开放科学对我国科学事业发展的意义、问题和挑战，并号召以"新基建"中数据基础设施的互联互通带动开放科学发展（翟军等，2020）。

关于开放科学对科学研究和社会的影响，大多数人持乐观态度，认为开放科学是研究的加速器（Woelfle et al.，2011）。开放科学是一种非市场化的激励制度，强调在知识产权保护前提下追求创新知识社会福利的最大化，对催生高质量的研究和创新（R&I）至关重要（张学文等，2020）。关于开放数据、开放共享、开放科学三者间的关系，开放数据是物质基础，开放共享是中间桥梁，开放科学是最终目标，不同利益相关者需要为开放科学尽力（盛小平和杨智勇，2019）。运用文献计量学方法发现，我国开放数据研究热点体现在政府政务、开放科学等方面（王知津等，2020）。学者们对开放科学已产生一些批判性认识。有学者批评开放科学实际上是打着向大众开放科学的误导性旗号，沿着平台资本主义的路线重新设计科学（Mirowski，2018）。

在开放科学对中国科学知识生产的影响方面，学者们已经对中国在科学数据开放与自由共享的全球变化下开展研究的范式进行了讨论（Peng et al.，2016），围绕中国科学资助组织应如何应对开放获取、开放创新和开放科学可能带来的基础研究范式变革以及知识生产模式创新等提出政策建议（赵延东等，2020）。

二、开放数据相关研究

近年来，数字内容资源逐步成为主流信息资源，数据驱动的科学（data-driven science）实际上可能成为第四种科学范式，可以是对现有理论、实验和计算范式的扩展和根本转变（Nelson，2009）。只有走向数据驱动和计算分析支撑的知识发现，才能适应数字化计算化知识时代，迎接数据深度挖掘和知识交互分析挑战（张晓林，2017）。随着互联网和新一代信息技术的发展，开放科学演变成了一项更加开放和数据驱动的事业。

欧美国家的一些大科学装置，如欧洲核子研究中心（European Organization for Nuclear Research，CERN）已经发布开放数据政策和开放数据门户。CERN 的价值观包括让研究对每个人开放和可访问。灰色文献（gray literature）是一种信息源，一般指非公开出版的文献。灰色文献历来在高能物理（high energy physics，HEP）领域的研究人员中发挥着关键作用。因此，CERN 作为世界上最大的粒子物理实验室，一直面临着分发和归档灰色文献的挑战。CERN 已经开发出"输入"（Invenio）这一自主数字图书馆的开源存储库软件，作为 CERN 存储库战略的一部分，来满足大量灰色文献的高能数据的长期存储、重复使用与分析等需求（Caffaro and Kaplun，2010）。2022 年 9 月，CERN 理事会批准了本组织开放科学的新政策。该政策旨在使 CERN 的所有研究工作对其他研究人员和更广泛的社会都具有充分的可访问性、包容性、民主性和透明度。它是由开放科学战略工作组（Open Science Strategy Working Group，OSSWG）开发的，利用现有的自下而上的举措，以在开放科学的新框架内分享他们的研究（Ctzovana，2022）。

科技部于 2002 年启动了科学数据共享工程来促进科学和国家创新。科技部原部长徐冠华曾在 2006 年提到，中国将科学数据共享工程作为国家现代化科学设施的一项基础工程，进行统筹规划、长期建设和有序管理，到 2020 年，还将完成科学数据共享政策法规、标准规范体系的建设，建立健全共享机制，并形成一支能适应社会信息化、专业配置合理的技术服务型管理队伍，实现 80%以上公益性、基础性数据资源面向全社会共享，使科学数据资源的积累与共享达到基本满足科技创新和国家发展的需求（孙自法，2006）。

已有研究分析了科学家进行共享的困难，认为共享降低了科学家可用资源的独特性，最终影响科学家的竞争力（Levin et al.，2016），用一种基于竞赛的模型，研究 R&D 人员开放科学的动机与决策行为（张学文等，2018）。

可以看出，已有研究已经注意到大科学装置的数据治理的重要性，但数据开放和共享还有待拓展。对于如何在开放科学情境下共享和管理大科学装置产生的海量数据还缺乏深入探究。

第二节　开放科学对大科学装置的潜在影响

2017 年 10 月 18 日，中国共产党第十九次全国代表大会在北京隆重召开，习近平代表第十八届中央委员会向大会作报告。党的十九大报告中指出，"创新是引领发展的第一动力，是建设现代化经济体系的战略支撑"（习近平，2017）。技术进步和创新正成为各国提高综合实力和核心竞争力的主要途径。2022 年 5 月 18 日，国家主席习近平在庆祝中国国际贸易促进委员会建会 70 周年大会暨全球贸易投资促进峰会上发表视频致辞。习近平强调，中国扩大高水平开放的决心不会变，中国开放的大门只会越开越大（新华社，2022）。作为负责任的大国，如何在开放的全球环境与复杂的国际局势下保障创新驱动发展战略深入实施，已成为新形势下我国科技管理的重要议题。

我国早在 2018 年就已经明确提出了《积极牵头组织国际大科学计划和大科学工程方案》，这是中国为全球重大科技议题作出的重大战略部署。不过需采取何种科技管理措施，才能使我国通过这些大科学装置，既能应对开放科学的冲击和国际合作中的复杂风险，又可实现这类设施的预期目标，推动我国科学家取得世界一流的成果，目前对这一问题尚缺乏深入研究。

近年来，开放科学的快速发展已引起广泛关注。国外相关研究表明，开放科学可能带来基础研究的变革以及知识生产模式创新的变革，并对经济和社会发展产生重大影响。随着我国进入创新驱动经济高质量发展阶段，如何在开放科学的情境下，通过优化方法来提升大科学装置的运行管理绩效，理应成为学界和决策部门关注的重要问题。

第三节　我国大科学装置的开放共享的进展与问题

大科学装置建设是国家基础能力建设的重要组成部分。大科学装置的开放共享对促进基础研究与技术创新均具有较大的推动作用。高校、部分科研院所、企业研发机构及公共研发平台都是大型科学仪器的拥有者。但是从开放科学情境去研究中国大型科学仪器共享机制的还比较少。我们也需要思考，当开放科学成为一种政策语境，中国大科学装置的共享机制应该做出什么样的调整，以适应开放科学发展的需求。

一、大科学装置的开放共享研究进展

国内外学者围绕大科学装置的数据治理、大科学装置的开放共享问题展开了研究。

有学者提出，大科学装置的公共属性和资源稀缺性决定了其本质是开放共享（王德禄等，1991）。有学者强调开放共享对实现大科学装置效益的重要性（陈娟等，2016b）。有学者指出在过去几十年中，大规模研究基础设施在为科学家用户提供高度专业化的科学仪器和实验条件方面发挥了核心作用，（永久性）仪器科学家和用户之间的合作是这些组织的核心，并分析了大型科研基础设施中的科研合作的合作类型与政策含义（D'ippolito and Rüling，2019）。学者们也积极关注欧洲大科学装置的开放共享实践。CERN 支持开源代码硬件，是开放存取和针对大型强子对撞机实验的开放数据门户，开放分享和保存科学知识，可以造福所有人。还有学者分析提炼了德国大科学装置的开放管理经验，如与高校合作的科教协同，以及与外部资源开展大科学装置跨国合作时注重面向世界的开放共享等，建议借鉴这些经验来完善中国大科学装置的开放共享评价机制（王慧斌和白惠仁，2019）。

大科学装置已经是数据驱动型科研范式的重要体现。科学数据的开放与共享是科学数据效益最大化的必要条件（Micheli et al.，2020；Janssen et al.，2020）。除了大科学工程曼哈顿计划和国家空间计划，国际地球物理年等大科学计划为科学家们提供了一种数据驱动型的科学发展模式（Aronova et al.，2010；OECD，2013）。

我国从 20 世纪 90 年代启动了科学仪器共用共享工作，重点解决我国大型仪器设备管理中存在的管理封闭且分散、重复建设、开放程度不高、利用率偏低、使用效益低下等问题。经过多年的积极尝试和发展，逐步形成了以全国大型科学仪器设备协作共用网为代表的通用仪器设备开放共享体系。迄今为止，我国大型科学仪器设备资源开放共享工作主要包括四种框架模式，具体有：①国内外科研设施与仪器开放共享情况的通用仪器设备开放共享体系；②以国家大型科学仪器中心为代表的中高端仪器设备开放共享体系（综合性科学技术实验服务基地）；③以国家重大基础设施为代表的尖端仪器设备开放共享体系；④以国家重点实验室、各高等学校和科研院所为代表的合作研究体系（宋立荣等，2014）。

近年来，科研设施与仪器规模持续扩大，覆盖领域不断拓展，技术水平明显提升，综合效益日益显现。为加快推进科研设施与仪器向社会开放，进一步提高科技资源利用效率，国务院印发了《国务院关于国家重大科研基础设施和大型科研仪器向社会开放的意见》（国发〔2014〕70号）（国务院，2015），要求健全开放共享制度、标准和机制，合理布局，推进科研设施与仪器向社会开放，进一步提高科技资源利用效率。2017年9月20日，科技部、国家发展和改革委员会、财政部联合发布了《国家重大科研基础设施和大型科研仪器开放共享管理办法》（国科发基〔2017〕289号），进一步明确了开放共享工作中管理部门和单位的责任（罗亮等，2017）。

科学文献资源共享平台是利用现代网络技术整合集成各方面现有的科技文献资源，提高科技文献资源的利用率。目前，国内图书馆系统、高校、相关科研机构虽然已经建立本系统内部的科技文献数据库即查阅平台，但相关数据库往往局限于本部门或行业、本单位使用，未充分考虑科研人员更广泛的科技文献资源的需求，不同的文献资源有时需要通过多种渠道获取，因此，要集成科技文献资源，完善共享渠道。要加强专利、工艺、标准、科技研究报告等文献资源库和网络的建设，实现印刷版、电子版、网络版资源的互补，开辟利用国家和国际科技文献资源开放获取的渠道。

二、大科学装置的开放共享中存在的问题

（1）科研人员对开放数据的重视不足，大科学装置开放共享的效率低下问题，已经引起学者关注。大科学装置来源于公共财政资金，开放性是其内生属性之一。对于大多数研究人员，特别是那些使用公共资金的研究人员来说，共享不再是可选的，而是必须被视为对科学、资助机构以及最终整个社会的义务。现在，大多数资助机构、期刊和专业协会都需要一位发表物涉及某种独特资源的研究人员，要确保其他研究人员能够获得该资源。资源的创造者可以探索与请求者合作的可能性。此外，雇用和资助研究人员的机构可以改变其政策和做法，使共享成为一种更具吸引力和更可行的选择（Fischer and Zigmond，2010）。改革开放后，中国充分发挥新型举国体制的制度优势，建设起了大量一流的大科学装置。这些装置在长时间运行管理的过程中已经暴露出一些问题。开放科学在发展中面临问题，如人员思想保守、数据平台开放程度不一、管理政策滞后（何冬玲和章顺应，2021）。关于大科学装置开放共享的水平，研究者已发现中国大型科研仪器存在过度配置和共享效率低下的问题，并从不同层面提出了解决方案（陈光和王艳芬，2014）。

国内大型科学仪器开放其实还是基于中国科学界的一贯传统的，开放数据主要集中于科学共同体内部。国内学者翔实地介绍了开放科学数据共享与软件共享的含

义与相关政策（黄永文等，2013；朱滢，2016），评介了欧盟开放科学的实践体系（刘文云和刘莉，2020），指出了中国数据共享实践的进展与不足。尽管在数据共享上有大的进步，但中国研究人员还无法最大限度地向全球科学界分享数据（Tenopir et al.，2012），这些原因包括时间不足和缺乏资金等因素，以及科学家对数据长期存储的质量不满（Peng et al.，2016）。

（2）对开放数据缺乏系统的管理模式。国内开放数据基本基于科研人员的自觉行为，还缺乏系统化的管理模式，且缺少一个归档和共享机制。科技部已经提出，论文发表两个月后要归档。但是，实际上操作时没有发表的数据也需要管理，现在还缺少相关的政策和管理规则，很多单位还没有相关规定。

中国科学院计算机网络信息中心构建了开放共享的云服务体系（南凯，2016）。国家基因库已经有一些开放数据、开放获取的实践，有自己的开放获取的期刊。国家基因库生命大数据平台（China National GeneBank DataBase，CNGBdb）是一个致力于生命科学多组学数据归档和开放共享的数据库平台，是国家基因库的核心功能"三库两平台"中生物信息数据库的对外服务平台，拥有国家基因库丰富的样本资源、数据资源、合作项目资源和强大的数据计算与分析能力等优势。不过，国内仪器共享也存在一些问题。深圳在仪器共享方面的情况比较差，仪器共享率不足 3%（陈凤珍等，2020）。为此，2021 年 9 月 15 日，深圳市科技创新委员会专门出台了关于《深圳市促进大型科学仪器设备共享管理办法（征求意见稿）》。

中国大型科学仪器也有一些共享经验可以向国外输出，讲好中国故事。根据FAST 数据管理政策，截至 2023 年 4 月 29 日，数据中心已开放十三批科学观测数据，包含 2019 年 4 月 1 日至 2020 年 7 月 31 日的科学观测。

（3）对大科学装置缺乏数据共享为内容的运行管理绩效评估。大科学装置的运行管理绩效也必然是重要的基础性工作。关注项目的运行管理绩效可提供对项目全生命周期中出现的复杂的管理和政策问题的分析解决方案，使项目的利益相关者和合作伙伴能够以创新的方式利用数据，促进数据驱动的决策和基于数据的政策制定。也有学者提出了治理绩效（governance performance）概念，站在公共部门的角度讨论公共财政投入的设施的全生态全周期的绩效，深入分析关键治理。还有的学者指出大型基础设施确实是经济增长和社会发展的根本驱动力，并以新颖的方式剖析了大型基础设施治理的逻辑，丰富了关于如何正确进行大型基础设施治理的学术和政策辩论，提供了对其进行特定治理主题的多学科视图（Wegrich et al.，2017）。

当前对大科学装置的评估主要有两种做法，一种是仅对大科学装置运行管理中设备和数据的共享机制与效果的评价，另一种是对大科学装置的效益进行评估。学者们已不再局限于仅仅通过统计论文、专利等科研成果来评估大科学装置的科技效益；目前已认识到对装置的综合效益进行评估的重要性，并在制定评估模型、构建"评估阶段+评估目标+利益相关者"三维评估框架与制定评估指标体系方面取得了显著进展（王婷等，2020）。目前对大科学装置效益的评估主要是一种结果导向的评估，缺乏一种过程干预和"事中评估"。

从现有研究来看，开放科学情境下中国大科学装置运行管理绩效的"黑箱"还没有完全打开，存在一系列问题：虽有学者已经注意到大科学装置运行中的设备、数据共享对提升大科学装置的科技效益的重要性，但是对大科学装置的综合效益与运行管理绩效的内在关联尚不明晰。在研究内容上，对开放科学情境中大科学装置的运行管理绩效的表现与演化特征尚缺乏深入探究。在研究方法上，欠缺围绕大科学装置运行管理绩效的文献计量和结构化访谈等工作，实证研究也亟待补充和增强。反过来，本书还可在一定程度上深化对开放科学的内涵、特征与不足之处的认识，验证开放科学在中国应用的可行性和约束条件，探索如何有效规避直接应用开放科学范式而带来的大规模风险。

第四节　推进大科学装置开放共享的对策建议

有学者针对国际上大科学装置的开放特点，提出了"明确开放要求、建立用户全程参与设施建设、运行和管理机制"等系列建议（陈娟等，2016b）。有研究者以多中心治理和协同治理理论为分析出发点，概括了我国科研设施与仪器开放共享的现状与问题，在归纳国外经验的基础上提出对策选择（李健，2016）。

一、对大科学装置的运行管理绩效进行评估

开放科学在全球迅速兴起，它为我们提供了一个科学治理的新范式的同时，也势必对大科学装置的运行管理绩效产生深远的影响。因此，在复杂的国际环境和社会背景下，特别是在开放科学这一行为增量的影响下，我们必须思考如何才能以科学高效的方法提升大科学装置的运行管理绩效，从而保障我国大科学装置不仅满足中国本土科技需求，也为解决人类永续发展所面临的难题做出贡献。

提升大科学装置的运行管理绩效，对于改进大科学工程对基础研究的牵引作用具有重要意义。开放科学将对全球包括中国在内的科技发展产生深远影响，需要我们去辩证分析和科学对待。前瞻性地剖析开放科学对大科学装置运行管理绩效可能带来的影响与挑战，结合中国特色的科技治理环境，以科学方法优化我国大科学装置的运行管理绩效，不仅可以提升大科学装置的综合效益，避免重复投入和资源浪费，还可增强我国大科学装置对开放科学情境的适应性，进一步产出有国际影响力的科学成果，提升我国科研诚信度，巩固和提高我国作为负责任创新大国的国际影响力。相

比于增加绝对投入，以优化大科学装置运行管理绩效的方法来提升其综合效益，显得切实而重要。

二、将数据开放共享贯穿大科学装置管理的全生命周期

现有大科学装置往往比较重视在装置运行管理期的设备开放共享与数据治理，不过开放科学对大科学装置各个阶段的数据管理都提出了高要求。学者们已经注意到大科学装置产生的海量数据已经对科学计算、数据分析和管理提出巨大挑战，需要建设高水平的数据处理和计算平台（陈刚，2018），建立大规模数据中心，对数据进行可持续存储、管理、分析和处理（陈刚，2014；The DPHEP Study Group，2012），除此之外，还应注意极大发挥数据作用的策略问题（陈刚，2018）。在大科学装置的预研期、建设期、调试期以及设备升级改造与退役期已产生大量前期基础科研数据、工程技术数据等，对这些数据与成果的共享和管理都是现有大科学装置运行管理绩效所忽略的。

以开放数据为抓手，推动大型科学仪器的管理绩效提升。关于数据管理计划，美国和欧洲都在强调，申请项目时就要列明数据管理计划是怎样的。大型科学仪器共享的行动主体是多元的，既包括单位，也包括个人，既包括科研人员，也包括不从事科研的普通公众。欧洲科研开放获取基础设施项目（OpenAIRE）是由欧盟第七框架计划（Seventh Framework Programme，FP7）资助的一个三年期（2009 年 12 月至 2012年 11 月）项目，其目标是实现和维护"欧洲开放获取学术交流数据基础设施"。国内学者们对欧洲科研开放获取基础设施项目进行了研究，总结成功建设经验，从而为国内开放获取知识库建设与发展提供参考。学者们认为，欧洲面向开放科学的内容建设模式，包括重视研究数据的开放，建设一个全球开放获取知识库合作网络平台，支持开放获取的政策执行、监管的服务功能以及自上而下、统一管理、分工合作、协同共建的管理模式是值得国内学习借鉴的（孙茜，2019）。

开放科学的不同要素对大科学装置的数据治理及其运行管理绩效进行约束。"开放数据"要求大科学装置在其全生命周期开展数据管理计划，并向更广泛群体开放。"开放获取"要求大科学装置推进成果归档管理、数据共享与治理，考量已开放获取的数据的价值与效益。"开放可重复性研究"则要求提供可重复性研究使用的数据与成果，优化多元利益相关者行为管理与评价，增强溢出效应。"开放同行评议"则更注重构建更广泛的同行评议主体，加强科研诚信建设。开放科学还将影响我国牵头组织大科学计划/工程过程中在科学数据、人才交流、开放共享领域的运行管理绩效。

三、完善对于大科学装置的数据整理与开放程度的相关考核

以往人们在对大科学装置开展评估时，主要关注的是其科技论文、专利所表征的科技效益，但是对开放科学情境下大科学装置的数据管理与开放程度的考核，尚缺乏

足够的重视，也没有制定出比较明晰和严格的评估标准。也有学者注意到大科学装置档案管理存在明显缺陷，需要将档案视作数据资源进行电子化（张丽瑛等，2013；赵旌含等，2020；安淼和刘娜，2017），建议把大科学装置的数据整理与开放程度明确列入对大科学装置的考核目标。

我国政府需制定更好的激励和奖励措施，引导科学家改变他们的行为和文化，认识到需最大限度地发挥数据对社会和其他研究人员的有用性。此外，我们也应考虑推动更多社会力量参与到大科学装置的开放数据和共享服务中来，让更多的大科学装置得到更大程度的共享，并使这些大科学装置的数据能够得到最大化的利用。

第十一章　中国牵头组织国际大科学计划和大科学工程研究

第一节　研究必要性与文献综述

一、研究必要性

具有牵头组织和实施国际大科学计划和大科学工程的能力，在一定程度上表征着一个国家的科技软实力与国际影响力。欧美国家曾纷纷组织实施国际大科学计划和大科学工程。我国作为一个发展中国家，共同发起、组织实施和积极参与国际大科学计划和大科学工程是参与国际科技治理的一个重要平台和机制。

这些大科学装置是国家科技布局的重要利器，在提升人对自然的认知能力、解决国家发展的重要问题、促进产业技术突破和抢占科技领域高地等方面扮演着不可或缺的角色，也是我国开展国际科技交流的重要通道。20世纪后半叶以来，这些具有国际合作性质的大科学工程、大科学装置对人类文明、经济发展、社会进步产生重大影响，在国际科技实力竞争态势之下，大力发展重大设施建设是各个国家提升创新能力的重要任务与迫切需求。

改革开放以来，我国以发展中国家的身份有重点地选择参与国际大洋发现计划（International Ocean Discovery Program，IODP）、人类基因组计划、ITER计划、地球观测组织（Group on Earth Observations，GEO）和SKA等一些国际大科学计划和大科学工程，在基础理论研究、重大关键技术突破等领域，我国逐步实现了由学习跟踪向并行发展的转变。与此同时，相继启动建设了同步辐射光源、ITER、FAST等数十个国家重大科技基础设施，积极探索以我国为主的国际合作。

牵头组织国际大科学计划和大科学工程是党中央作出的重大战略部署。2015年10月，党的十八届五中全会公报首次提出："深入实施创新驱动发展战略，发挥科技创新在全面创新中的引领作用……积极提出并牵头组织国际大科学计划和大科学工程。"（新华社，2015；国务院，2018）这是党中央审时度势，对科技创新工作提出的新的更高要求。2016年5月，中共中央、国务院印发了《国家创新驱动发展战略纲要》，部署了体现国家战略意图的重大科技项目和工程。2016 年 8 月国务院印发的《"十三五"国家科技创新规划》，明确提出了未来五年国家科技创新的指导思想、总体要求、战略任务和改革举措，其中对组织实施国际大科学计划和大科学工程作出战略部署。2018 年 3 月，国务院正式印发《积极牵头组织国际大科学计划和大科学工程方案》（简称《方案》）。《方案》提出，"到 2020 年，培育 3—5 个项目，研究遴选并启动 1—2 个我国牵头组织的大科学计划，初步形成牵头组织大科学计划的机制做法，为后续工作探索积累有益经验"。2018 年 6 月，党的十八届五中全会亦强调要"积极提出并牵头组织国际大科学计划和大科学工程"。上述《方案》和《"十三五"国家科技创新规划》体现了党中央和政府审时度势的重大战略决策。本章将在对"十三五"时期我国牵头组织国际大科学计划、大科学工程的进展情况及效果做总体评估的基础上，分析"十三五"时期我国组织开展国际大科学计划、大科学工程中存在的问题，并对我国"十四五"时期如何加强国际大科学工程建设提出政策建议。

随着全球科研活动的高度组织化和专业化，国际大科学计划和大科学工程已成为解决全人类基本科学问题的关键组织形式；也是世界科技创新领域重要的全球公共产品，以及世界科技强国利用全球科技资源、提升本国创新能力的重要合作平台。中国提出并牵头国际大科学计划，是一个国家综合实力和科技创新竞争力的重要体现，将为解决世界性重大科学难题提出中国方案、发出中国声音，不过，毕竟我国组织实施国际大科学计划和大科学工程的时间较短、经验不足，需要我们去系统梳理和反思。

本章对"十三五"时期组织实施国际大科学计划和大科学工程的重点任务完成情况、影响和作用、保障机制及"十四五"时期拟部署的重点任务进行研究，对重点大科学工程的经验与教训进行深入的案例研究，思考组织大科学计划与国家自主创新之间的关系，对于改善和提高我国组织实施国际大科学计划和大科学工程的影响，推动"十四五"规划制定及相关国际大科学工程的顺利实施，具有重要意义。

虽然 2018 年提出的《方案》倡导我国要牵头组织国际大科学计划和大科学工程，但是其实"十三五"以来，甚至 2018 年《方案》颁布以来，我国还并没有自己纯粹意义上组织牵头的国际大科学计划和大科学工程。因此本章的研究范围，包含了我国组织、参与的国际大科学工程，以及为牵头组织国际大科学计划/工程做的前期准备工作共三种情况。

因为国际大科学工程的筹备和决策阶段往往要持续一二十年的时间，本章中探讨的"十三五"时期我国组织或参与的国际大科学工程，基本上都是"十一五"时期就批准建设或开始建设的。不过，也会有少数国际大科学计划或大科学工程，是中国在"十三五"时期新提出来的，由我国牵头组织或计划的大科学工程。对上述这些对象的研究，可以为研究和探索"十四五"时期我国如何牵头、组织和实施国际大科学计划、大科学工程提供思考。

本部分拟根据上述《方案》要求，聚焦"十三五"时期我国组织实施国际大科学计划和大科学工程进展情况，旨在研究评估"十三五"期间相关工作进展，并为"十四五"规划相关工作。已初步梳理出4项纳入"十三五"规划的国际大科学计划和大科学工程（表11-1）。

表 11-1　部分我国参与、组织实施的国际大科学计划和大科学工程

序号	名称	形式	进展与影响
1	ITER 计划	参与	解决了聚变工程领域若干技术难题，大幅度提升了 EAST 装置性能，推动中国聚变工程实验堆（China Fusion Engineering Test Reactor，CFETR）预研及其项目进展，积极争取承担更多 ITER 计划的研制和运行任务（中国科学院合肥物质科学研究院，2020）
2	SKA	共同发起	2021 年正式进入建设阶段（新华社，2018）。上海天文台正牵头推进中国 SKA 区域中心原型系统建设（张建松，2019）
3	GEO	共同发起	我国专家团队广泛参与了 GEO 工作计划，涉及生态、环保、农业、林业、水利、地震、气象、海洋、国土等诸多行业领域，牵头主持或深度参与了亚洲及大洋洲全球综合地球观测系统（Global Earth Observation System Of Systems，GEOSS）、非洲 GEOSS 等区域 GEOSS 项目，在数据共享和可持续发展等核心议题中表现活跃，参与构建综合地球观测领域全球合作体系（科学技术部，2017a）
4	IODP	参与	中国组织国际科学家在南海实施多个中国 IODP 航次。2019 年 4 月，GEO 秘书处与科技部签订了合作谅解备忘录，为中国更好地参与以及在 GEO 中发挥更加重要的作用奠定了坚实基础（科学技术部，2012a）

有些可称为国际大科学计划或国际大科学工程的项目，实际上却并未被纳入"十三五"国际大科学计划和大科学工程（表11-2）。

表 11-2　未纳入"十三五"的国际大科学计划与大科学工程

序号	项目	形式	进展与影响
1	人类基因组计划	参与	1994 年
2	伽利略计划	参与	2003 年开始合作谈判，中国退出伽利略计划后开始全面研究北斗导航
3	人类脑科学计划	参与	2001 年 9 月正式加入
4	大亚湾中微子实验室	牵头	"大亚湾反应堆中微子实验发现的中微子振荡新模式"获得 2016 年国家自然科学奖一等奖
5	FAST	牵头	2020 年 1 月 11 日，FAST 顺利通过国家验收
6	国际子午圈大科学计划	参与	空间环境地基综合监测网（子午工程二期）

二、国内外研究动态综述

（一）国内外组织实施模式研究

科技部原副部长黄卫指出，一个能够成型并持续走下去的国际大科学计划应该具备 5 个"特质"：一是大科学计划的强大号召力；二是我国在这个领域的研究要有

一定的基础，在国际同行要有重要影响的研究成果；三是国内有一批科学家拥有畅通的国际合作渠道；四是国际专家合作意愿高；五是国内行业内部合作通畅（佚名，2018b）。

由于我国在牵头组织国际大科学计划和大科学工程方面几乎是空白的，在具体操作层面，尤其在具体事务的执行方面，科学家也存在很多疑问。我国学者王玲（2018）等调查研究了现有国际大科学计划和大科学工程的设立和运行机制，分析在其实施过程中存在的问题，总结了国际大科学计划和大科学工程的实施经验和教训（王玲，2018），为我国政府相关部门在"十三五"期间推进国际大科学计划和大科学工程工作提供了参考。

国际大科学工程是集合了前沿技术研究与实践的综合平台，同时也是当前国际社会能集中产生众多重要知识产权成果的最佳方式之一。日本是以知识产权立国的国家，王学睿（2013）通过介绍日本参与国际大科学工程的策略和知识产权保护的做法，为国内有关人士提供参考。

仲东亭和常旭华（2019）聚焦国际大科学计划，首先分析了其对发起国、参与国的重要意义；其次，以联合国组织和发达国家牵头的典型国际大科学计划为研究对象，从过程管理视角探讨其在计划酝酿、计划发起、组织搭建、技术实施四个环节的关键点和管理事项；最后，针对中国未来可能发起的国际大科学，提出有针对性的政策建议。

仲东亭和常旭华（2019）指出随着全球范围内科研活动组织化与专业化的提高，国际大科学计划已经变为解决全球性基本科学问题的关键性组织形式。他们对典型国际大科学计划的过程管理体系进行了分析，还分析了国际大科学计划对发起国、参与国的重要意义；并以联合国组织和发达国家所牵头组织的典型国际大科学计划为对象，从过程管理视角探究在这些国际大科学计划的酝酿、计划发起、组织搭建、技术实施四个环节的关键节点与管理事项。他们还就未来中国牵头组织国际大科学事宜提出了有针对性的政策建议（国务院，2018）。

（二）典型案例研究

ITER计划的组织管理已经吸引学者们开展了深入的案例研究。ITER计划的组织管理是目前全球规模最大、影响最深远的国际科研合作项目之一，建造约需10年，耗资50亿美元（1998年值）。ITER装置是一个能产生大规模核聚变反应的超导托克马克，俗称"人造太阳"。石聪明和王锋（2018）简要介绍了国际大科学中ITER计划的发展历程、目标以及中国参与ITER的历程、目标和任务，着重对中国参与ITER计划的得失进行分析。ITER的官网详细透露了该项目的组织机制，包括组织工作由其理事机构ITER理事会监督。根据ITER协议，ITER理事会负责ITER组织的推广和总体指导。它有权任命总干事和高级工作人员，通过和修订项目资源管理和人力资源条例，并批准 ITER 组织的年度预算。ITER 项目的总预算以及其他国家或组织参与该项目的情况也由 ITER 理事会决定。

为了更好地参与农业国际大科学计划，彭晨和陈天金（2020）对欧盟、国际应用生物科学中心（Centre for Agriculture and Biosciences International，CABI）、法国农业科学院（Institut National de la Recherche Agronomigue，INRA）、国际农业研究磋商组织（Consultative Group on International Agricultural Research，CGIAR）4 家不同类型主体开展研究，探讨其在发起、实施相关农业国际大科学项目时的做法，分析其在顶层设计、关注领域、政策制定、经费保障、国际合作等方面的经验。并在案例分析的基础上，针对江苏省农业科学院的实际情况，围绕准确认识大科学计划的意义、选择适宜的参与路径、遴选适宜的项目储备、建立稳定的保障机制、培养及吸纳国际化人才等方面提出对策建议。

（三）国际大科学计划的贡献与发展趋势

何开焕等（2018）选取国际大科学工程作为研究对象，分别对国际大科学工程与其贡献进行解构与融合，尝试对国际大科学工程中的贡献按国别进行界定与计量，探索国际大科学工程中的国家贡献评价体系的构建方法，构建了包含物质贡献、财力贡献、人力贡献、学术贡献四个维度的国际大科学工程国家贡献评价体系，对各级指标进行了分解、定义与说明，提供了指标计算、汇总及呈现的方法，并以 ITER 计划为例进行了实证研究。

全球科学研究进入大科学时代，许多科学问题的范围、规模、复杂性不断扩大，已远远超出单一国家的承受能力，使国际大科学合作成为一种必然。近年来，我国陆续参与了一些国际大科学计划与工程，培养了一批高水平的科研和工程技术队伍，取得了一系列丰硕成果，提升了我国科技的国际影响力。包括"世界巨眼"平方公里阵列射电望远镜，为人类认识宇宙提供历史新机遇；ITER 计划努力给人类带来无限的清洁能源；人类基因组计划探寻生命奥秘。

ITER 计划由欧洲科学家于 1988 年提出，之后用 13 年的时间完成了设计工作。早在 ITER 计划处于设计阶段时，我国科学家就曾提出希望加入该计划，可惜并没有实现。2003 年，我国出于能源战略、科技创新和融入国际社会等维度的考虑，正式做出了加入 ITER 计划的决定。中国国际核聚变能源计划执行中心主任罗德隆指出，中国希望未来能引领聚变国际大科学工程。我国在参与完成 ITER 项目之外，也在规划建造自己的 CFETR。为此，科技部专门成立了总体设计组。从聚变的发展历程来看，国际合作必不可少，我国也需要建设相关国际创新合作平台，并积极听取国际专家对我国设计建造 CFETR 的建议。我国也希望 CFETR 能为全世界聚变科学家搭建一个合作平台，为世界聚变发展贡献"中国智慧"（葛维维，2018）。但是，大科学工程项目在执行过程中必然面临很多不确定性。

（四）工作保障机制研究

中国科学技术协会副主席、中国科学技术大学常务副校长、中国科学院院士潘建伟曾指出国际大科学计划要有更灵活的支持机制，并提出三点建议。一是我国目前国际合作项目的开放程度仍显不足，束缚了我国主导国际大科学计划的能动性。建议借鉴国际经验〔比如美国国防部高级研究计划局（Defense Advanced Research Projects Agency，DARPA）的前沿基础研究项目，都是面向全球公开招标并提供经费支持〕，对于我国主导的国际大科学计划中某些任务，允许经费划拨到海外，由国际上的优势研究力量帮助我国完成，同时共享知识产权。二是某些战略性领域，由于各国政策不同，一些国外的先进技术难以引进到国内。建议在国际大科学计划的框架下，根据具体情况允许在海外建立联合研究中心，便于及时引进国外的先进技术。三是目前我国国际大科学计划中长期外派人员的出国政策还存在空缺（人民政协报，2016）。

（五）关于新型举国体制的研究

党的十九届四中全会以后，科技举国体制问题再次成为学界焦点，但长期以来学界对科技举国体制的认识存在分歧，因此对其理论分析研究非常必要。雷丽芳等（2020）从"科技举国体制"概念的由来和内涵特征入手，阐释了其广义和狭义概念，并指出其具有"计划性""举国""政府主导"等特点，以及国家和项目两个层次的内涵特征。分别探讨了"科技举国体制"在苏联、美国和日本的不同表现形式，指出仿照日本模式是当前中国构建新型科技举国体制的一种策略。他们认为，从历史发展来看中国科技组织管理架构，其综合了苏联、美国、日本三个国家的科技组织架构的特征，极具中国特色，也应注意到中国科技体制尚存不少待完善之处。参照日本建立"国家创新系统"下的共同研究制度，建立中国特色的国家创新体系，不失为一种战略选择方向。

综上所述，国内外关于组织实施国际大科学计划和大科学工程已经有了一定的研究，基本集中于实施条件、组织模式、典型案例研究、保障机制等几个方面。但是对于"十三五"期间我国组织实施国际大科学计划和大科学工程的重点任务完成情况、影响和作用、保障机制及政策建议等，尚未见系统梳理、统计，也尚缺乏系统深入的政策性研究，以便总结经验，反思不足，为"十四五"时期拟部署的重点任务进行准备。

第二节　"十三五"期间的成效与影响

"十三五"时期，我国共同发起、参与了部分国际大科学计划和大科学工程的建设，主要分为列入《"十三五"国家科技创新规划》的项目、"十三五"时期启动的项目以及"十三五"时期部署的重点专项与培育项目。我国作为一个发展中国家，作为一个被世界知识产权组织首次列为创新前沿的国家，参与、共同发起乃至牵头组织国际大科学计划和大科学工程是我国参与国际科技治理的一个重要平台和机制。在"十三五"时期，我们通过参与或牵头国际大科学计划和大科学工程参与到国际科技治理、创新治理中，既有成功的经验，需要我们巩固和增强优势，也有失败的教训，需要我们去反思和改进。

一、列入《"十三五"国家科技创新规划》的项目有所成效

《"十三五"国家科技创新规划》实施情况显示，"十三五"以来，我国以发展中国家的身份，共同发起或参与的国际大型科学计划（工程）有4项，均有所成效。

（一）ITER 计划

1. ITER 计划概况

ITER 是当今世界规模最大、影响最深远的多边国际科技合作项目之一。ITER 是国际科研合作项目之一，建造约需 10 年，耗资 50 亿美元（1998 年值）。我国是该计划重要的参与者和建设者。科技部积极支持中国在相关领域的政府间国际合作，作为中方参与国际大科学计划/工程的协调机构，推动了我国加入 ITER 的决策。

ITER 装置是一个能产生大规模核聚变反应的超导托克马克，俗称"人造太阳"。2003 年 1 月，国务院批准我国参加 ITER 计划谈判，2006 年 5 月，经国务院批准，中国 ITER 谈判联合小组代表我国政府与欧盟、印度、日本、韩国、俄罗斯和美国共同草签了 ITER 计划协定。这七方包括了全世界主要的核国家/地区和主要的亚洲国家，覆盖的人口接近全球一半。

2. 中国共同组织 ITER 计划的进展及贡献

我国参与 ITER 计划是基于能源长远的基本需求的。2013 年 1 月 5 日，中国科学院合肥物质科学研究院宣布，"人造太阳"实验装置辅助加热工程的中性束注入系统在综合测试平台上成功实现 100 秒长脉冲氢中性束引出。2018 年 11 月 12 日，从中国科学院合肥物质科学研究院获悉，有"人造太阳"之称的 EAST 近期实现 1 亿摄氏度等离子体运行等多项重大突破，获得的实验参数接近未来聚变堆稳态运行模式所需要的物理条件，朝着未来聚变堆实验运行迈出了关键一步。2019 年 8 月，大连理工大学与 ITER 组织正式签署了《学术与科学合作协议》，成了该组织的紧密合作单位。2019 年 10 月，大连理工大学与 ITER 组织、中国国际核聚变能源计划执行中心三方共同签署了《ITER 项目合作人执行协议》。2020 年 6 月，该校物理学院副教授王丰作为首位中国科学家正式加入 ITER 组织项目核心物理模拟研究团队，参与承担该项目的集成模拟平台关键建设任务（杨毅，2020）。

即使在比较紧张的国际局势下，中方在参与 ITER 的国际合作时依然比较顺利。2019 年 7 月，由中核集团中国核电工程有限公司牵头，核工业西南物理研究院等参与，携手法国法马通公司等单位组成国际联合体，以工程总承包形式正式中标在法国建设的国际热核聚变实验堆 TAC1 安装标段。2020 年 7 月，习近平总书记向 ITER 计划重大工程安装启动仪式致贺信。迄今为止，中国已经突破和掌握了一系列未来建造聚变堆必备的核心技术，也推动了超导材料和聚变产业的发展（科学技术部，2017b ）。现在国内西部超导材料科技股份有限公司已经可以生产超导材料，并打入国际市场。

ITER 计划是中国以平等伙伴关系来参与的国际合作任务。科技部中国国际核聚变能源计划执行中心在管理时不仅要符合国家的要求，也要对接国际组织的管理要求（图 11-1 ）。ITER 项目在法国建立，职员在全球招聘，ITER 计划用系统思维提出具体的管理要求。"十三五"期间主要是工程建设，我国也引进了国际项目管理的思路。

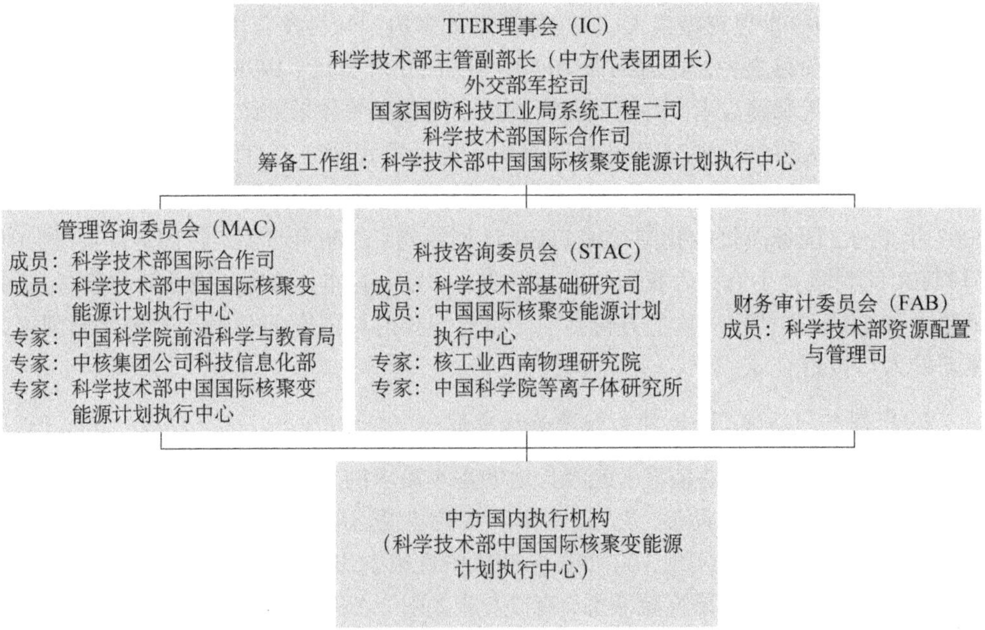

图 11-1　中国政府层面参与 ITER 组织管理图
（中国国际核聚变能源计划执行中心，2018）

在对国际大科学计划的稳定支持方面，为了让中国的研究力量有条件加入国际项目，2007 年科技部通过"973"计划（含重大科学研究计划）、"863"计划进行支持。2017 年，国务院特别同意设立科技部 ITER 计划专项（国内研究）进行支持，目的是掌握技术，培养人才。该 ITER 计划专项面向全国发布指南，由教育部、中国科学院、中国核工业集团有限公司、中国工程物理研究院在本单位职能和业务范围内推荐,也设有人才专项。2015 年,科技部 ITER 计划专项已经并入了国家重点研发计划,针对核聚变设立了国家重点研发计划政府间国际科技创新合作专项磁约束核聚变能发展研究。科技部 ITER 计划专项是由科技部提出对 ITER 项目的相关技术要求后,找第三方——中招国际招标有限责任公司进行招投标工作和财务工作,招投标工作结束后由科技部继续进行管理工作。现在国内重点研发项目核聚变指南每年有七八个竞争性的项目,鼓励全国来参加,中国科学院等离子体物理研究所每年能申请到几个项目,但是数量不确定。一个大项目有很多课题,下设足够多的联合申请与参与单位。

科技部中国国际核聚变能源计划执行中心主要从事我国参与 ITER 的事务性工作,承担我国 ITER 计划专项的组织实施。科技部中国国际核聚变能源计划执行中心的管理有其独特性,因为要完成 9.1% 的任务,针对性较强。它以招投标的形式,要求合同乙方承接部件制造,及时报告与 ITER 与合同任务的执行情况,包括进度、质量和风险管理。中国科学院条件保障与财务局等对中国科学院内的合同乙方提供支撑,在具体事务上进行管理协调。中国科学院等离子体物理研究所参与核聚变研究的国内研究时,由中国科学院条件保障与财务局、前沿科学与教育局这两个职能部门在业务上进行直接管理,与科技部相关部门直接对接。

ITER 装置的部件被拆分成 22 个采购包、97 个子包。中国共分配有 6 个采购包,包括 12 个子包。按 ITER 分配原则所占比例约 9%,总 KIUA [①] 值 241.26。按照 ITER 国际组织(International Organization,IO)的算法,以 ITER 标准单位来计算工程量,这个标准单位是 IUA(ITER 核算单位)(中国国际核聚变能源计划执行中心和核工业西南物理研究院,2015)。

在国内管理方面,中国科学院等离子体物理研究所设有大科学装置处,指定了详细的管理规范,每年进行考核,每年就拟开展的实验申报机会啊。中国科学院条件保障与财务局按年度拨付运行费。2018 年 1 月 3 日,国家发展和改革委员会宣布聚变堆主机关键系统综合研究设施在合肥集中建设,这是合肥综合性国家科学中心首个落地的国家大科学装置项目。该设施主要为下一代聚变堆的超导磁体和偏滤器系统提供研究和环境,保障我国聚变堆核心技术发展的先进性、安全性和可靠性,加快聚变能实际应用的进程。

CFETR 已经立项,目标是建设中国自己的工程实验堆。CFETR 项目于 2017 年 12 月 5 日在合肥正式启动工程设计,中国核聚变研究由此开启新征程。CFETR 计划分三步走,完成"中国聚变梦"。第一阶段到 2021 年,CFETR 开始立项建设;第二阶段到 2035 年,计划建成聚变工程实验堆,开始大规模科学实验;第三阶段到 2050

---

① KIUA 为项目的费用估算单位,1KIUA=100 万美元。

年，聚变工程实验堆实验成功，建设聚变商业示范堆，完成人类终极能源。

关于 ITER 相关的项目，中国科学院等离子体物理研究所都是通过中国科学院上报国家重点研发计划"大科学装置前沿研究"等重点专项。2011 年，科技部组成了一个国际磁约束聚变设计工作组，2014 年支持初步设计，2018 年完成了第一个工程设计。最终要在中国建立自己的聚变工程实验堆，实现商用。我国有清晰的磁约束发展规划图，正努力在这个方面引导国际发展。

3. 中国共同牵头与参与组织 ITER 计划的效果

总体来看，我国通过全面参与 ITER 计划国际组织管理，提升我国核聚变能源研发能力；以参加 ITER 计划为契机，带动更多国内相关机构参与国际研发，提升我国参与大科学工程项目管理的能力，树立我国参与国际大科学工程项目管理的典范。

参与研制 ITER 计划的一些部件，可以享受 ITER 计划所有的知识产权，并有可能在合作过程中全面掌握聚变实验堆的技术，达到中国参加 ITER 计划总的目的。通过派中国科学家到 ITER 工作，可以在那里学到很多有益的经验，包括大型科研的组织管理等，并有可能用比较短的时间使得中国聚变研究的整体知识水平、技术能力得到一个大的提高，到 ITER 计划结束的时候与其他国家基本接近。再配合国内安排必要的基础研究、聚变反应堆材料的研究、聚变堆某些必要技术的研究等，则有可能在较短时间、用较小投资使中国核聚变能研究在整体上步入世界先进行列，为中国自主地开展核聚变示范电站的研发奠定基础，确保 30 年以后中国的聚变研究能够真正地走到世界前沿，其标志是中国具有独立的设计和建造聚变示范堆的技术力量和聚变工业发展体系，这也是中国参加 ITER 计划最主要的目标。建设热核聚变实验堆在通向聚变能商业化的道路上是必不可少的一步，参加 ITER 计划是推动中国聚变能研究开发的重要战略步骤。

ITER 的建设是核科学技术、超导技术、大功率微波技术、等离子体技术、高功率离子源技术、复杂系统控制技术、机器人技术、精密加工技术、先进材料、反应堆包层及氚工艺技术等的综合集成。通过参加 ITER 计划，能够更多地接触到世界先进国家的高技术，从而推动中国高新技术研究的发展。参加 ITER 计划可以对中国重大基础研究和高新技术的发展起到推动作用。根据 ITER 计划的运作规则，中国在今后 10 年对 ITER 的投入中，80%的费用可以用中国自己制造的实物和设备交付，这部分投入用在国内，有利于带动国内相关技术产业的发展。

参与 ITER 的建设和实验，有助于全面掌握 ITER 的知识和技术，培养一批聚变工程和科研人才。ITER 是一个国际大科学合作项目，参与 ITER 计划有利于大幅度提升中国在科学技术领域参与国际合作的层次；有利于中国学习和掌握大型国际科学工程项目的建设、管理、运行和维修经验；有利于锻炼和造就一批高水平、高素质的科研人员、工程技术人员和管理人员；有利于进一步促进科技领域的对外开放。因此，中国全力参与ITER国际合作，可以迅速提高中国的研究水平，使中国的聚变研究队伍和水平能够适应于将来独立发展中国聚变能事业的要求（中国国际核聚变能源计划执行中心和核工业西南物理研究院，2015）。

参与ITER计划也显示了中国作为一个核大国对世界前途负责的态度。中国聚变研究的中心目标，是促使核聚变能在可能的条件下尽早在中国实现。因此，参与ITER计划应该也只能是中国整体聚变能研发计划中的一个重要组成部分。国家将在参与ITER计划的同时支持与之配套或与之互补的一系列重要研究工作，如托卡马克等离子体物理的基础研究、聚变堆第一壁等关键部件所需材料的开发、示范聚变堆的设计及必要技术或关键部件的研制、实验包层模块（test blanket module，TBM）计划等。参与ITER计划将是促进中国聚变能研究跨越式发展的一个重大机遇。

（二）SKA计划

SKA同FAST、LAMOST一样，均是我国主持建设、参建的大型望远镜。从LAMOST到FAST，再到SKA，呈现出我国牵头研制的大型天文望远镜在科学问题设定、工程技术难题攻克和人才培养等方面既前后延续又互有差异的发展过程。

1. 中国是SKA的创始成员国之一

SKA计划始于1993年。2018年2月6日，SKA首台天线样机在河北石家庄正式启动，这标志着由中国主导研制的SKA反射面天线即将进入正式建设阶段。2019年3月12日，中国、澳大利亚、意大利、荷兰、葡萄牙、南非、英国七个创始成员国在意大利罗马正式签署了SKA天文台公约。2019年7月10日，国际大科学工程——平方公里阵列射电望远镜全球总部在英国柴郡桥卓尔班克落成并正式交付使用。2019年8月16日，SKA预计2020年启动建设。作为创始成员国，中国除了参与研发这个超级望远镜的部分天线，也在为建设区域数据中心积极开展准备工作。项目预计于2024年前后完工。

2. 中国从参与LT到建设FAST

由于大科学装置在同一科学领域有较多同类设施，因此在工程建成后同行与公众层面都会进行同类比对。将SKA与国内外经典案例进行横纵分析，从发展沿革到研究模式再到未来展望进行重点聚焦，对于我国更好地实施国际大科学计划和大科学工程有重要启发。

致力于扩大和改进数据采集和分析结果，阿雷西博射电望远镜自建立以来经历了多次修改和升级（Tepley，1997）。目前，阿雷西博射电望远镜的下一步仍在讨论中，但其经验确实可以为 FAST 项目的运行、维护和未来退役过程提供很多参考。

FAST 和 SKA 计划均源自 1993 年东京召开的射电天文学国际会议上提出的 LT，LT 致力于宇宙起源和宇宙间基本力两大方面的科学目标。当时中国想作为主要参与国，利用中国西南地区喀斯特地貌的优势，把建设地址放在中国，并先建设一个 FAST，筑巢引凤。但是后期将 LT 建设地址定在中国的努力不幸失败，中国天文学界决定依靠自身力量建设大型射电望远镜打造国之重器 FAST。FAST 工程在经费方面也超出了预算，由 6.7 亿元升至 12 亿元（陈近梅和王培，2017），在预研方面，相比于 LAMOST 的惊险转型，FAST 花费了大量的时间精力，统筹多学科领域人才技术进行了全面系统、长达 13 年的预先设计研究。在成果方面，FAST 在达成预期目标的基础上还提高了个别指标性能。LT 在功能性质和观测目标等方面与 FAST 有一定重合，而且与 FAST 一样在结构、技术和过程等方面具备复杂性特征。

3. FAST 与国内大型光学望远镜 LAMOST 的比较

大科学装置的评估除了要求短期评估的指标实现，也需要长期的影响分析与跟踪评价。在注重二者平衡的同时，工程评估也应突破以往注重经济效益的评价标准，从复杂性考量出发多维把握工程的实际价值，对工程进行全面系统的科学评估。同类设施的横纵对比为工程的评估分析提供了权威的实际材料，因而工程在实现自身突破的同时，也应通过与国内外同类大型装置的横纵分析总结经验，为未来实现更多进展和可持续利用提供研究基础。

2009 年建成的 LAMOST 工程在建设中出现了诸如经费问题、预计工期缩短以及工程技术人员不足等问题（李俊峰和王大洲，2016），比如在工程经费方面，LAMOST 超出预算约 1/4（樊潇潇等，2019），同时由于台址气象条件、项目的设计安装未达到设定目标等原因，LAMOST 实际获得的河外天体光谱数仅仅是原计划的 2%，实测的极限星与原计划值有较大出入（刘超，2017）。后期，LAMOST 将银河系巡天的附属任务转变为主要目标并取得了高质量成果，进而成功转型（中国科学院国家天文台，2018）。

4. 从 FAST 到 SKA

作为世界上最大的单口径望远镜，FAST 将在未来 10—20 年内保持世界一流设备的领先地位。而作为人类有史以来最大的天文学项目，SKA 预计将于 2030 年建成。国际合作存在政治风险。SKA 项目在上海制造了一个原型，中国电子科技集团公司第五十四研究所承担了该项目一期的部分天线制造，推进了国内制造技术。

当中国人沉浸在"中国天眼"快速出现的自豪中时，世界各地的射电天文学家已经开始建造下一代超级 SKA。2018 年 5 月 29 日，中国科学院院士、中国科学院国家天文台研究员南仁东的前同事武向平提到，"FAST 将保持领先地位仅十年左右。一旦 SKA 建成，无论我们喜欢与否，FAST 的领先优势最终将被取代"。就预算而言，SKA 项目的设计参数相当于 FAST 项目的十倍，噪声水平是 FAST 的两倍，且成本更高。来自 SKA 项目的数据量已经超过了人类能够处理的数据总量。因此，需要开发新的数据存储、处理和分析方法以及硬件技术。随着摩尔定律接近极限，我们不得不期待量子计算为数据处理带来新的机遇。同时，人们还注意到，随着接收器技术的进步，大口径射电望远镜可以有更大的视野。然而，SKA 也面临许多挑战，例如小口径天线更容易受到干扰。由于中国早期未能参与 LT 的建设，为了摆脱在高风险国际科技合作中被他人控制的局面，中国提出在 2018 年率先组织国际大型科学项目和大型科学项目。未来，中国天文学继续发展大型射电望远镜的一个可行途径可能是建造更多的 FAST。正如吴向平所说，我国未来射电天文设备的布局主要有两部分：一是国产，立足单口径 FAST；一是国际，就是参与干涉阵列 SKA，"自主研究与国际合作相结合，单口径与干涉阵列协调发展"（丘晨辉，2018）。

5. 影响与成效

SKA 自 1993 年启动国际合作，经二十余年的发展演变成为多国合作的国际大科学工程计划。SKA 是一个国际合作项目，截至 2023 年 4 月，其参与国已达 16 个。按照计划，SKA 第一期 300 个射电望远镜于 2019 年投入使用，预计 2024 年前后整个项目全部完工，2030 年底全面投入使用。

SKA 项目自生成至今已经过去很长的时间，而中国一开始就是这个项目的倡导者和参与者。中国作为 SKA 项目的合作方之一，自一开始就在积极地筹备研发准备工作，试图通过自身掌握的优秀技术，在更大程度上帮助项目建成获得更多的可能。

由于参与主体与技术要素多、涉及地域广，SKA 经历了长期的项目准备和科学目标凝练过程。中国作为主要参与国之一在低频孔径阵列、中频孔径阵列、信号与数据传输、中央信号处理系统和科学数据处理等关键技术领域开展技术研发（彭勃等，2017）。

在"十三五"时期，我国积极参与 SKA 计划政府间正式谈判，继续深入参与 SKA 国际工作包研发并确保我国工业界在 SKA-1 建设中的优势地位，在国内部署开展科学预研及推动设立 SKA-1 专项。

在经费支持方面，尽管在项目概念酝酿期间并未成功争取到 SKA 中国选址，但在 LT 中国推进委员会的不懈努力下，项目先后获得科技部、地方政府、院级部门等单位的经费支持和基础设施和条件供给，为项目顺利开展打下坚实的基础。2019 年，在科技部和中国科学院的支持下，我国科学家成功研制出世界上首台 SKA 区域中心原型机。

中国作为代表参加 SKA，将会在 SKA 建设过程当中真正发挥一定的积极作用，期待对后期工作的进一步积极参与。

（三）IODP

1. IODP 概况

国际大洋发现计划（IODP，2013—2023 年）及其前身综合大洋钻探计划（IODP，2003—2013 年）、大洋钻探计划（Ocean Drilling Program，ODP，1985—2003 年）和深海钻探计划（Deep Sea Drilling Program，DSDP，1968—1983 年），是迄今为止地球科学历史上规模最大、影响最深的国际合作研究计划，旨在利用大洋钻探船或平台获取的海底沉积物和岩石样品、数据，在地球系统科学思想指导下，探索地球的气候演化、地球动力学、深部生物圈和地质灾害等。[①]在 50 余年的历史中，该计划一共执行了 300 多个航次的洋底钻探任务。这些计划旨在利用大洋钻探船或平台获取的海底沉积物和岩石样品和数据，在地球系统科学思想指导下，探索地球的气候演化、地球动力学、深部生物圈和地质灾害等。

2003—2013 年，IODP 全称为国际综合大洋钻探计划（Integrated Ocean Drilling Program）。2013 年结束后，由 24 个国家参与的 IODP 提出一个新的 10 年勘探计划，该项目仍将继续使用 3 种类型的钻井平台，并改名为国际大洋发现计划（International Ocean Discovery Program），英文缩写仍为 IODP。

目前，IODP 依靠包括美国"决心号"、日本"地球号"和欧洲"特定任务平台"在内的三大钻探平台执行大洋钻探任务；年预算逾 1.5 亿美元，来自八大资助单位：美国国家科学基金会、日本文部省、欧洲大洋钻探研究联盟、中国科技部，以及韩国、澳大利亚-新西兰 IODP 联盟（the Australian&New Zealand International Ocean Discovery Program，ANZIC）、印度和巴西等相关组织。澳大利亚和新西兰于 2009 年加入 IODP，以澳新 ANZIC 的名义缴付 30%成员费，构成 IODP 的一个参与成员。从 20 世纪 60 年代的美国独家运营，到 70—80 年代苏联、英国、法国、德国、日本各国逐步加入，再到目前全球 23 个成员国共同参与，大洋科学钻探已经走过了 50 年，吸引着越来越多国家和组织的加入。

2021 年 11 月，大洋科学钻探已经在世界各大洋执行了 303 个航次，完成了 1732 个站位的钻井 4043 口，采集了超过 45.3 万米的岩芯和大量的观测数据（徐晶晶等，2022）。各国的科学家们利用这些地质资料实现了一系列科学突破，如验证海底扩张和板块构造、重建地质历史时期气候演化、证实洋壳结构、发现深部生物圈等。这些科学成就不仅让我们更加全面地认识地球的过去与现在，也为预测未来全球变化提

---

① 同济大学海洋与地球科学学院. 国际大洋发现计划[EB/OL]. https://mgg.tongji.edu.cn/10104/list.htm[2021-05-18].

供了重要参考。

2. 我国参与国际大洋计划的进展

我国于 1998 年加入 ODP，年付会费 50 万美元，成为 ODP 的首个参与成员。1999年春，由我国科学家设计、主持的南海首次大洋钻探 ODP 184 航次顺利实施，使我国一举进入深海基础研究的国际前沿。

经国务院批准，科技部于 2004 年 2 月 6 日成立中国 IODP 委员会并建立联络员制度，同时组建中国 IODP 专家咨询委员会和中国 IODP 办公室，办公室设在同济大学（图 11-2）。同年 4 月 26 日，中国以"参与成员国"身份正式加入 IODP，年付会费 100 万美元，享受相应权益。

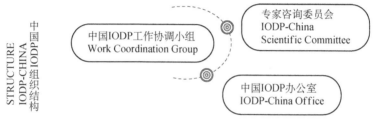

图 11-2　中国 IODP 组织结构图
（中国大洋发现计划官网，http://iodp-china.org/Data/List/zzjg）

2013 年 10 月，经习近平、李克强等国家领导人批示，我国以全额成员的身份加入 IODP，并大幅度提高资助强度，除了每年支付会费 300 万美元，还以匹配经费的形式资助 IODP 的航次，在新 IODP 运行的前 4 年（2014—2017 年），中国为 IODP 提供了 3000 万美元的资助，成为仅次于美、日和欧洲的第四大资助方。

根据新的科学计划，2013 年后的 IDOP 将包含四大科学主题和 14 种挑战。①气候和海洋变化：了解过去，预知未来。海底的沉积物岩心提供了过去气候变化的记录，可以帮助在空间和时间尺度上更好理解地球系统过程。过去的记录可以帮助检验将来气候变化预测的模型。②生物圈前沿：深部生命及生物演化的环境驱动。科学大洋钻探对于研究海洋和陆地上的生命演化非常重要，深部生物圈对于地球的环境和生命演化的作用还不清楚。③地球的相关性：深部过程及其对表层环境的影响。洋壳、俯冲带、构造成因的沉积和火山地层蕴含了深部地球动力过程的记录，这一过程控制了地球表面的形态和环境。④地球在运动：人类时间尺度上的过程与灾害。原位、现场的观测实验对于理解很多短时间尺度的地球系统过程来说至关重要（佚名，2012b）。

由我国科学家提出的 IODP 735-CPP 建议书被安排为新十年的第一个航次——IODP 349 航次，于 2014 年 1—3 月在南海执行。这是我国发展深海科技的重要举措，同济大学海洋地质国家重点实验室和中国 IODP 办公室在该航次的启航港口——香港举办了相关学术活动。

2014 年 6 月，科技部办公厅发文正式成立新一届中国 IODP 管理机构，确定了由科技部牵头的中国 IODP 工作协调小组，成立了以丁仲礼院士为主任的专家咨询委员会，并依托同济大学成立了中国 IODP 办公室。在综合大洋钻探阶段积累的基础上，于 2014 年 1—3 月成功实施了新十年 IODP 的第一个航次——南海 IODP 349 航次，后又于 2017 年 2—6 月、2018 年 11—12 月执行由中国科学家设计主导的 IODP 367/368 航次和 368X 航次，促使我国进入探索海洋成因的地球科学研究新阶段。

3. 我国参与 IODP 的影响

1998 年参加大洋钻探以来，我国已有来自 38 家单位的 140 余位科学家上船参加了 IODP 航次，中国科学家的足迹遍布世界各大洋。从 1998 年缴纳 1/6 成员费起步，到 2013 年成为每年缴纳 300 万美元的全额成员，加上近年来提供了三次大洋钻探航次的配套经费，使得中国在大洋钻探中的贡献和国际地位大幅度上升。当前，中国 IODP 正在积极推进成为国际 IODP 第四平台提供者，自主组织 IODP 航次，建设运行 IODP 第四岩芯库，进入国际大洋钻探领导层。

基于中国通过积极参与 IODP 所取得的研究成果，我国科学家近年来在《地质学》（ Geology ）、《自然通讯》（ Nature Communication ）、《科学报告》（ Scientific Report ）等一流国际期刊上发表多篇论文，提高了我国在相关科学领域的国际影响力。不过，中国提出原创性、有国际水平的国际大洋钻探航次建议的能力有待提升，目前相关建议书中，我国的参加者只有 11 人，只占全球总数的 1%（陆琦，2018）。

IODP 的钻探活动所得到的数据，包括测井信息、岩芯基概况信息、物理属性信息、化学属性信息、岩石特征、古生物化石内容等观测和实验分析结果，数据量巨大。总体来看，大洋钻探目前的数字化工作存在多个数据库间数据类型不匹配和数据检索方式单调等问题，不利于后续对于数据的再挖掘和利用。未来需要中国在内的主要参与国重视综合性大数据平台的建设，将不同来源、不同类型的多源异构数据有效融合，互联互通，并充分利用已有的大数据技术手段支撑相关的科学研究（鲁铮博等，2020）。

（四）GEO

遥感技术是 20 世纪 60 年代兴起的一种探测技术，随着世界航天技术的发展，遥感技术的应用领域发生了翻天覆地的变化，为人类生活和发展贡献了巨大力量。目前世界上只有少数具有航天能力的国家完全掌握了遥感技术，但是全世界各个国家和地区在对航天遥感数据的需求都是巨大的，主要体现在防灾减灾、气象气候观测、水资源、海洋资源、地形观测等领域。为了满足世界各国和地区在生产活动及国家决策方面对遥感技术与服务的迫切需求，遥感合作成了多数国家的选择。

1. GEO 概述

GEO 是目前在地球观测领域规模最大且颇具权威和影响力的国际组织（李素菊，2018）。20 世纪末，欧美发达国家相继投入大量资金支持地球观测系统建设，特别是以美国为代表，因为其地球观测系统建设起步早、力度大、发展快，主导并影响着全球地球观测系统的发展。从 1990 年开始，美国地球观测系统建设进入准备阶段，美国部署了一批与地球观测相关的研究项目开始实施，1999—2003 年，美国地球观测系统进入全面建设实施阶段，相继与欧洲、日本联合发射了十余颗卫星，分别承担大气、水、海洋、生物、陆地等地球综合圈层的测量和信息获取的任务。美国地球观测系统各个阶段的卫星的任务和星载传感器类型各有不同，它们有机联合成一体，共同构成地球观测系统的整体框架。

为了追赶美国的地球观测系统建设步伐，欧洲也提出了全球环境与安全监视（Global Monitoring for Environment and Security，GMES）计划。2002 年，ESA 公布了为期 5 天的地球观测系统实施计划，旨在更加有效地开发卫星和其他环境监测系统的潜力，以最大限度地满足终端用户的需求。GMES 作为完整的决策支持系统，具备采集、处理、集成和分发所有与环境、风险管理和自然资源相关的信息的功能，可以为全球用户提供遥感数据。

在地球观测技术加快发展和需求不断提高的趋势下，2002 年，在约翰内斯堡举办的"世界可持续发展峰会"呼吁全面启动地球观测系统的建设。之后，于 2003 年在华盛顿召开了第一次地球观测部长级峰会，于 2004 年在东京召开了第二次地球观测部长级峰会，并提出了《全球综合地球观测系统十年执行计划》框架。2005 年 2 月，在比利时布鲁塞尔召开了第三次地球观测峰会上批准了《全球综合地球观测系统十年执行计划》，决定组织成立 GEO，全面协调全球综合地球观测系统建设的各项活动。GEO 成立于 2005 年，目前已有 113 个成员国、143 个参加组织和 19 个关联组织。GEO 最重要的任务是建立 GEOSS，通过协调、全面、持续的地球观测，为决策和行动提供信息支持，提升人类福祉（付丽丽和孙瑜，2022）。GEOSS 的建设也从初期概念形成阶段进入了实质构建阶段。

GEO 致力于推动 GEOSS 建设，建立一个综合、协调和持续的综合地球观测系统，以更好地认识地球系统，包括大气、气候、海洋、水、陆地、地球动力学、自然资源、生态系统，以及自然和人类活动引起的旱灾等，为灾害、健康、能源、气候、天气、水、生态系统、农业和生物多样性 9 个社会领域服务，为决策者提供从初始观测数据到专门应用产品的信息服务。

目前 GEO 覆盖气象、海洋、资源、灾害和测绘领域的卫星观测系统，以航空遥感飞机为核心的空基观测系统、包含气候，大气化学、水循环、碳循环、生态观测、海洋观测、地球空间环境地基监测七大领域的地面观测系统已经初步建成，成为我国开展地球综合观测和科学研究的重要基础，并将为我国经济社会发展发挥日益重要的作用。国家 EOS-MODIS 共享平台项目的实施对推动我同地球观测系统建设、数据共享、科学研究做出了巨大贡献，天地一体化的 MODIS 数据和产品共享平台的建成是我国在地球观测系统数据共享领域所取得的突破性成果。以我国风云气象卫星数据服务系统 FENGYNCast 建设为核心的工作，不仅有力推动了 GEO 最主要成就之一的 GEONETCast 系统的形成，同时对覆盖亚太地区、非洲地区的地球观测数据服务提供了主要支撑（科学技术部，2012a）。

GEO 的管理类似于联合国机构管理模式，组织内部管理角色可大致分为决策机构、执行机构、项目实施机构以及观察监督成员。决策机构包括 GEO 部长级高峰会和 GEO 全体成员会议；执行机构包括执行委员会、秘书处、工作计划实施委员会和监测评估工作组。GEO 内所有的组织成员国都有各自归属的区域会议，GEO 的五个区域会议分别是：非洲、美洲、亚洲和大洋洲、独联体、欧洲。区域会议负责提名执行委员会成员。GEO 成员和参与组织被要求考虑为 GEO 秘书处提供借调人员，借调人员在 GEO 秘书处处长的指导下工作（罗雨微，2016）。

GEO 的资金主要通过鼓励各成员捐助或为组织内各项目贡献金融资源。GEO 的大部分工作以项目形式进行，出资资助该项目的成员国家或组织为项目资助人，其他参与该项目的成员为贡献人。项目通常由资助人领导，招募和带领贡献人共同完成。资助人会依托自有的项目，提供相关的资金与空间资源，带领贡献人共同分析、研讨完成所认领的 GEO 项目内容，资助人会把项目中的各个领域分成若干个分项任务分别完成，每个任务参与的贡献人可以不同。项目成果最终以数据库、图像、信息平台、相关产品、政策建议或数据服务等形式输出，并提供给最终用户。这些输出的最终用户包括联合国公约、环境机构、科学团体、国家测绘机构、气候团体、GEO 内部需要相关数据的任务（项目）等（罗雨微，2016）。

GEO 组织正在创建一个全球系统的 GEOSS，该系统是 GEO 开展各项工作的中心，它将全球地球观测资源连接到多个社会福利领域，以期利用这些资源做出更明智的决策。GEO 第四次部长级峰会发布了《墨西哥城宣言》，明确通过了 "GEO 十年战略执行计划（2016—2025）"，正式开启了 GEO 新十年的发展阶段，力求建立和完善 GEOSS 的地球观测数据库，主要涵盖 8 个重点领域：生物多样性与生态系统可持续性、灾害恢复力、能源与矿产资源管理、粮食安全与可持续性农业、基础设施与交通管理、公共卫生监测、城市可持续发展以及水资源管理（罗雨微，2016）。

2. 我国参加 GEO 的进展

我国是 GEO 首创国之一，2005 年 GEO 成立以来，中国作为 GEO 创始国、执委会成员国和四大联合主席成员之一，一直积极参与该组织相关工作。10 多年来，我国作为 GEO 联合主席国，与其他成员国一道协同推进 GEOSS 建设，国家遥感中心作为 GEO 中国秘书处依托单位，广泛动员和组织我国创新力量积极融入该领域的全球创新网络，构建开放创新生态，充分运用 GEO 合作机制输出服务援助，积极推进构建人类命运共同体（付丽丽和孙瑜，2022）。国务院还批准科技部结合外交部等 18 个部门组建中国 GEO 部际调和小组，协调解决我国参加 GEO 的有关重大问题。

我国在"十三五"期间，在 GEO 相关工作方面取得了显著进展。

1）构建综合地球观测领域全球合作体系，主导亚洲大洋洲区域 GEOSS 的建设，运行我国全球综合地球观测数据共享服务平台，向全球发布专题报告

中国国家测绘地理信息局在全球和亚太地理信息管理领域发挥了主导作用，中国代表在此当选联合国全球地理信息管理专家委员会共同主席，积极履行联合国全球地理信息管理亚太区域委员会秘书处的职责。实施与联合国合作的地理信息管理能力开发项目，围绕地理信息数据管理和质量控制等专题开展培训活动，选派多名技术和管理人员赴联合国相关国际组织挂职工作，加强中国及其他发展中国家地理信息能力建设。与联合国签署关于全球地表覆盖数据捐赠后续合作协议，组织开展面向发展中国家的全球地表覆盖技术与应用培训，通过 GEO 发起全球地表覆盖数据验证科学计划，共 40 个国家和机构参与。作为联合国 GEO 工作部际协调小组副组长部门，与科技部共建 GEO 中国秘书处，积极参与 GEO 事务，国家测绘地理信息局副局长李朋德当选 GEO 计划管理委员会共同主席。一批专家参与国际摄影测量与遥感学会相关事务（国家测绘地理信息局，2017）。

国家综合地球观测数据共享平台"全球温室气体监测数据合作专题服务"网站正式上线。为推动温室气体科学研究国际合作，落实《科技部国家遥感中心和欧洲空间局关于温室气体遥感监测及相关事宜合作协议》，在我国首颗全球二氧化碳监测科学实验卫星（简称"碳卫星"）成功发射四周年之际，由科技部国家遥感中心牵头、国家综合地球观测数据共享平台和国家对地观测科学数据中心联合推出的"全球温室气体监测数据合作专题服务"网站（www.chinageoss.cn/tansat）于 2020 年 12 月 22 日正式上线。该专题以碳卫星数据共享为基础，为全球用户提供全球大气二氧化碳混合比（XCO_2）和日光诱导叶绿素荧光（solar induced fluorescence，SIF）等二级产品；同时作为 ESA 授权在中国建立的首个国家级分发站点，为国内用户提供"哨兵五号"先导卫星（Sentinel-5P）、气候变化倡议项目（Climate Change Initiative，CCI）和未来

荧光探测卫星（Fluorescence Explorer，FLEX）等 11 种数据和产品的查询、下载和可视化展示服务，总数据量达到 122 太字节。该网站的开通将为我国乃至全球科学家开展全球变暖的变化规律和全球碳排放分布研究提供数据支撑（空天信息、创新研究院，2020）。

2）选择"一带一路"区域开展遥感产品生产与示范应用

国家测绘地理信息局组团赴以色列、埃及和肯尼亚测绘地理信息机构进行访问，商谈落实双边合作事项，测绘地理信息与非洲合作进一步夯实。组团访问尼泊尔、斯里兰卡和斐济测绘地理信息部门，开启与"一带一路"国家测绘地理信息合作的新领域。与英国、挪威国家测绘局开展技术交流。与智利、土耳其测绘地理信息部门双边合作协议内容进行商定。开通启用北极黄河站北斗卫星导航定位基准站。执行与巴基斯坦政府间双边合作协议，安排巴基斯坦测绘局技术人员来华攻读学位及进行在职培训，组织相关企事业单位赴巴基斯坦进行无人机遥感系统技术培训。与美国、德国、英国的高校合作，组织举办测绘地理信息管理、技术及产业发展培训。

为积极响应 GEO 第二个十年执行计划和联合国 2030 年可持续发展议程，中国还发布了《中国面向全球的综合地球观测系统十年执行计划（2016—2025 年）》。2019 年 4 月，GEO 秘书处与科技部签订了合作谅解备忘录。我国接任 2020 年轮值主席，派出 60 余人的代表团参加会议周的各种活动；同时，还宣布中方设立了政府间国际科技创新合作专项以持续性支持 GEO 工作，并向与会代表分享了中国 16 米分辨率高分卫星数据面向国际社会开放共享的最新进展。通过积极助推 GEO 的发展，中国地球观测能力得到提升，综合地球观测系统建设与数据共享加速发展，展示了一个负责任大国的担当，为我国在 GEO 中争取了更多话语权。

3. 我国参加 GEO 的效果与影响

在我国参加 GEO 之前，我国的地球观测技术，特别是在更加系统化的综合地球观测建设方面，与发达国家存在着比较大的差距。我国在 GEO 组织及相关活动中开展了大量卓有成效的工作，展示和推动了我国地球观测技术的发展，保障了我国不断跟进国际地球观测前沿技术，推进了我国综合地球观测系统的建设，也奠定了我国在 GEO 中的领导地位。

随着我国空间技术、遥感技术和空间信息应用技术的快速发展以及我国对空间信息应用需求的不断提高，我国正在面临多观测系统协同的问题。继续扩大与 GEO 的合作范围，不断加深与 GEO 的合作力度，继续全面推进我国参与 GEO 各项工作的全面开展，尽快研究和建立我国 GEOSS，使我国相关领域研究成果更好更快地融入到国际规则的制定过程当中，这既有利于我国快速形成完善的综合地球观测系统，也有利于增强我国在 GEO 中的地位，并将进一步提高我国的整体竞争力和国际话语权。接下来,我国仍需要拓展在 GEO 中的相关工作,在国家层面统一部署一系列重大研究项目,通过项目实施来引领我国遥感科学与地球观测技术的不断进步。

二、未纳入"十三五"规划的国际大科学工程取得进展

面向基础研究领域和重大全球性问题,结合我国发展战略需要、现实基础和优势特色,积极参与国际大科学计划和大科学工程。加强顶层设计,长远规划,择机布局,重点放在数理天文、生命科学、地球环境科学、能源以及综合交叉等我国已相对具备优势的领域,研究提出未来 5—10 年我国可能组织发起的国际大科学计划和大科学工程。调动国际资源和力量,在前期充分研究的基础上,力争发起和组织若干新的国际大科学计划和大科学工程,为世界科学发展做出贡献。

(一)人类基因组计划

1. 人类基因组计划的发展

人类基因组计划是一项规模宏大,跨国跨学科的科学探索工程。其宗旨在于测定人类染色体(指单倍体)中所包含的 30 亿个碱基对组成的核苷酸序列,从而绘制人类基因组图谱,并且辨识其载有的基因及其序列,达到破译人类遗传信息的最终目的。人类基因组计划在研究人类过程中建立起来的策略、思想与技术,构成了生命科学领域新的学科——基因组学,其可以用于研究微生物、植物及其他动物。人类基因组计划与曼哈顿计划和阿波罗计划并称为三大科学计划,是人类科学史上的又一个伟大工程,被誉为生命科学的"登月计划"。

人类基因组计划由美国科学家于 1985 年率先提出,由美国于 1987 年启动,美国、英国、法国、德国、日本和我国科学家共同参与了这一预算达 30 亿美元的人类基因组计划。按照这个计划的设想,在 2005 年,要把人体内约 2.5 万个基因的密码全部解开,同时绘制出人类基因的图谱。换句话说,就是要揭开组成人体 2.5 万个基因的 30 亿个碱基对的秘密。截至 2003 年 4 月 14 日,人类基因组计划的测序工作已经完成。其中,2001 年人类基因组工作草图的发表(由公共基金资助的国际人类基因组计划和私人企业塞雷拉基因组公司各自独立完成,并分别公开发表)被认为是人类基因组计划成功的里程碑。

在吴旻、强伯勤、陈竺、杨焕明的倡导下,中国人类基因组计划于 1994 年启动。最初在国家自然科学基金委员会和"863"计划的支持下,先后启动了"中华民族基因组中若干位点基因结构的研究"和"重大疾病相关基因的定位、克隆、结构和功能研究"。之后 1998 年又在科技部的领导与牵线下,在上海成立了南方基因中心(雷强,2019)。1959 年,组建中国科学院遗传研究所,1999 年,在北京成立了北方人类基因组中心。中国于 1999 年 7 月在国际人类基因组注册,于

1999 年 9 月积极参加到这项研究计划中，承担其中 1%的任务，即人类 3 号染色体短臂上约 3000 万个碱基对的测序任务。中国因此成为参加这项研究计划的唯一的发展中国家。

中国的基因组研究工作起步较晚，而且基础差、底子薄、资金少，与国际上这几年人类基因组计划的惊人发展速度相比，中间的差距很大，并且这种差距有进一步加大的可能。中国生命科学界应在如下几个方面共同努力：①尽快收集和利用中国宝贵的多民族基因组资源和遗传病家系材料，并阻止这些资源盲目流向国外；②集中人力、物力和财力，建立互相配套的，集分子遗传学、自动化技术和信息技术为一体的中心，才能卓有成效地开展工作；③根据中国国情和原有工作基础，做到有所为有所不为，走"短平快"和出奇制胜的道路，直接楔入基因组研究中最为关键的部分——基因识别，如走"cDNA 计划"道路，尽可能地克隆一大批新基因，在人类 8 万—10 万个基因中占有一定的份额，同时，由于基因组脱氧核糖核酸（deoxyribonucleic acid, DNA）测序是一项劳动和技能密集型工作，如能引进技术，培训一支高水平的技术队伍，完全有可能将人类基因组测序的一部分工作吸引到中国；④充分利用国际基因数据库中已有信息，建立生物信息技术，推进中国基因组研究工作，并在基因组转录顺序的认识及基因功能推测方面多做工作；⑤多渠道筹措资金，在维护知识产权的前提下开展国际合作。

中国已完成南北方两个汉族人群和西南、东北地区 12 个少数民族共 733 个永生细胞系的建立，为中华民族基因保存了宝贵的资源，并在多民族基因组多样性的研究中取得了成就，在致病基因研究中有所发现。定名为中华民族基因组结构和功能研究的人类基因组计划为"九五"国家最大的资助研究项目之一（700 万元），为中国在 21 世纪国际人类基因组计划科学的新一轮竞争中占据有利地位打好了基础。

人类基因组计划中包括若干个模式生物体基因组计划，中国重点支持的水稻基因组研究计划亦可划入这一范畴。模式生物体一直就是生命科学领域研究的基本模型，加之它们与人类相比基因组结构简单、单位 DNA 长度上基因密度高，易于基因的识别，而且从低等至高等的各个模式生物是研究基因分子进化的绝佳材料。各模式生物体之间的比较性研究将有助于人类基因的结构与功能的阐明。对于在整体水平研究基因的功能，模式生物体更有着无法取代的地位。

历史将中国当代科学家推上了人类基因组计划这一国际合作和竞争的大舞台，他们责无旁贷地要为供养自己的国家和人民负责，为 21 世纪中国的科学、技术和产业负责，唯有高瞻远瞩地认清当前的形势和不辞劳苦、不计得失地拼搏，才有可能在国际人类基因组计划中占有一席之地，有着交换和分享数据的资本，共同推进人类基因组这一全人类的事业。

2. 中国引领"人类表型组"国际大科学计划

2018 年 10 月 31 日，第二届国际人类表型组研讨会（2018 谈家桢国际遗传学论坛）在上海开幕。"人类表型组计划国际协作组"和"中国人类表型组研究协作组"正式成立，标志着由中国科学家倡议发起的"人类表型组"国际大科学计划已得到多国科学家的认同和参与。

聚集国内外数百名科学家，通过对人体从宏观至微观的多个层次的表型特征进行跨尺度多维度研究，首次在国际上建立了先进的人类表型组学研究平台，"人类表型组"国际大科学计划将进一步提升我国战略前沿领域创新能力和国际影响力，同时也为人类的健康事业，为建设人类命运共同体做出新的贡献。

组织实施国际大科学计划是建设创新型国家和世界科技强国的重要标志。2016年，复旦大学召开首届国际人类表型组研讨会（2016 谈家桢国际遗传学论坛）。会上，"人类表型组"国际大科学计划的构想初步形成。

复旦大学自 2014 年起筹备发起"人类表型组"国际大科学计划。在科技部、上海市的大力支持下，国内总体规划和布局已经基本到位，科技积累和人才汇聚成效明显。2015 年，科技部基础性工作专项支持启动了全球首个大规模人类表型组研究项目——《中国各民族体质人类表型特征调查》；2016 年，上海市科学技术委员会基础研究重大项目对表型组研究给予了优先启动支持；2017 年 11 月，"国际人类表型组计划（一期）项目"作为上海市首批市级科技重大专项予以立项。

经过前期大量沟通协调工作，国内外已初步形成协作机制，为发起"人类表型组"国际大科学计划奠定了基础。在国内，目前已汇聚了复旦大学、北京大学、清华大学、中国科学院、中国医学科学院等 30 家高校和科研院所，中国人民解放军总医院、中日友好医院、四川大学华西医院、复旦大学附属中山医院等 20 家三甲医院，招商局集团、中电数据服务有限公司等 5 家国内知名企业，拟在上海、北京、重庆、广州等地分别成立人类表型组研究中心。在国际合作方面，美国、英国、德国、日本等 15 个国家的 21 家著名研究机构汇聚，形成了国际专家共识，基本完成国际布局的前期协调工作。

作为"人类表型组"国际大科学计划的主要发起方，中国将推动该计划与本国已有的重大科技基础设施产生联动，充分发挥出联动所产生的合力，并将其边界延伸，使中国的大科学基础设施发展成为向全世界开放的科研平台。大科学计划也将推动中国科技创新和生物医药行业的发展，对突破生物医学发展瓶颈，提高生物医药领域自主研发水平，助力健康中国建设，增强中国科技国际影响力具有深远意义。

自 2001 年"人类基因组计划"完成，生命科学和生物医学研究即进入"后基因组时代"，人类表型组研究成为新的战略制高点。基因和环境相互作用决定人体特征，人类全部特征的集合即是表型组。开展人类表型组研究，系统解析表型组与基因组的关联，发现人类健康和疾病等表型特征形成的内在规律和生物标志物，已成为国际学术界的共识。

对于从高度浓缩的基因信息如何演化为最终复杂表现形式，即表型之间的联系，目前还处于不断探究的阶段。国际科学界发现仍需全面研究人类表型组，补充所需生命信息的另一半，并对基因、环境、表型之间的多层次的关联、整合以及三者整体性进行研究。解决"基因-表型"之间的关联问题，将有助于实现疾病预防，提出针对性的健康维护方案，为生物医学带来变革性的进步动力，并支撑人口健康这一国家重大需求。人类表型组研究需开展对人体的精密测量，对系统的精细解构，并在此基础上实现精准干预与调控。中国人类表型组研究协作组顾问委员会主任、中国科学院院士贺福初曾说，"人类表型组研究将推进生命科学和医学加速进入大发现时代"。

新道路的开启必然伴随新的挑战，孕育着新的突破。一支汇集了生命科学、医学、信息科学、大数据、机械制造乃至哲学等多学科人才的团队将为"人类表型组"国际大科学计划保驾护航。

2020年，"人类表型组"国际大科学计划（一期）相关专用测量平台或可建成，并开始对志愿者进行全面表型测量。先在上海精确测量1000个个体，每个人测量2万个指标，然后在全国范围内，精确测量1万个个体，每个人测5万个指标，最后在全球五大洲代表性人群中进行测量，每个洲选取1万个样本，每个人测10万个指标。最终将形成全球人类表型组的参比图谱，帮助科学家进一步开展研究，解读出更多未知的信息。建立和发展标准需要全球科学家的共同讨论和确认，而要实现精准测量，如对人体在不同状态下的生理测量，则需要不同的测量设备。

各国对于人类遗传资源的保护也是国际合作中不可回避的问题。对此，理事会下设"标准与技术规范"等三个专业委员会，严格规范计划实施过程中人类遗传资源的保护与使用。我国自1998年出台《人类遗传资源管理暂行办法》以来，基本形成了人类遗传资源保护开发体系。启动"人类表型组"国际大科学计划将对我国人类遗传资源的保护和创新研究提出更高的要求。因此，应加快建立国家级人类遗传资源基础信息平台和样本库平台，为实施大科学计划保驾护航。

（二）伽利略计划

欧洲伽利略系统是欧洲计划建设的新一代民用全球卫星导航系统，实际上是一个欧洲的全球导航服务计划。它是世界上第一个专门为民用目的设计的全球性卫星导航定位系统，与现在普遍使用的全球定位系统（global positioning system，GPS）相比，它将更先进、更加有效、更为可靠。它的总体思路具有四大特点：自成独立体系、能与其他的全球导航卫星系统（global navigation satellite system，GNSS）系统兼容互动、具备先进性和竞争能力、公开进行国际合作。

伽利略系统是一个全球性的系统，只有走国际合作的道路，才能达到其利益的最大化，这也是系统计划的基础。这种国际合作能强化系统和产业的经验（know-how）与实力，最大限度地降低技术和政治风险。自然的合作者当然是现有 GPS 和格洛纳斯导航卫星系统（Global Navigation Satellite System，GLONASS）的两个国家，即美国与俄罗斯。由于要实现与 GPS 的兼容和互动，欧洲已就一系列技术问题跟美国磋商。对于俄罗斯在开发与运作 GLONASS 上的经验，欧洲也十分重视。此外，伽利略系统还要和现有的卫星导航系统进行技术协调，国际合作对于地面设备的开发和建设均十分重要，更重要的是广泛的应用和市场拓展，都需要良好的国际合作环境氛围。已有若干非欧洲国家涉足伽利略系统的定义、研究和产业发展的合作。

除了与美俄展开实质性的合作谈判外，欧洲与中国经过近两年的准备，已于 2003 年 5 月 16 日正式开始中欧伽利略计划合作谈判。参与"伽利略计划"是迄今为止我国与欧洲最大的合作计划。"伽利略计划"总值 36 亿欧元，中国投资 2 亿欧元，约占 5%。中国退出伽利略计划后开始全面研究北斗卫星导航系统。

（三）人类蛋白质组计划

人类蛋白质组计划（Humon Proteome Project，HPP）是继人类基因组计划之后的又一项大规模的国际性科技工程。2003 年 4 月，历时 13 年的人类基因组计划正式完成。但仅仅测绘出基因组序列，并非这一计划的最终目的，必须对其编码产物——蛋白质组进行系统深入的研究，才能真正实现基因诊断和基因治疗。人类蛋白质组研究成为继人类基因组计划之后生物科技发展的重要课题。早在 1998 年，我国科学家就开始了肝脏蛋白质组的研究，并于 2002 年国际蛋白质组第一次研讨会上倡导并提出了开展人类肝脏蛋白质组计划的建议。2003 年 12 月 15 日，由国家生物医学分析中心主任、青年科学家贺福初院士牵头的"人类肝脏蛋白质计划"是国际人类蛋白质组组织启动的两项重大国际合作行动之一，已有 16 个国家和地区的 80 余个实验室报名参加。由于中国在蛋白质研究方面的雄厚实力，因而成为人类肝脏蛋白质组计划（Human Liver Proteome Project，HLPP）的牵头国，贺福初院士被推选为执行主席。这是我国领导的第一项重大国际合作计划，也是第一个人类组织/器官的蛋白组计划。人类肝脏蛋白质组计划的总部设在中国首都北京，这是中国科学家第一次领导执行重大国际科技协作计划。

人类肝脏蛋白质组计划围绕人类肝脏蛋白质组的表达谱、修饰谱及其相互作用的连锁图等九大科研任务进行研究，我国科学家已经成功测定出 6788 个高可信度的中国成人肝脏蛋白质，系统构建了国际上第一张人类器官蛋白质组"蓝图"；发现了包含 1000 余个"蛋白质-蛋白质"相互作用的网络图；建立了 2000 余株蛋白质抗体。

（四）人类脑计划

人类脑计划是包括神经科学和信息科学当今自然科学两大热点的相互结合的研究，其目标是利用现代化信息工具，将大量、不同层次的有关脑的研究数据分析、处理、整合与建模，建立神经信息学数据库和有关神经系统所有数据的全球知识管理系统，以便从分子水平到整体系统水平研究、认识、保护、开发大脑。1997 年，人类脑计划在美国正式启动。

2001 年 7 月，唐一源教授应美国国立卫生研究院（National Institutes of Health，NIH）神经信息学部主任、全球人类脑计划负责人考斯陆（Stephen H. Koslow）博士的邀请，访问美国 NIH 人类脑计划与神经信息学总部，并做专题报告"中华人类脑计划与神经信息学的进展"，这使考斯陆博士及美国其他科学家认识到中国的实力和决心。于是考斯陆博士发出专函："同意中国唐一源、唐孝威和尹岭博士参加始建于 2000 年的经济合作与发展全球科学论坛神经信息学工作组。"考斯陆博士认为中国专家参加这一活动具有极其重要的意义，这将有助于中国在这一领域的研究与国际发展保持同步，中国的参与将会对全球神经信息学的形成和发展产生重大影响。

2001 年 9 月，中国正式成为参与人类脑计划与神经信息学研究的第 20 个国家，这意味着中国在这一研究领域已经和国际接轨。

2001 年 10 月 4—5 日，我国科学家赴瑞典参加了人类脑计划的第四次工作会议。中国科学家表示，要积极配合国际神经信息网络及数据库，建立中国独特的神经信息平台、电子网络和信息数据库，才能在合作中不受制于人，更好地和国外科学家协作，共享科研成果和国际资源。

（五）"双星计划"

"双星计划"是首个由中国科学家提出并以中方为主的空间探测国际合作计划，也是中国与欧洲合作的第一个科学探测卫星项目。它包括两颗以大椭圆轨道绕地球运行的微小卫星，分别对地球近赤道区和极区两个地球空间环境变化最为重要的区域进行宽能谱粒子、高精度磁场及其波动的探测。

"探测一号"（TC-1）卫星与"探测二号"（TC-2）卫星及"团星"（CLUSTER）四颗卫星进行很好的联合观测活动。各项科学探测仪器工作正常，有效载荷探测仪器符合科学目标要求。有效载荷公用设备工作状态正常，能够及时和有效地采集、存储和下行探测数据。双星地面数据系统工作正常，指令流和数据流畅通。已经获得大量的科学探测数据（TC-1 卫星获得一级数 45.45 吉字节，TC-2 卫星获得一级数据 11.51 吉字节），探测了辐射带、北半球的等离子体层环电流区域及近地等离子体片的高纬区域、北尾瓣、极隙区、南半球的极光椭圆带、极盖区、环电流区和近地等离子体片的粒子沉降区等重要空间区域的高能粒子、低能粒子、磁场、波场和中性原子的空间分布和时间演化过程，现已取得一些初步的新结果。预期 TC-2 卫星与 TC-1 卫星及 CLUSTER 四颗卫星配合探测，所获得的大量观测数据对于揭示磁层空间暴的物理机制及其对太阳活动和行星际扰动的响应过程具有重要的科学意义。

（六）大亚湾中微子实验室

大亚湾中微子实验室位于深圳市区以东约 50 千米的大亚湾核电站群附近的山洞内，地理位置优越，紧邻世界上最大的核反应堆群之一的大亚湾核电站与岭澳核电站。

2003 年，中国科学院高能物理研究所的科研人员提出设想，利用我国大亚湾核反应堆群产生的大量中微子，来寻找中微子的第三种振荡，其振荡概率用 $\sin^2 2\,\theta_{13}$ 表示。大亚湾中微子实验项目中国总投资 1.6 亿元，得到科技部、中国科学院、国家自然科学基金委员会、广东省、深圳市和中国广东核电集团有限公司的共同支持，是我国基础科学领域最大的国际合作项目。此外，继发现新的中微子振荡模式之后，探究中微子质量顺序便成为合作组新的主攻方向。

2012 年 3 月 8 日，大亚湾中微子实验室拔得头筹：发现了第三种中微子振荡模式，并精确测量到其振荡概率。韩国科学家的结果比我们晚了 25 天。

计划中的我国中微子研究发展分三步走：第一步目标已经在大亚湾反应堆中微子实验站实现，在精确测量混合角 θ_{13} 值方面取得国际领先；第二步，中微子实验二期瞄准多个科学目标，将在很多方面开展中微子研究，取得突破后，我国便真正达到在国际中微子物理科学研究中的领先水平；第三步远期目标，将利用加速器产生的中微子更精确测量中微子物理参数。届时，我国对于中微子的研究将达到真正的国际领先。

2016 年度国家自然科学奖一等奖得主揭晓，"大亚湾反应堆中微子实验发现的中微子振荡新模式"获得殊荣。

（七）FAST

1. 影响与作用

FAST 是由中国科学院国家天文台主导建设、具有我国自主知识产权、目前世界上最大最灵敏的单口径射电望远镜，开创了建造巨型望远镜的新模式，突破了传统望远镜的百米工程极限。

2. 项目情况

在 1993 年国际无线电大会上，包括中国在内的十个国家提出一种倡议，希望在地球电磁波环境被人类活动彻底毁灭之前能建立一个超大口径的射电望远镜。1994 年，以南仁东先生为代表的中国天文学者开始推动筹建 FAST 工程的立项。2011 年 3 月，FAST 工程开工报告获得批复，工程开工项目初步设计和概算获得中国科学院和贵州省人民政府的批复，工程正式开工建设。2016 年 7 月 3 日，FAST 的最后一块反射面单元成功吊装，这标志着 FAST 主体工程顺利完工。2020 年 1 月 11 日，FAST 顺利通过国家验收，正式投入运行，未来将着力确保装置高效、稳定、可靠运行，加强国内外开放共享。

（八）空间环境地基综合监测网

1. 影响与作用

空间环境地基综合监测网是开展空间天气研究、保障国家空间活动和空间安全的重要设施。围绕综合性、多尺度、长期连续监测我国空间环境区域性特征和研究日地空间天气变化规律的科学目标，在子午工程现有常规监测链的基础上，主要建设由相控阵非相干散射雷达、高频相干散射雷达群、大口径激光雷达、大规模太阳射电阵等组成的先进探测系统，形成覆盖全国的"两横两纵"地基监测网，具备百公里级空间分辨、实时获取 30 余种空间环境要素的日地空间天气全过程探测能力。设施建成后，空间环境地基综合监测网可成为国际上综合性最强、覆盖区域最广的先进地基空间环境监测网，促进我国空间环境的认知水平和应用保障能力进入国际先进水平。

2. 项目情况

2019 年 7 月 29 日，"十三五"国家重大科技基础设施——子午工程二期在北京怀柔科学城启动建设。工程由中国科学院国家空间科学中心牵头，全国 16 家单位参加建设，工程建设周期 4 年。全面建成的空间环境地基综合监测网包含 31 个台站、近 300 台探测设备，将首次实现对日地空间环境全圈层、立体、多要素综合探测，大幅提高我国在日地关系这一重大基础科学领域的创新研究能力，使我国步入世界空间天气领域的先进国家之列。

作为我国空间科学领域的国家重大科技基础设施，2012 年建成的子午工程一期实现了我国地基空间环境监测的跨越发展，二期工程在一期 15 个观测台站的基础上，新增了 16 个观测台站，将主要沿东经 120 度子午线布局，进一步拓展成为覆盖全国范围的空间环境监测网，实现了从太阳表面到地球大气的全链条监测。

此外，子午工程二期还将建设多台先进的大型监测设备，在探测能力上实现飞跃。布局在北方中纬地区的相控阵高频相干散射雷达可从我国境内一直扫描至北极圈内，海南的三站式相控阵非相干散射雷达将是全世界布局在低纬度地区的该类设备的独一份，阵列式大口径激光雷达将实现人类历史上第一次对高达 1000 千米的大气密度的探测。这些大型监测设备均在国际上处于领先地位。

作为子午工程的进一步延伸，国际子午圈大科学计划正在加紧将我国的空间环境地基探测能力和科学构思推向国际。中国科学院国家空间科学中心已经在巴西建立了联合实验室——中国科学院南美空间天气实验室，部署了探测设备。国际子午圈总部大楼也将与子午工程综合信息与运控中心大楼在怀柔科学城同期建设。

（九）极深地下极低辐射本底前沿物理实验设施

2019 年 7 月 20 日，极深地下极低辐射本底前沿物理实验设施启动仪式在四川雅砻江锦屏山隧道举行，标志着中国首个、世界最深的极深地下实验室——"中国锦屏地下实验室"进入加快建设新阶段。设施由国家发展和改革委员会牵头建设管理，教育部和四川省人民政府共同主管，法人单位是清华大学，共建单位为雅砻江流域水电开发有限公司，实验室建于锦屏山隧道中间位置的地下 2400 米处，是充分利用锦屏水电站世界最大规模水工隧洞群建设的。项目建成后将成为国家重要的创新平台，为建设国际领先水平的极深地下研究中心、科学考察和科普教育基地奠定坚实基础，将进一步夯实我国科技基础、推动科技进步，提升自主创新能力和国际影响力，为经济社会高质量发展提供有力支撑。

极深地下极低辐射本底前沿物理实验设施，对开展暗物质直接探测、无中微子双贝塔衰变、宇宙重核形成等基础科学前沿研究具有重大意义。优选地址建设该设施，主要包括：垂直岩石覆盖大于 2300 米、宇宙线通量小于每年每平方米 100 个、容积大于 30 万立方米的实验空间；大型液氮低温辐射屏蔽与高纯锗反符合装置；大型常温纯净水辐射屏蔽与液氙自屏蔽装置；组合式固体辐射屏蔽装置；微贝克每千克量级的辐射本底测量与分析装置等。

（十）大型地震工程模拟研究设施

大型地震工程模拟研究设施是中国地震工程领域首个国家重大科技基础设施，由天津大学牵头在天津建设，总投资预计将超过 15 亿元。2018 年 8 月，大型地震工程模拟研究设施由国家发展和改革委员会批复立项。

建设大型地震工程模拟研究设施，开展复杂岩土递质与水环境中地震灾害及防控模拟，对揭示地震引起的自然环境和工程灾变机理，防范自然灾害，保障土木、水利和海洋等重大工程的安全具有重要意义。设施主要建设内容包括：移动组合式三向六自由度地震模拟振动台台阵系统、工程地震灾害数字仿真系统及配套设施等。单台最大载重 1350 吨以上，满载最大加速度 20 米/秒^2，具备可靠模拟多点多维地震差动、大比尺和足尺模拟工程地震灾害的能力。设施建成后，可大幅提升我国防灾减灾原始创新能力，为提高我国地震灾害的防范水平提供重要支撑。

（十一）高能同步辐射光源

2016 年 4 月，高能同步辐射光源（High Energy Photon Source，HEPS）项目的预制研究和关键技术攻关项目——高能同步辐射光源验证装置（HEPS Test Facility，

HEPS-TF）正式启动，其是中国国家重大科技基础设施"十二五"建设项目。2017年 12 月 15 日，高能同步辐射光源项目建议书获得国家发展和改革委员会正式批复。项目建设周期 6.5 年。2019 年 1 月 31 日，高能同步辐射光源验证装置通过工程验收。2019 年 6 月，中国首台高能同步辐射光源在北京怀柔启动建设，将于 2025年底验收并投入运行，这将是中国第一台高能同步辐射光源，也将是世界上最亮的第四代同步辐射光源。

高能同步辐射光源是基础科学和工程科学等领域原创性、突破性创新研究的重要支撑平台。围绕航空材料、武器物理、工程材料全寿命周期等国家安全和工业应用相关研究，以及能源、环境、生命科学等基础研究对高亮度、高能量 X 射线的紧迫需求，建设高能同步辐射光源，主要包括注入器、储存环、光束线、实验站以及辅助设施。储存环能量达 6 千兆电子伏，发射度优于 0.1 纳米弧度，高性能光束线站容量不少于 90 条，提供能量达 300 千电子伏的 X 射线，具备纳米量级空间分辨、皮秒量级时间分辨、毫电子伏量级能量分辨能力。设施建成后，可满足前沿科学和工程应用等领域的研究需求，成为国际领先的高能同步辐射光源试验平台，为提升我国科学、技术创新能力提供有力的支撑。

（十二）硬 X 射线自由电子激光装置

1. 作用与影响

X 射线自由电子激光具有超高峰值亮度、超短脉冲、高度相干等优异性能，是实现科学突破与技术创新的研究利器。为满足材料、能源、环境、物理与化学、生命及医药等领域的创新研究对高亮度相干 X 射线光源的迫切需求，建设硬 X 射线自由电子激光装置，主要包括高性能电子直线加速器、高亮度自由电子激光放大器、光束线和四维探测综合实验站等，该装置具备电子能量大于 6 千兆电子伏、光子能量高于 12千电子伏，及飞秒级时间分辨和纳米级空间分辨的能力。设施建成后，总体性能可达到国际领先水平，与现有同步辐射光源形成优势互补，为解决科学前沿和国家战略需求中的重大科学问题提供有效手段。

2. 项目情况

硬 X 射线自由电子激光装置总长约 3.1 千米，工程任务是建设一台能量 8 吉电子伏的超导直线加速器、3 条波荡器线、3 条光束线以及首批 10 个实验站。装置建设内容包括注入器、主加速器、自由电子激光（Free Electron Lasers，FEL）放大器（波荡器线）、光速线和实验站，还有包括束流诊断、控制、激光、同步、数据采集与处理等在内的公共分系统，以及低温、公用设施等配套系统和设施。硬 X 射线自由电子激光装置的建设选址在张江科学城内，项目总投资近百亿元，是上海建设具有全球影响力的科创中心以及张江综合性国家科学中心的核心创新项目。2018 年 4 月 27

日，"硬 X 射线自由电子激光装置"建设启动仪式在上海科技大学举行。2018 年 5 月，硬 X 射线自由电子激光装置项目 5 号实验井桩基启动。

（十三）多模态跨尺度生物医学成像设施

生命体结构和功能跨尺度的可视化描绘与精确测量对生物医学研究取得革命性突破具有重大意义。以打通尺度壁垒、整合多模态信息、精准描绘生命活动时空过程为科学目标，建设多模态跨尺度生物医学成像设施，主要包括以亚纳米分辨光电融合技术为代表的多模态高分辨分子成像装置、以毫秒分辨显纳成像为代表的多模态活体细胞成像装置、以超高场磁共振成像为代表的多模态医学成像装置以及全尺度图像整合系统，具备全景式揭示基因表达、分子构象、细胞信号、组织代谢及功能网络的时空动态和内在联系的能力。设施建成后，可通过光、声、电、磁、核素、电子等模态的融合，实现从埃到米、微秒到小时的跨尺度结构与功能成像，为我国生物医学研究提供先进的、全方位的观测手段，促进我国生物医学成像技术的创新发展。

多模态跨尺度生物医学成像设施是由北京大学作为法人单位，联合中国科学院生物物理研究所建设的国家重大科技基础设施，总投资 17.35 亿元，设施于 2019 年 6 月 29 日在北京怀柔科学城开建，预计 2023 年建成运行。

（十四）超重力离心模拟与实验装置

超重力离心模拟与实验装置（Centrifugal Hypergravity and Interdisciplinary Experiment Facility，CHIEF）是浙江大学牵头建设的国家重大科技基础设施。2019 年 1 月，超重力离心模拟与实验装置项目可行性研究报告获得了国家发展和改革委员会的批复，这也是浙江省建设的首个国家重大科技基础设施项目。项目用地面积 89 亩[1]，总建筑面积 34 560 平方米，国家发展和改革委员会核定的概算总投资为 21.008 亿元，建设周期 5 年。

超重力环境可以增大多相递质体积力和相间相对运动驱动力，是研究岩土体大尺度演变和灾变、地下环境长历时污染必不可少的实验手段，也是研究材料相分离效应的极端物理条件。围绕实验再现岩土体大尺度演变和灾变及加速材料相分离的科学目标，建设超重力离心模拟与实验装置，主要包括最大加速度 1500g、最大负载 30 吨、加速度和负载可控可调、容量 1500g•吨的超重力离心机，以及深地与深海、场地地震、边坡与高坝、地下环境、地质构造、材料制备等超重力实验舱。超重力离心模拟与实验装置具备单次实验再现岩土体千米尺度演变与灾变、污染物万年迁移及获取千个材料共晶成分的能力。设施建成后，可为深地深海资源开发、重大工程防灾、废弃物地下处置、新材料制备等领域的研究提供有力支撑。

---

① 1 亩≈666.7 平方米。

总体来看，"十三五"时期，我国主要参与了 ITER 项目以及共同发起了 SKA 和 GEO 项目，但由我国科学家主导的项目还很少，我国仍处于被动参与局面。

三、"十三五"时期启动的两项国际大科学计划

"十三五"期间新启动了"全球岩溶动力系统资源环境效应"和"化学地球"两项国际大科学计划。

2016 年 5 月 12 日，联合国教育、科学及文化组织全球尺度地球化学国际研究中心（依托中国地质科学院地球物理地球化学勘查研究所建立，简称"国际中心"）正式成立，同时启动了"化学地球"国际大科学计划。自然资源部中国地质调查局设立了"全球地球化学与遥感调查工程"对该计划给予了项目经费支持。该计划由中国地质科学院地球物理地球化学勘查研究所和"国际中心"联合中国地质调查局六大区地调中心共同实施。

"化学地球"旨在将元素周期表上所有化学元素绘制在地球上，服务于全球和"一带一路"自然资源与环境可持续发展。"化学地球"国际大科学计划的提出得到了国际科学组织及众多国家地学调查机构的积极响应与支持。该计划发布时得到美国、俄罗斯、澳大利亚、南非、伊朗、土耳其等 22 个国家的 68 名科学家代表在倡议书上签字支持。目前参与和意向参与该计划的国家达 60 余个、科学家 300 余名，初步搭建了计划实施的国际合作网络。

"全球岩溶动力系统资源环境效应"国际大科学计划由"国际中心"发起，于 2016 年 5 月正式启动，其是由国土资源部中国地质调查局提出实施的重大国际科技行动。2016 年 11 月上述国际大科学计划正式启动以来，以自然资源部中国地质调查局岩溶地质研究所作为牵头单位，组织 40 多个国家 60 余所高校、科研机构和地勘单位在国内外开展了相关工作，在岩溶地质基础研究、关键技术研发等方面取得重要进展，有力促进了岩溶地质国际合作与交流。"岩溶关键带"项目于 2017 年 2 月成功获批，显示了国际地学界对于岩溶关键带研究的支持（国土资源部，2016）。

从总体上看，这两项计划工作进展顺利，已取得阶段性成效，但均属于地球环境科学领域，号召力和影响力等还未充分显现。此外，我国也相继启动建设了同步辐射光源、全超导托克马克核聚变实验装置、FAST 等数十个国家重大科技基础设施，积极探索以我为主的国际合作。这些为我国牵头组织国际大科学计划和大科学工程积累了经验，奠定了基础。

（一）"十三五"时期部署了重点专项与培育项目

"十三五"时期，为了落实《方案》，科技部在国家重点研发计划中部署了"大科学装置前沿研究"重点专项。还于 2019 年在国家重点研发计划"战略性国际科技创

新合作"重点专项中部署了牵头组织国际大科学计划和大科学工程培育项目,2019 年度支持宇宙演化和空间、地球系统与环境气候变化、健康、能源、农业、物质科学领域的培育项目,共支持经费 15 000 万元,支持培育项目数为 3—5 个,实施周期 2—5 年。实施培育项目,有助于我国在国际大科学计划和大科学工程项目的推荐遴选、立项以及管理制度的建立,核心专家的确定,研究问题的提出、技术路线的选择、科技资源的配置、设施建设地的选址等方面积累有益经验 。

根据国家的战略发展目标,我国科学家也及时提出了一些面向国际科技前沿、以我为主的国际科技合作大科学计划,在高能物理领域的大型环形对撞机 CEPC-SppC 正是其中之一。CEPC 是我国高能物理乃至整个科学发展的一个重大机遇。该项目的物理目标明确,意义影响深远,世界各大高能实验室均已表示愿意参加合作研制。它将采用国际化的方式运作、管理,吸引国内外千余名科学家与工程师参与,聚集一批高新技术企业,推动相关技术得到发展,形成一个大型科学研究中心和国际科学城。该项目将有力地推动地方的社会与经济发展,它将成为国际科学技术研究中心,人才引进和培养基地,有利于国际化的科研体制建设,是我国科技外交与中国软实力的体现。

(二)多元主体发挥了重要作用

《方案》提出,"依托具有国际影响力的国家实验室、科研机构、高等院校、科技社团,通过科研机构间合作或政府间合作等模式,整合各方资源,组建成立专门科研机构、股份公司或政府间国际组织进行大科学计划项目的规划、建设和运营。积极争取把新组建的政府间国际组织总部设在中国"。每个大科学计划可成立项目理事会和专家咨询委员会,对项目实施作出决策部署和提供专业化咨询建议。

1. 国家实验室和各类工程或技术研究中心发挥了重要支撑作用

党的十八届五中全会公报指出:"深入实施创新驱动发展战略,发挥科技创新在全面创新中的引领作用,实施一批国家重大科技项目,在重大创新领域组建一批国家实验室,积极提出并牵头组织国际大科学计划和大科学工程。"(新华社,2015)《方案》明确提出,要加强与国家重大研究布局的统筹协调,做好与"科技创新 2030-重大项目"等的衔接,充分利用国家实验室、综合性国家科学中心、国家重大科技基础设施等基础条件和已有优势,实现资源开放共享和人员深入交流。

国家实验室可以是中国发起的国际大科学工程的牵头单位,重大技术攻关需要国家实验室来组织。国家实验室可以是承担国际大科学计划和大科学工程,以及重大科技项目的重要主体,重大科技项目与国际大科学计划和大科学工程之间互相借鉴、相互衔接,互为补充,缺一不可。

通过建设国家实验室这一重大改革措施,利用对外开放和国际合作,结合中国特色和优势，可以实现对新的科技发展的引领，从而为我国牵头组织国际大科学计划/工程提供基础。过去中国科学事业的组织模式大多是小而全、分散且独立的，仅仅依靠小课题组、小研究单位来推动科学事业发展是远远不够的。如今从物理、工程到生物、医学、环境等，大团队作战已经成为国际发展趋势之一。

国家实验室在牵头组织国际大科学计划、大科学工程方面，在成功经验与核心科研能力上具备五大特质：一是体现国家意志、代表国家水平、解决国家重大需求，有能力承担周期长、成本高、风险大、需大团队合作的研究项目；二是管理严密，有较强执行力的法人单位，松散的结合方式对周期长、成本高、风险大且有时效性的科研工作来说是不利的；三是有自己长远的核心能力，并能跟随国家战略变化调整研究方向，能兼顾基础研究和应用研究、当前和长远任务的平衡；四是具有重大国际影响力，要有基础科学研究的引领能力和国际大科学工程和计划的组织能力，并产生标志性科学技术成果；五是具备开放性的设施和开放性的管理。大团队合作是未来科学研究的一个趋势，而对外开放和国际合作则是其中的关键。

国家（重点）实验室往往是国际大型科学计划、工程的提出者、组织者和实施者。大型高能物理实验装置的人员、设备及建造费用规模巨大，广泛的国际合作成为大型高能物理实验的主要方式，分担经费投入，合作开展研究，共享研究成果。依托大科学装置，我国在粒子物理国际合作方面成果显著，如北京谱仪Ⅲ、大亚湾中微子实验、江门中微子实验，从易到难，从逐步建立信任，吸引国际合作者，到按照国际管理建立成熟的国际合作组管理体系。经过多年积累，现在我们已经有能力发起真正的、具有重大国际影响的、可以成为国家标志的国际大科学工程和计划。

除了国家实验室之外，国家（重点）实验室、工程技术中心等国家创新平台也是我国牵头和组织实施国际大科学计划、大科学工程的重要创新平台。我国牵头组织国际大科学计划和大科学工程，不仅需要一批有很强科研实力的、从事基础研究的科研人员，还需要大批优秀的工程科技人员来解决大科学计划、大科学工程相关的工程技术难题。

国家工程研究中心是国家科技发展计划的重要组成部分，以提高自主创新能力、增强产业核心竞争能力和发展后劲为目标，可以组织具有较强研究开发能力和综合实力的高校、科研机构和企业等建设的研究开发实体，培育、提高自主创新能力，搭建产业与科研之间的"桥梁"，促进产业技术进步和核心竞争能力的提高。因充分认识国家工程技术研究中心在新时期的重要性，科技部2021年批复新建12个国家工程技术研究中心。

中心主要依托于行业、领域科技实力雄厚的重点科研机构、科技型企业或高校，拥有国内一流的工程技术研究开发、设计和试验的专业人才队伍，具有较完备的工程技术综合配套试验条件，能够提供多种综合性服务，与相关企业紧密联系，同时还具有建立了自我良性循环发展机制的科研开发实体,有利于培养领军人才、优秀青年人才。

2. 城市积极参与国家大科学计划

上海科技创新中心的建设涉及科技、经济、金融、教育、财政等多个领域。2020年5月1日开始施行的《上海市推进科技创新中心建设条例》是国内首部科创中心建设的"基本法",该条例以地方性法规的方式来全力保障上海科创中心的建设,并构建更具竞争力的法治环境。这一地方条例可以更行之有效地破解制约创新驱动发展的制度瓶颈,并对深化体制机制改革作出前瞻性规定,将制度优势转化为制度效能(周琳和郭敬丹,2020)。

在新一轮科技革命和产业变革蓬勃兴起的背景下,国际大科学计划和大科学工程可谓是一国综合实力和科创竞争力的重要体现,其重要程度不言而喻。上海要代表国家参与国际科研竞争与合作,就必须积极参与或发起国际大科学计划和大科学工程,这不仅有助于加快推进具有全球影响力的上海科创中心的建设,提升上海在国际科技创新体系中的影响力及话语权,还为上海市科创"十四五"规划提供了"大科学"视角。

按照国务院的方案要求,特别是上海科改"25条"确定的"围绕生命健康、资源环境、物质科学、信息以及多学科交叉领域,积极培育并适时发起、牵头组或参与国际大科学计划和大科学工程"目标,要对标国际最高标准、最高水平,对这些领域进行国际对比研究成为优先方向、潜在项目、建设重点,为上海是否发起、牵头组织或参与国际大科学计划和大科学工程提供切实支撑。为了提升科技实力,在国际事务中享有更多话语权,我国不仅要继续参与现有国际大科学计划,还应适时牵头组织国际大科学计划,在更高层面调动全球科研资源为我所用。相关政策研究还发现,政府在国际大科学计划和大科学工程中扮演的角色越来越重要,各级政府在国际科技合作中发挥的作用是任何一个企业、社会团体、个人都无法替代的。科研院所是承担和完成国家基础研究和应用研究科技创新的主力军,是基础研究和高技术领域创新成果的重要源泉,是开展国际合作的前沿窗口。因此,对于国际大科学计划和大科学工程各方参与者,要从国家、区域(如长江三角洲地区)和上海市市政府的顶层设计和制度供给等层面,提出具体促进举措,鼓励院市共建,柔性引进人才,推动科研创新。

2020年1月21日,科技部、国家发展和改革委员会、教育部、中国科学院、国家自然科学基金委员会联合发文《加强"从0到1"基础研究工作方案》,提出"加大国家科技计划开放力度。鼓励国际科研合作交流,积极参与国际大科学计划和大科学工程"。这对于充分利用各项资源,为形成上海参与国际大科学计划和大科学工程相关的政策配套和保障体系给出了政策指引。迄今为止，上海牵头组织或参与国际大科学计划和大科学工程的主要方式，便是围绕对接国家相关部署和要求，落实国家长三角一体化发展战略，利用金砖国家等现有合作机制，发挥大科学装置的辐射效应，从单独和共同争取承担国际或国家大科学计划和大科学工程方面进行展开。

在国务院的《方案》以及上海市的科创"22条"、科改"25条"等一系列配套政策的驱动下，上海建成和在建的国家重大科技基础设施已达14个，到2025年这些设施将全部建成，这些"科研重器"将推动上海成为相关领域的国际"科研重镇"；"十三五"期间，数十家代表世界科技前沿发展方向的新型研发机构在沪成立，包括李政道研究所、北京脑科学与类脑研究中心、量子科学中心、上海人工智能实验室、上海清华国际创新中心、树图区块链研究院、上海朱光亚战略科技研究院等；上海正在加快推进具有全球影响力的科创中心建设，上海张江是已获批建设的4个国家综合性国家科学中心之一。从上海的既有重大科技基础设施，已经参与的大科学计划和大科学工程，到包括"基因组标签计划"（Genome Tagging Project，GTP）在内的正在筹划启动和可能参与的大科学计划和大科学工程（邢超和吴凤凤，2017）。

为加快北京市具有全球影响力的科技创新中心建设，以全球视野谋划和推动科技创新，通过国际合作全面加强基础科学研究发展，采取直接补贴的方式，对"国际大科学计划和大科学工程培育课题"进行支持。支持对象为面向基础性、战略性和前瞻性领域的前沿科学问题和全球共性挑战，针对目前尚未形成完整国际合作框架、正在对接国外合作伙伴、但有巨大成长潜力的重大科学项目，培育北京市科研机构、高等学校，尤其是国家重点实验室、国家工程技术中心，积极承担可以在国际上引起广泛共鸣的国际大科学计划和大科学工程。

在北京市内注册的、具有独立法人资格和完善的财务管理制度的科研机构和高等学校等均有资质申请"国际大科学计划和大科学工程培育课题"。该课题优先支持在空间天文、物质科学、生物与健康、地球系统与环境气候变化等领域，牵头发起国际大科学计划和大科学工程。优先培育在全球重大科学问题、技术规则、先进设施等方面能够快速凝聚国际共识，并有潜力成为提出者、制定者和倡导者的项目。特别是：①依托北京市已有或在建的重大科学基础设施，针对前沿科学问题，酝酿和启动前瞻性大型科学研究计划或者下一代大科学装置的预研研究；②面向战略性和颠覆性的平台和技术，牵头制定全球性的技术标准和规范，牵头搭建全球性的权威数据平台，能够率先抢占国际战略性科技支点的科技组织和计划；③依托国际组织网络资源和国际组织机制，推动牵头或联合发起在组织框架下的科学研究项目，有效提升在组织和机制内的话语权和影响力。申请时要求具有一定的国际合作基础：与国外各合作方已签订相关合作协议或意向书（在生效期内）；协议中应明确各方在研究计划中的任务分工。这些受资助的国际大科学计划/工程，要求在项目完成后可形成较强的国际网络规模和影响力、达成广泛或高层级共识、吸纳多方的资源投入、产出重大科研成果等（新华社，2020）。

不难看出，迄今为止"十三五"期间我国组织和共同发起国际大科学计划和大科学工程取得了一定成效。特别是纳入"十三五"时期"科技创新规划"的几个国家重大科技计划，我国作为重要的参与国，在取得科学探测数据和发表国际高水平学术论文的同时，培育了国际一流的科技人才，发出了中国学术界自己的声音，提高了我国在该领域的国际影响力；通过承包与参与国际大科学工程的部分建设攻克了相关关键核心技术，在一定程度上对于提升我国自主创新能力有积极的影响。此外，我国还在国际大科学计划/工程的发起、资金筹备、项目组织管理与开展国际合作等领域积累了一些宝贵的经验。但是，与欧美发达国家相比，我国在牵头组织实施国际大科学计划和大科学工程方面处于起步阶段，仍需加速推进。

第三节　"十三五"期间的问题与挑战

面对国际新形势的挑战，我们不仅要做重大计划的发起者，也要争做国际大科学计划前沿技术创新的引领者和重大任务的实施者。我国组织实施国际大科学计划和大科学工程工作有一定进展，但尚需进一步推进。因此，有必要认真分析"十三五"期间我国牵头组织国际大科学计划和大科学工程的问题与挑战，并定量分析形成这些问题的主客观原因。

一、瞄准国家重大需求的成果少，达到要求的培育项目不多

我国主要参与了 ITER 以及共同发起了 SKA 和 GEO 项目，但由我国科学家主导的项目还很少，我国仍处于被动参与局面（王玲，2018）。从已经取得的成绩来看，"十三五"时期与国际大科学计划和大科学工程相关的世界性重大科技进展较少。已有成果主要为科学发现型的大科学计划，其成果表现形式主要为获取数据与基础研究类论文，瞄准国家重大需求的科技成果少。

除了 2018 年、2019 年科技部国家重点研发计划"战略性国际科技创新合作"重点专项发布了牵头组织国际大科学计划并配有对相关项目的资助外，2020 年和 2021 年均尚未发布该计划。从目前公布的资料来看，对这些项目的考核指标和考核结果尚不十分明晰。完成 2020 年底研究遴选并启动 1—2 个我国牵头组织的大科学计划的任务十分艰巨。而且，关于国际大科学计划、大科学工程的决策尚缺乏实质性的顶层计划。国务院在顶层设计上发挥了积极作用，科技部在项目遴选、支持培育和资金支持上起到主导作用。

二、原创性科学建议少，项目布局呈现出不均衡性

此外，我国在牵头组织大科学计划、大科学工程时，要注重自下而上和自上而下两种途径相结合。当前在《方案》和相关政策讨论时，往往只注意了自上而下的政策设计，而忽视了发挥自下而上的积极性。这种自下而上的积极性的发挥，更多取决于中国科技界的内功。科技部国际合作司司长叶冬柏曾提到："'内功'如何，是决定能否提出国际大科学计划和大科学工程项目的关键所在。"（郭萌，2018）中国牵头组织国际科技合作具有优势领域和经验积累，便于充分利用全球科技资源和智力资源打造创新能力开放合作新平台，推进全球创新治理新格局的构建和人类命运共同体建设。但是，目前，我国尚不具备独立提出原创性科学建议以及相关科学探测设计方案的能力。我国正在参与的国际大科学计划主要是在实践欧美科学家提出的原创性科学设想，这些国际大科学计划正在依托的大型科研装备（如海洋钻探船），仍然是美日等发达国家主导的，我国对这些国家的科研装备和科学探测数据存在比较严重的依赖，基本是要通过出资来购买使用数据、获得参加钻探的名额或者独立上船执行航次的机会，这种"依赖"在一定程度上制约了我国一流科研成果的产出。

迄今为止，我国参与的国际大科学计划或大科学工程，以科学发现型大科学工程为主，在学科领域上集中于地学领域。在数理天文、生命科学、地球环境科学、能源以及综合交叉等领域内还需进一步挖掘和培育项目，促进不同领域内布局的均衡性。

三、缺乏稳定支持，项目资金管理较为松散

大科学工程以提出概念和初步研究的科学需求为目标，而创新工程设计的提出是为了通过工业、学术和研究领域之间的合作进行技术创新。具体来说，大科学工程在克服技术瓶颈、完成项目建设、调试远远超过现有指标的工程技术的过程中，刺激相关应用基础研究，在项目运营阶段，大科学工程又通过科学高效的管理来支持实现既定的科学目标。整个国际大科学计划、大科学工程的全生命周期，对项目的资金支撑与管理提出了很高的要求。只有资金来源持续充足，资金管理严格和高效，才能保障国际大科学计划能顺利完成。

迄今为止，我国牵头、共同发起和参与实施的国际大科学计划和大科学工程的财政资金还没有专门的归口。目前，国际大科学计划通常遵循"项目分担，资金自筹"原则，由参与国自行筹措经费。由于大科学计划面向全球性科学问题，科学价值和社会价值比起经济、商业价值更加凸显，因此资金投入上仍然以财政投入为主，因为国家尚没有关于国际大科学计划或大科学工程的长期专项，主要依托对科技部重点研发计划的"大科学装置前沿研究"重点专项提供竞争性的财政支持，中国科学院等科研机构也投入了财政资金进行支持，不过企业作为科技创新的重要主体之一的参与

度有待加强。

目前对国际大科学计划的相关项目资助主要采取了合同制管理和预算管理的方式，由参与项目的高校和大学申请项目，层层上报争取重点研发计划这种竞争性经费。后期部分合同经费到位不及时，导致项目承担单位资金不足，阻碍了相关活动的开展。部分任务承担单位合同管理松散，在实际操作中合同条款不能严格履行。

四、缺乏知识产权保护制度和诚信文化保障

抓住历史机遇，追求卓越的科学，实现跨越发展，是当代中国科学家的使命和责任，也是"十四五"期间我国牵头组织国际大科学计划和大科学工程的重要目标。但是，我国科学要走向卓越，仍然面临严峻的挑战。科学文化的历史积淀不够，科学价值观存在一定偏差，科学原创自信心尚显不足，正在成为制约中国科学走向卓越的深层次因素（段瑞春，2016）。从科研人员的微观层面来看，他们不仅需要对科学技术的发展负责，更为重要的是要履行科研道德伦理责任、确保科研诚信。然而，在社会政治、经济和文化外部环境，研究机构内部环境，科研评价和奖励制度，劳动力市场，等等内部外环境的影响之下，科研人员经常面临着两难抉择（刘军仪，2016）。特别是目前，我国科学界浮躁现象比较严重，科学精神缺失、失范甚至不端行为屡有发生，这都与追求卓越科学的价值理念相悖。全民诚信文化的缺失也是制约自主创新最大的观念障碍。

五、全球科技新局势对国际合作带来新挑战

多年来各国积极推进科技创新，并开展国际合作，全球技术价值链正在形成。在全球环境下，充分利用国际科技资源开展国际协作，是推进重大科技项目自主创新的必要条件，这也可以为中国组织实施以自我为中心的国际大型科学合作计划做好前期准备。随着各国与世界经济的依赖程度逐渐增加，科技成果转化正推动各国经济产生巨大的溢出效应。

FAST 项目团队牵头创建了 FAST 工程这一我国主导的大科学装置的设计、建设与运行。FAST 项目在传感器网络、高精度定位和测量、高质量无线电接收机和海量数据分析等关键技术方面没有先例。面对特种抗疲劳钢缆材料攻关的紧迫性和欧美发达国家对核心技术封锁的困难，南仁东带领老、中、青年一代科学家组成的 FAST 项目团队攻克了这些难题，带领数十家科研院所进行联合创新，最终实现了从跟踪模仿到集成创新的跨越。

同时，FAST 项目的组织方和管理者不仅擅长开展国内合作，还积极利用全球科技资源，推进项目进展和跨国科研，开展了众多国际科技合作活动，例如，与跨太平洋暗气体观测团队（PRIMO）签署合作协议，与美国国家射电天文台签署合作协议，

成功申请重大国外项目（如 CAASTRO-3D），为重大国际科学前沿研究做准备，与发现引力波的 LIGO 团队签署了合作引力波探测协议，与北美纳赫兹引力波观测站（the North American Nanohertz Observatory for Gravitational Waves，NANOGrav）合作，在国际人才的支持下资助了许多世界级专家中国科学院项目和中国科学院快速奖学金，与英联邦科学和工业研究组织（Commonwealth Scientific and Industrial Research Organisation, CSIRO）合作进行脉冲星观测认证等（中国科学院国家天文台，2019b）。FAST 项目已开始与南非猫鼬射电望远镜阵列合作进行联合观测，并成立了一个初始工作组，以促进协同观测和数据补充。与南非合作推广 SKA 望远镜并取得更丰硕的成果（新华社新媒体，2018）。

第四节　组织和实施国际大科学工程的保障机制

我国牵头组织国际大科学计划和大科学工程，可以强化我国的国家战略科技力量。当前，国际环境日趋复杂，如全球贸易保护主义、中美科技冷战等不断加剧。"十四五"时期牵头或参与国际大科学计划和大科学工程，对于我们突破西方发达国家对我国科技发展态势的遏制，更加开放自由地参与全球科技治理，提高我国在国际科技前沿的国际影响力具有重要的意义。

"十四五"期间，我国要更好地牵头组织国际大科学计划和大科学工程，对于各方参与者，要从国家、政府的顶层设计和制度供给等层面，深度挖掘优势，整合更多全球资源，因此，必须推出具体的激励措施，形成有效的保障机制。现提出以下几点具体的促进举措。

一、发挥科学积累优势，突出科学建议原创性

牵头组织国际大科学计划和大科学工程不仅要有牵头的基础，特别是要有在国际上拿得出手的有影响力的科学家，也要具备制定规则、组织团队、营造多元文化的能力。大科学计划和大科学工程项目，不是人为规划出来的，要本着共商、共建、共享原则遴选培育。选择国际大科学计划和大科学工程的优先发展方向时要注意以下几个方面。

首先，要鼓励中国本土科学家提出面向全人类基本问题和全人类利益的原创性项目建议，以获得全球科学同行的积极响应和拥护。其次，国际大科学计划和大科学工程要满足国家战略要求。只有选取的方向与国家需要相结合，才能势必对国家的政治、科技、经济、社会、安全等领域产生长远影响，从而取得最广泛的国内支持。最后，我国应在该领域具有雄厚的科学积累和技术优势，还要有广泛而坚实的国际合作基础。在遴选具体项目时，要兼顾"卡脖子"技术相关的

基础研究，做好与"科技创新 2030-重大项目"等的衔接，注意"效益第一、兼顾公平"。

"十四五"时期在布置重点任务时要继续保持我国在物质科学、空间天文、地球系统、生命科学、环境保护、能源材料以及综合交叉等领域的优势，选择全球共同关心的重大科学问题，实施若干国际大科学计划和大科学工程，并推动中国科学家在其中发挥重要作用。建议下一步有针对性地"瞄准人工智能、量子信息、集成电路、生命健康、脑科学、生物育种、空天科技、深地深海等前沿领域，实施一批具有前瞻性、战略性的国家重大科技项目"（新华社，2020），并选取重点领域试点由我国牵头组织国际大科学计划、大科学工程。

二、加强组织领导与工作推进机制

国际大科学计划和大科学工程的顺利开展与可持续运行需要科学高效的组织管理体制，主要体现在以下几个方面。

首先，健全社会主义市场经济条件下新型举国体制，提高创新链整体效能。坚持党对科技创新事业的全面领导，发挥举国体制的优势，这对大科学工程的执行非常重要。从国家层面，可以更好地开展动员和调配资源（周小林等，2019）。涉及《方案》实施的各省份、地区和核心城市的科技组织领导部门，要根据《方案》，抓紧制定细化措施和工作计划，密切协调配合，精心组织实施，确保各项任务落实到位。

其次，建立健全国家牵头组织国际大科学计划和大科学工程的组织体系与推进机制。要运用综合高效的手段，推动重点领域项目、基地、人才、资金一体化配置，建立健全国家牵头组织大科学计划、工程的组织体系与推进机制是一个重要方面。一是需要建立一个牵头国家参与国际大科学计划和大科学工程的跨部门领导小组，集中发挥关于具体计划的宏观科技管理职能，增强决策的有效性和及时性。明确国家科技领导小组、科技部、国家自然科学基金委员会等在牵头组织国际大科学计划和大科学工程中的职责分工，推动《方案》落地。二是国际大科学计划和大科学工程的实施往往需要统一的协调机构。中方在筹划参与某项国际大科学计划时，要尽快组建或指定专门组织或者机构进行相关事宜的统筹协调，掌握作为发起人或早期参与国的主动权。发起组织和发起人要具备突出的政府公关能力，擅长处理与我国中央和地方政府、与外国政府和科研机构的关系。在组织形式上，这种统一的协调机构往往分为集权式和分权式，集权式机构统一负责项目评审、经费划拨、组织协调，而分权式机构则主要扮演协调者的角色，具体职责为项目总体协调、技术咨询。具体采用哪类机构还需要根据该国际大科学计划和大科学工程的学科性质、工程技术特征与科学问题的复杂程度进行选择。

最后，促进科技开放合作，要建立与大科学计划相匹配的组织架构。在国家层面，应坚持以我为主的大科学计划管理模式，同时兼顾发展中国家和部分发达国家的科学合作机会，研究设立面向全球的科学研究基金，获取更多的国际支持。应建立一套有独立的财权和事权的国际大科学计划管理机构，这样计划管理机构才能有效统筹推进各项具体任务。在具体项目层面，改进科技项目组织管理方式，实行"揭榜挂帅""赛马"等制度。给项目科学家和总工程师以充分的自主权。

三、为项目执行和人才培养提供稳定支持

国家和政府需要为国际大科学计划和大科学工程的推进，寻求长期稳定的支持，具体包括以下几点。

首先，制定国家牵头组织和实施国家大科学计划和大科学工程的路线图和专项规划。我国除了制定《方案》之外，在各级国家规划和部门规划中，也均设置了参与和牵头组织国际大科学计划和大科学工程相关重要内容。然而截至目前，我国仅发布了《国家重大科技基础设施建设中长期规划（2012—2030 年）》和《国家重大科技基础设施建设"十三五"规划》，尚未出台真正意义上有关牵头和参与国际大科学计划和大科学工程的综合规划。在"十四五"期间，我国可以参考欧盟、英国的经验，在对全世界各相关领域的国际发展前沿与趋势进行"全景分析"的基础上，制定我国大科学计划和大科学工程规划/路线图，辅以国际大科学计划/工程的监测评估机制，并对上述规划/路线图予以定期更新。

其次，加大研发投入，健全以政府投入为主、社会多渠道投入机制，加大对基础前沿研究的支持。"十四五"时期需要更好发挥财政资金的引导作用，鼓励来自高校、科研机构、科技社团、企业及国际组织等的社会资本对国际大科学计划的经费投入，适当吸收国外资金，通过有偿使用、知识产权共享等多种方式，建立多元化投入机制。此外，还要建立国际大科学计划和大科学工程分类支持体系。我国在制定国际大科学计划和大科学工程规划时，可借鉴欧盟和美国的模式，结合国情和科研领域需求，对拟支持的大科学工程和大科学计划实行分级管理，分批资助。对于成熟度高、国内研究基础好、可在近期内进入建设阶段的大科学项目，进行优先资助；对于重要度高但技术上不成熟的项目，可纳入远期支持范围。

针对国际大科学计划的不确定性因素与科研活动的动态性，我国应建立一整套与国际接轨的经费管理体系。在项目执行与经费管理模式上，定期对大科学计划的合同执行情况与成效进行跟踪检查，并将监督评估结果和调整建议及时报国务院，在国际人才交流、国际资金流动上采取相对弹性的机制，以规避大科学计划的延期与造价飙升等风险。

最后，激发人才创新活力，培育有国际竞争力的人才队伍。贯彻尊重知识、尊重

人才、尊重创造的方针，深化人才发展体制机制改革，实行更加开放的人才政策，全方位培养、引进、用好人才，造就更多国际一流的科技领军人才和创新团队，培养具有国际竞争力的青年科技人才后备军。

加强创新型、应用型、技能型人才培养，实施知识更新工程、技能提升行动，努力建设高水平的工程师和高技能的人才队伍。健全与国际大科学工程相关的科技人才评价制度，在牵头组织大科学计划、大科学工程中，开展自由探索性科学探究的人才与工程技术人才实行分类评价制度。支持发展高水平研究型大学，加强基础研究人才培养，支持自由研究。同时，注重向高技能领军人才倾斜。对长期坚守生产一线且在工程技术岗位从事技术技能工作、具有高超技艺技能和一流业绩水平、为国际大科学工程和大科学计划做出突出贡献的高技能人才，可享受政府特殊津贴，并在申报专业技术职称评审和工资待遇上有所倾斜（新华社，2020；人力资源和社会保障部，2018）。

四、建立科创中国试点机制并逐步推广

"科创中国"试点城市（园区）建设工作是中国科学技术协会以习近平新时代中国特色社会主义思想为指导，全面贯彻党的十九大和十九届二中、三中、四中、五中全会精神，立足新发展阶段、贯彻新发展理念、构建新发展格局，团结引领广大科技工作者深度融入新发展格局，以区域产业需求牵引科技供给，以前瞻性、突破性科技供给创造有效需求，以组织赋能、开放合作带动国内外创新资源有序下沉，营造良好创新生态，把科技共同体人才势能转化为高质量发展动能，为提升国民经济体系整体效能提供科技支撑，更好地促进科技经济深度融合，完成"科创中国"三年行动计划（2021—2023 年）的一项重要工作（大连科协，2021）。

布局建设综合性国家科学中心和区域性创新高地，支持北京、上海等国际科技创新中心。据此，可在 65 个"科创中国"试点城市（园区）中选一批试点，遵循《方案》，组织实施国际大科学计划和大科学工程，对相关的基本原则、基本依据先行试行，待条件成熟后在全国推广并在实践中不断探索和总结经验。可参考北京市的经验，"科创中国"试点城市（园区）建设可在本市辖区内具有独立法人资格和完善财务管理制度的科研机构和高等学校等实行，就其尚未形成完整国际合作框架、正在对接国外合作伙伴、但有巨大成长潜力的重大科学项目，以"国际大科学计划和大科学工程培育课题"的形式进行直接补贴和其他类型的财政、资金支持。推动这些"科创中国"试点城市（园区），特别是其名下的国家重点实验室、国家工程技术中心去积极承担国际大科学计划和大科学工程，开展面向基础性、战略性和前瞻性领域的前沿科学问题研究和应对全球共性挑战，争取国际一流的学术成果和形成广泛的学术影响力。

五、加强知识产权保护和诚信文化建设

加强知识产权保护和诚信文化建设是我国在"十四五"期间顺利推进牵头、组织国际大科学计划和大科学工程的法律和文化保障。

1. 加强知识产权保护

正如《中华人民共和国国民经济和社会发展第十四个五年规划和 2035 年远景目标纲要》所言，要"实施知识产权强国战略，实行严格的知识产权保护制度，完善知识产权相关法律法规，加快新领域新业态知识产权立法"。应加大知识产权保护宣传力度，通过新闻报道、普法宣传等形式，将"创新不仿新""维权不侵权"的理念传导出去，营造尊重知识、保护创新的环境氛围。既严格保护知识产权，又确保公共利益和激励创新兼得。鼓励市场主体树立起公平竞争、正当竞争、合理竞争的思想，以创新赋能发展、以创造开拓市场，通过专利保护加强创新，共同维护良好营商环境，将新型发展理念落到实处。开展对各地区、各部门、各单位落实《方案》的跟踪指导、督查考核和审计监督。可基于我国以往组织、开展国际大科学工程、计划的经验，并在特定学科领域、一线城市开展先行试点，及时总结推广与国际大科学工程相关的知识产权保护相关的做法和经验。此外，还需要完善与我国牵头组织大科学计划和大科学工程相关的科技创新政策法规体系，制定和完善我国牵头、组织国际大科学计划和大科学工程的法规和条例。

2. 增强创新文化、诚信文化建设

诚信文化是构成科技创新的制度环境指标体系的一个重要因素。科研活动要在正确的轨道上健康发展，一方面要靠学术规范和知识产权等相关法律来保障，另一方面要靠诚信道德来约束。我国社会主义市场经济体制正在发展完善阶段，经济转型期伴生了大量严重的信用问题，诚信文化发展不成熟，滋生了大量科技违法事件。健全科技伦理体系对我国牵头组织国际大科学计划、大科学工程的实施效果非常重要。正如《中华人民共和国国民经济和社会发展第十四个五年规划和 2035 年远景目标纲要》所言，应弘扬科学精神和工匠精神，广泛开展科学普及活动……形成热爱科学、崇尚创新的社会氛围。同时，也要加大关于我国牵头组织大科学计划、大科学工程的宣传力度，及时发布改革信息，宣传《方案》实施进展与经验，回应社会关切，就国家重大需求相关的重大科技问题提出基础研究问题并设立研究基金，营造良好的舆论氛围，最大限度地凝聚各方共识，来解决人类面临的共同难题（石聪明和王锋，2018）。

综上所述，面对国际新形势的挑战，我们不仅要做重大计划的发起者，也要争做国际大科学计划和大科学工程前沿技术创新的引领者和重大任务的实施者。在

"十四五"期间，我国要牵头和组织国际大科学计划和大科学工程，需要充分利用全球资源，包括资金、管理队伍，保证政府对国际大科学计划和大科学工程的长期稳定支持；发挥科学累积优势，突出国际大科学计划和大科学工程规划相关的科学建议的原创性；提供稳定支持，建立多元化投入机制；建立健全过程管理体系，通过实施科学合理的组织管理措施，进一步提升运用国际、国内两种资源的能力，进而加快高水平牵头组织和实施国家大科学计划的能力。只有通过合理实施这些措施和建议，才能在牵头组织国际大科学计划和大科学工程的过程中，利用这一汇聚全球科技资源的平台，构建全球创新治理体系，为解决世界性重大科学难题贡献力量（仲东亭和常旭华，2019）。

第五篇　重大工程牵引
基础研究的政策含义

国家重大工程可为发展基础研究和提高原始创新能力提供契机。作为工程大国，我国尚欠缺一种将工程中积累的科研数据、基础研究知识进行收集整合，以供后续基础研究和培育相应科学新增长点的机制。针对如何利用重大工程牵引我国基础研究发展的问题，基于上述案例深描而揭示出的三种不同类型国家重大工程牵引基础研究的基本特征，本部分运用复杂自适应系统理论，建立"重大工程—基础研究"协同演进的复杂自适应系统模型，并提炼出国家重大工程牵引基础研究的关键机制，包括从工程技术到基础研究的科学问题生成机制、面向重大工程的基础研究项目的组织机制、对工程中积累的基础研究资源进行持续利用的机制。最后对国家重大工程牵引基础研究的政策进行分析，识别政策需求，并提出合理的政策工具选择方法。

第十二章　重大工程牵引基础研究的关键机制与政策建议

"基础研究与颠覆性创新"是当前很热门的话题。人们对基础研究的重视在一定程度上集中于欧美发达国家对中国关键核心技术的"卡脖子"问题，认为正是因为我国基础研究的薄弱，才不容易突破"卡脖子"技术。如果我们通过加强基础研究，进而取得颠覆性技术、颠覆性创新，则可以反戈一击，将"卡脖子"的对象客体变成主体，在国际科技竞技场上硬气出牌。上述逻辑是社会上关于颠覆性创新与基础研究的基本逻辑认知，但这种逻辑尚需进一步确证。

事实上，将基础研究与颠覆性创新直接并置，是不会自发产生联系的。基础研究的主体以大学为主，颠覆性创新的主体则是企业。基础研究的目的是发现新的基础性知识，颠覆性创新则是以产品和获取市场利益为导向的。因此，二者之间的逻辑关联需要进一步去"人为建构"或者"探索"。具体来讲，二者是如何有机关联起来的？二者到底是否有关联？抑或，在有些情况下是强关联，而在有些情况下又是弱关联或没有关联，或者在有些情况下二者的关联是松散和模糊的？我们需要对这种不同情况的内在关联开展扎实深入的分析和确证。否则，即使一厢情愿地增强基础研究投入，以显示和落实对基础研究的更加重视，也可能起不到基础研究牵引、助推颠覆性创新的预期效果，犹如汽车轮子的原地空转。

针对不同类型的基础研究，肯定要有不同的模式，液态金属的研究更属于自由探索型的基础研究。科研人员一边做实验，一边发现，同时有针对性地进行开拓性探索。液态金属研究推动了关键技术的突破，更进一步地把研究成果推向实际的市场应用。

针对不同类型的基础研究，肯定要有不同的模式。有一些基础研究更适合小团队的自由探索型的研究，例如中国科学院理化技术研究所关于液态金属的研究，便是一边做实验，一边进行科学发现，并同时对一些新现象有针对性地进行开拓，在开展液态金属研究的过程中推动关键技术的突破，更进一步地把液态金属产品推向实际的市场应用。

本书关于 FAST 工程和 EAST 装置的研究，至少可以用实例证明，大科学装置的可行性研究、建设和运行，是可以牵引基础研究的，并通过拉动企业参与，为颠覆性创新的出现赋予契机。事实上，效果也是比较显著的。

第一节 重大工程牵引技术研究的关键机制

基于上述中国现有重大工程建设相关的科研实践以及上述理论模型，可以提炼出重大工程成功牵引基础研究的三个机制：从工程技术到基础研究的科学问题生成机制、面向重大工程的基础研究项目组织机制、对工程中基础研究资源的持续利用机制和人才培养机制。"重大工程—基础研究"系统从无序向有序的自组织系统演变的过程，也是上述三大机制不断形成和完善的过程。

一、从工程技术到基础研究的科学问题生成机制

科学研究始于科学问题的提出，如何从重大工程中产生正确的科学问题是其牵引基础研究的基本前提。重大工程建设中会面临许多技术难题，这些技术难题有些通过应用性试验可以解决，也有很多需要基础研究的突破作为支撑。从工程技术难题中溯源、凝练出恰当的基础研究问题，是一个将实践应用的知识传导并转化为基础理论知识的过程。这一过程需要建立不同主体之间信息沟通和相互学习的机制，以及具备有利于知识创造和生成新科学问题的适宜环境。同时，由工程技术难题传导转化而来的基础研究问题，其研究进展和成果都需要不断在工程实践中接受验证，通过持续的反馈循环，带来基础研究的进步。从工程技术难题到基础研究问题的知识传导转化和反馈循环机制，是贯穿于"重大工程—基础研究"协同演进复杂自适应系统的一条主线。

国家重大工程的勘测、设计、论证、决策、建设和运行全生命周期往往需要几十年的时间，在工程的不同阶段需要解决的基础研究问题不同。往往需要根据新发现的问题、面临的新情势开展针对性强的应用基础研究。在工程推进的过程中乃至完工后，以往开展过的基础研究问题还可再重复、深入研究，从而推进科学认识的发展。例如，中国高速铁路从大规模建造进入长期安全稳定运营阶段，科研人员陆续提出了轮轨关系基础理论与应用技术、高铁隧道结构缺陷的致灾机理研究，以及高铁基础结构动态性能演变及服役安全等基础科学问题（翟婉明等，2014）。

应用基础研究的发展，不仅对本工程的技术关键问题的解决有促进作用，还具有普适性，可广泛应用到其他同类工程中去。FAST建设期间，围绕超高疲劳性能钢索研制、高精度索结构制造检测、大跨度索网高空编织安装工法，以及高精度索网调控方案等方面，以产学研结合的方式开展研究。设计人员提出索网的抗拉强度要达到500兆帕、200万弯曲次数。FAST工程团队与清华大学、同济大学和哈尔滨工业大学联合开展应用基础研究，带动了特种索材料等应用基础研究。在此基础上，FAST工程团队和柳州欧维姆机械股份有限公司合力研发出了满足工程要求的新型钢索材

料、包裹材料和制造工艺，申请了 12 项专利，对中国乃至全球范围内索结构工程技术的提升都有巨大作用（南仁东和姜鹏，2017）。超高疲劳性能钢索结构这一技术已经被应用于某些大型体育场馆，而高精度索结构生产体系也已被应用于港珠澳大桥等工程的建设。此外，FAST 工程组织多所高校和科研院所对 FAST 主动反射面整体索网的支承结构开展了深入的理论与试验研究（Ren et al.，2001），于 2002 年提出采用全球面预应力索网方案来支承 FAST 主动反射面结构的设想，并进行了相关可行性研究（钱宏亮，2007；沈黎元，2004）。

还有一种问题提出机制是大科学工程的科学家提出自由兴趣与工程相结合的问题。在 FAST 工程建成运行之前，国家天文台射电天文研究部就已经开展了"973"项目射电波段的前沿天体物理课题及 FAST 早期科学研究。在工程正式运行后，集中通过收集和处理大规模天文数据，服务于科学家的科学发现与研究工作。上述机制的有效运行，对重大工程和基础研究的协同演进起着关键作用。

二、面向重大工程的基础研究项目组织机制

面向重大工程的基础研究项目具有明确的应用目标，这类项目的组织管理方式不同于自由选题的项目，也不同于一般的重大科学研究项目。针对这类项目的特征建立有效的组织机制，是实现重大工程牵引基础研究，基础研究为重大工程提供支撑的基本保障。源于工程技术难题的科学问题，通常分布在多个学科领域。有些综合性的重大科学问题，需要组织跨学科、跨部门的联合研究团队，也有些单项的科学问题，采取个体化、小团队的组织方式。

面向重大工程的基础研究项目组织机制，围绕源自工程的科学问题，根据其性质和类型对基础研究项目的立项机制、过程管理机制、成果的运用机制等进行研究。国家自然科学基金委员会对更偏基础类项目进行支持。国家"七五""八五"科技攻关项目等偏向于行业共性技术。铁道路、水利部也针对高铁、三峡工程发布了一些重点科技项目的试验研究，主要是为技术推广提供支持，如西南交通大学曾在 20 世纪 90 年代初承担铁道部科技项目迫导向转向架的理论与应用研究。此类项目在成果运用机制上，主要是由铁道部等部委进行技术鉴定后，评估是否达到国内首创和国际先进水平，然后开始进一步推广试验（翟婉明等，2014）。

经案例研究发现，重大工程相关的基础研究项目的组织管理呈现如下特征：我国科技计划改革后，通过在"863"计划和"973"计划等国家科技计划中设立重大工程专项和重大科技专项，由国家自然科学基金委员会与产业部门设立联合基金等多种政策方式，为重大工程相关的基础研究提供支持，以实现重大工程对基础研究的牵引作用。例如，《国家中长期科学和技术发展规划纲要（2006—2020）》专门设立了大型先进压水堆及高温气冷堆核电站、载人航天与探月工程在内的多个重大工程专项，涉

及信息、生物等战略产业领域，能源资源环境和人民健康等重大紧迫问题，以及军民两用技术和国防技术。该规划还强调要重视大型科学工程和设施对科学研究的作用，加强科学仪器设备及检测技术的自主研究开发，建设与高性能计算、大型空气动力研究试验和极端条件下进行科学实验等相关的大科学工程或大型基础设施。国家重大科技专项围绕"核高基工程"等重大工程支持开展了相关的基础研究。《国家重大科技基础设施建设中长期规划（2012—2030年）》在"十二五"期间优先安排了"中国南极天文台"和"上海光源线站工程"等16项重大科技基础设施建设。当然，项目的不同阶段，组织结构发生变化，项目组织形式也有所区别。

三、对工程中基础研究资源的持续利用机制和人才培养机制

在重大工程建设过程中，通常会积累大量试验数据和发现一些新现象，这些数据和现象是科学研究的重要资源，往往会催生新的基础研究方向和学科生长点。对这些科学研究资源的持续利用，超出了重大工程自身的目标和活动边界，而受到更多因素和外部环境的直接影响。一些参加工程中基础研究项目的团队和人员在工程结束后继续开展相关研究，对工程中的试验数据和发现的新现象进行持续观察和分析，并对这些研究方向进行交流扩散，不仅取得了重要成果，而且促进了相关学科的发展。对工程中积累和发现的科学研究资源进行持续利用，是工程牵引基础研究的第三个机制。

FAST工程团队内的科学家、工程师、支撑人员，在二十多年里保持相对稳定和协同工作，在项目进入调试和运行阶段之前，科研团队已有预见地开展基础科研并培养人才，有意识地带领天文学家利用国外望远镜数据开展研究，将年轻科研人员送到国际科研机构磨炼，在本单位内部设立FAST成果培育项目，提拔优秀人才为特聘青年研究员，为后期FAST的科学应用储备优秀人才。

第二节　重大工程牵引基础研究的问题

工程牵引基础研究的理论模型也会面临市场失灵与制度失灵的问题。为了更好地通过重大工程建设，来牵引我国的基础研究，我们需要对这一潜在的陷阱加以重视。

三种类型的国家重大工程虽然各具特色，经过研究不难发现，这三类工程在重大工程牵引基础研究的过程中普遍存在着市场失灵和系统失灵现象，具体表现为：当前中国对工程建设中提供的基础研究发展机会利用得还很不够。在工程的可行性研究、设计和建设过程中，进行了大量科学实验，积累了大量工程技术数据。这些研究工作

是基础研究学科发展的重要牵引力，但在多数情况下，随着工程的建设完成，在工程中积累起来的各种技术知识和基础研究资源没有得到重视和传承。国内尚欠缺一种将新增的、分散性科研数据、技术科学知识进行搜集、整合，以供后续科研和培育科学新增长点的机制，从而失去了利用工程建设牵引基础研究发展的重要机遇。

总之，针对上述原有理论分析与模型建构中，关于如何维护和增强重大工程推动基础科研的三大机制的考量不足，需要对原先提出的理论模型进行修正，并从政策工具层面进行思考。

一、市场失灵与欠缺稳定经费保障

与重大工程相关的前期基础研究存在市场失灵，尚缺乏稳定的科研经费保障。我国基础研究经费主要来源于中央财政科技支出。1985 年中共中央启动科学技术体制改革后，我国基础研究的资助模式从行政拨款转变为择优竞争模式，资金管理部门由国家自然科学基金委员会、科技部、中国科学院和教育部 4 个部门构成，通过国家科技管理平台统一管理，对基础研究资助计划进行协调管理。针对重大工程，国家是参照一般性工程的可行性研究方法履行其立项审批手续，工程在得到国家发展和改革委员会审批后才获得经费归口。因此耗资巨大的工程的前期研究所需经费主要来源于国家自然科学基金委员会的竞争性经费和科研单位自筹，科研团队难以稳定，因此对工程相关的基础科研研究不能持续开展和深入研究，更无法重点关注那些影响重大工程的全局性、系统性和可持续发展的因素。

二、考核机制失灵

对开展重大工程相关科研主体的考核机制失灵。高校是我国从事科研的主体，国家有关部门对高校的考核主要是论文为核心的科研成果。事实上，高校内还有相当一部分人从事着与国家重大工程相关的应用基础研究工作和开发研究，这些任务本应由企业来承担，因此在一定程度上破坏了基础研究和共性技术研究的公共性。正如西南交通大学校长徐飞所言："大学……做了大量本该由设计院、工研院、产研院和企业研发机构做的工作，导致基础研究薄弱、原始创新能力不强。"（张龙鹏和王博，2020）大科学工程建完后，往往没有继续专门从事基础研究的队伍。

与此相关的是，对从事重大工程相关基础科研的人员考核与工程师的考核标准没有差别，挫伤了这部分科研人员的价值和创新活力。国家重大工程多处于边远地区，工程本身却对人才素质有着较高的要求，科研人员的工资福利待遇不尽如人意。国家虽然每年都会拨付大科学装置一笔运行费，不过人员经费严重缺乏，光学望远镜 LAMOST 工程甚至一度要借钱发薪，FAST 工程因年薪 10 万招不到人而引起媒体和社会关注。

三、多元参与者知识共享机制不完善

工程科研相关的多元参与者的互惠型知识共享机制尚有待进一步完善。在研究中发现存在重大工程相关的基础研究机构与工程实施机构的合作沟通不足、只顾本位工作，上下游知识交流断裂问题等，存在不利于科学问题生成的消极现象。冯东梅等（2019）指出，互惠型知识共享关系在工程项目组织或企业的合作中扮演重要角色，但该关系目前还未真正引起管理者重视。

四、制度失灵

制度失灵会回避对重大工程相关的基础科研的支持。现有科技创新体系与相关激励制度尚不完善，无法推动工程科研人员在可从国外直接购买核心装备的情况下，去自主开展"卡脖子"技术背后的基础科研攻关。FAST 工程依然沿用了引进消化吸收再创新模式，馈源舱作为 FAST 工程的核心部件是直接购买自国外的，尚未实现完全的核心技术国产化，在新的复杂国际形势下，这有可能成为新的"卡脖子"技术。与之相比，面临欧美国家严密的技术封锁，"北斗三号"实现了核心技术国产化 100%。

第三节　重大工程牵引基础研究的政策建议

促进重大工程牵引基础研究，有多种政策工具可供选择，如联合资助基础研究项目、向自主研发活动提供税收优惠激励、建立形式灵活的基础研究机构或基地等。本节将政策作为"重大工程—基础研究"复杂自适应系统运行的内生要素，通过思考政策要素与系统其他要素之间的相互作用机理，分析确定重大工程牵引基础研究的政策需求，提出以下政策建议。

（1）完善对重大工程相关的基础研究的专项资助机制。如沈志云院士所说，有关高速铁路的基础研究往往不直接与产品挂钩，需要给予特殊的关注，专门组织力量进行（沈志云，1998）。政府应加强财政对重大工程相关的基础研究的稳定性支撑经费保障，完善这类研究的竞争性项目与稳定性项目的互补与激励体系。在国家层面的顶层设计上，以国家中长期战略规划的形式对重大工程相关的基础研究进行制度化扶持，由科技部、教育部以及行业总公司牵头，研究制定立足当前、面向2050、分阶段推进的行业性重大工程技术相关的基础科研的中长期发展战略规划，保证重大工程相关的科研项目得以持续。

（2）完善从事工程相关基础科研机构或队伍的考核机制。政府应提高基础研究在科研机构与高等院校所开展的各类工作中的地位，在评估与考核这类机构时提高

对工程相关基础研究的权重。同时，提高企业关于应用基础研究对企业发展重要性的认识，鼓励企业与高校、科研机构合作联合开展基础研究工作（纪玉伟等，2021）。教育部、科技部、高校应以国家实验室建设为抓手，依托国家工程类实验室建设和工程技术中心，建立与国际规范更加接轨的工程相关基础科研的激励与评价机制，对从事重大工程相关的基础研究的人才及科研团队要实行分类评价和长周期评价，同样推行代表作评价制度，为他们提供扎实工作的环境。

（3）增强不同参与者的知识共享与分工合作。在重大工程相关的基础研究项目的选题和评估工作中，重视中外领域内科学家与工程师的建议；着重构建科学家、企业技术专家的知识共享机制，促进多元参与者的交流与互动。建立国家财政直接支持的工程科研相关的基础研究项目的统一信息平台，避免科技重复投入。引导和资助具有较强创新能力的企业与高校、科研院所合作开展重大工程相关的基础科研。

（4）政府优先支持工程基础科研项目，支持资助来源多样化。对于在攻克工程前沿问题过程中孕育的重大科研项目，因其对"卡脖子"技术这类可对标的特殊共性技术有较为直接的辅助作用，因此需要政府进行择优支持，从而有效防范支持制度的政府失灵（常耀中，2021）。要提高国家自然科学基金委员会、科技部、教育部、中国科学院、高校、龙头企业等不同资助主体对这类研究问题的重视，并提高相应的立项规模、资金数额及比重。同时优化对这类自主研发活动的资金扶持方式，包括对企业研发费用的加计扣除等税收优惠激励，以及财政补贴，并建立形式灵活的基础研究机构或基地等。

结　　语

早在 2006 年国家颁布的《国家中长期科学和技术发展规划纲要（2006—2020年）》，就已经指出："到 2020 年，我国科学技术发展的总体目标是：自主创新能力显著增强，科技促进经济社会发展和保障国家安全的能力显著增强，为全面建设小康社会提供强有力的支撑；基础科学和前沿技术研究综合实力显著增强，取得一批在世界具有重大影响的科学技术成果，进入创新型国家行列，为在本世纪中叶成为世界科技强国奠定基础。"回首过去十几年以来的科技发展，航天工程、三峡工程等国家重大工程不仅对经济、社会发展发挥了愈加突出的主导作用，还是国家综合实力和整体科技水平的体现，更是我国实施创新驱动发展战略的重要契机，对于实现该纲要中提出的"自主创新，重点跨越，支撑发展，引领未来"发挥了不可忽视的重要作用。

以三峡工程为代表的典型国家重大建设类工程在长达几十年的勘测、论证、设计、工程建设与运行阶段，都持续开展了大量工程相关的基础科研。我国不断涌现的世界级大科学装置更是将工程实践与基础科研有效结合，已经产生了一批有影响的重大成果，也催生了一系列令人振奋的新学科增长点。过去十几年来，中国空间科学发展迅速，中国科学院空间科学战略性先导科技专项率先建立了国内专用科学卫星系列，产出了一批有国际影响力的原创科学成果。载人航天与深空探测重大航天工程日益重视科学、技术和应用的融合，中国空间科学发展进入新时代。空间科学、空间技术与空间应用紧密联系，相互促进。重大科学目标引领、重大科学成果导向已成为中国重大科学任务的主要原则。

作为举世瞩目的工程大国，我国拥有众多世界上规模最大的工程，工程量居世界第一，且仍在大举进行一大批重大高科技工程的建设。进入 21 世纪以来，我国的工程科技已处于"从跟随到并行再到领跑"的快速发展阶段，工程科技进步和创新对经济社会发展的主导作用也更加突出。一些关键工程技术领域的重大突破，为经济发展注入新的活力，可能引发新的产业变革和社会变革。

令人遗憾的是，尽管长期以来，我国运用举国体制来集中全国优势科技、人才和经济资源，攻克了"两弹一星"工程等一大批工程建设中的关键技术难题，并斥巨资从西方国家进行大规模技术引进。但是我国重大工程的水平，仍然与世界发达国家有相当大的差距。究其原因，一方面是我国科学基础薄弱，另一方面也恰恰是我国对工程建设中提供的基础研究发展机会利用得还很不够。虽然在工程的可行性研究、设计和建设过程中，进行了大量科学实验，积累了大量工程技术数据，这些研究工作本可成为基础研究学科发展的重要牵引，但是在多数情况下，随着工程建设的完成，在工程中积累起来的各种技术知识和基础研究资源没有得到重视和传承。国内尚欠缺一种将新增的、分散性的科研数据、基础研究知识进行搜集、整合，以供后续建立基础研究和培育相应科学新增长点的机制，从而失去了利用工程建设牵引基础研究，提高原始创新能力的重要机遇。这是需要引起我国公共政策领域关注的一个重要议题。

在世界经济面临新常态的全球发展背景下，我国经济运行的新常态也呈现出增速放缓、结构优化升级的特征。我国正面临着加快转变经济发展方式，构建现代产业发展新体系的迫切需求，亟待提高自主创新，特别是源头创新能力。加强基础研究，着力推动工程科技创新，提高我国源头创新能力，是我国实施创新驱动发展战略、建设创新型国家的重要动力。

工程建设不仅是现代基础研究取得重大突破的必要手段，还牵引着诸多基础学科的生成与发展；工程设施所提供的成果，既是设计成果、验证成果，也是在运营中产生科学发现的伴行装置。需要根据重大工程自身的性质，以及科学问题的领域，运用"重大工程—基础研究"复杂自组织系统中的政策工具，推动系统的自组织化。

目前，我国正在努力建设创新型国家。我国一大批重大工程在其从酝酿、勘测、设计到建设、运行的全生命周期内，均可为提高我国基础研究和原始创新能力提供重要契机。中国的三峡工程、FAST 工程和航天工程活动将继续高质量、高效率、高效益地运行，创造新的历史纪录，牵引中国基础研究的强劲发展，为建设科技强国提供有力支撑，为实现中国梦作出更大贡献。

参 考 文 献

阿奇博尔德. 2004. 如何管理高科技项目——知识体系及实务[M]. 冷发光, 任东胜译. 北京: 清华大学出版社.

安利. 2021a. 阿雷西博的"生平事迹"(上)[J]. 百科知识, (02): 26-27.

安利. 2021b. 阿雷西博的"生平事迹"(下)[J]. 百科知识, (04): 48-49.

安森, 刘娜. 2017. 基于沟通理论的大科学工程档案管理的实践路径[J]. 北京档案, (05): 31-34.

安培浚, 王雪梅, 张志强, 等. 2008. 国外遥感卫星地面站分布及运行特点[J]. 遥感技术与应用, 23 (06): 697-704.

拜海霞. 2016. 综合型大科学研究中心管理体制与运行机制探析[D]. 北京: 中国科学院大学硕士学位论文.

包为民. 2018. 发展太空经济 走向地月空间[J]. 高科技与产业化, (11): 10-13.

保罗·海涅. 2008. 世界上最难回答的 208 个问题[M]. 周瑞, 周璐译. 哈尔滨: 黑龙江科学技术出版社.

北京大学现代科学与哲学研究中心. 2001. 钱学森与现代科学技术[M]. 北京: 人民出版社.

北京天文台, 紫金山天文台, 上海天文台. 1994. 大射电望远镜(LT)国际合作计划建议书[Z]. 北京: FAST 工程办公室, ZH1-YYJD-001: 36.

本刊编辑部. 2015. 中国空间科学在世界空间研究中的地位——欧空局前副局长 Roger-Maurice Bonnet 专访[J]. 中国科学院院刊, 30 (06): 751-759.

编辑部. 2012. "绕月探测工程科学数据应用与研究"通过验收[J]. 军民两用技术与产品, 295 (12): 19.

曹晋滨. 2005. 空间天气学研究进展[J]. 中国科学院院刊, (04): 277-282.

曹庆仁, 宋学锋. 2001. 基于复杂性科学的企业创新与管理[J]. 经济管理, (14): 6-11.

曹学军. 2000. 美国国家纳米技术计划[J]. 国外科技动态, (06): 18-19.

长江年鉴编纂委员会. 2000. 长江年鉴 2000[M]. 武汉: 水利部长江水利委员会长江年鉴社.

《长江志》编纂委员会. 2000. 长江志·科学研究[M]. 北京: 中国大百科全书出版社.

常绍舜. 2016. 系统工程和系统工程方法[J]. 系统科学学报, 24 (04): 11-14, 110.

常耀中. 2021. "卡脖子"技术协作攻关的政府择优支持制度研究[J]. 商学研究, 28 (01): 81-86.

巢纪平. 2007. 缅怀赵九章先生[M]//中国地球物理学会. 辉煌的历程——中国地球物理学会 60 年. 北京: 地震出版社: 115-127.

陈芳, 眭纪刚. 2015. 新兴产业协同创新与演化研究: 新能源汽车为例[J]. 科研管理, (01): 26-33.

陈凤珍，游丽金，杨帆，等. 2020. CNGBdb：国家基因库生命大数据平台[J]. 遗传，（08）：799-809.

陈福民. 2009. 科海圆梦——新中国60年科技发展辉煌历程[M]. 杭州：浙江科学技术出版社.

陈刚. 2014. 建设大科学数据"加工厂"[J]. 中国教育网络，（04）：24-25.

陈刚. 2018. 前沿物理大科学装置数据策略的一些思考[J]. 中国科学院院刊，33（08）：866-870.

陈光，王艳芬. 2014. 关于中国大型科研仪器共享问题的分析[J]. 科学学研究，32（10）：1546-1551.

陈欢欢，刘征宇. 2018-02-14. 高空气球助力临近空间科学实验[N]. 中国科学报，第4版.

陈建军，于志强，朱昀. 2001. 数据可视化技术及其应用[J]. 红外与激光工程，（05）：339-342.

陈近梅，王培. 2017. 大数据与传说中的"中国天眼"FAST[EB/OL]. http://www.cbdio.com/BigData/2017-03/31/content_5483880.htm[2022-11-23].

陈娟，周华杰，樊潇潇，等. 2016a. 美国能源部大科学装置建设管理与启示[J]. 前沿科学，10（02）：63-70.

陈娟，周华杰，樊潇潇，等. 2016b. 重大科技基础设施的开放管理[J]. 中国科技资源导刊，48（04）：6-13.

陈立，赵聪. 2020. 火星探测，中国从此出发——从认识火星到中国首次火星探测任务立项[J]. 太空探索，362（08）：6-11.

陈求发. 2013. 探秘全月图[M]. 北京：中国宇航出版社.

陈套. 2014. 大科学工程衍生资源的协同管理[J]. 科学与管理，34（05）：10-14.

陈星光，朱振涛. 2017. 复杂系统视角下的大型工程项目管理复杂性研究[J]. 建筑经济，38（01）：42-47.

成思危. 1999. 复杂科学与系统工程[J]. 管理科学学报，（02）：1-7.

程鹏，柳卸林，陈傲，等. 2011. 基础研究与中国产业技术追赶——以高铁产业为案例[J]. 管理评论，（12）：46-55.

程群，周文其，周琳，等. 2017-10-21. 太空探索：航天强国梦想起航[N]. 经济参考报，第8版.

褚英志，徐博明，衡岗，等. 2013. 萤火一号火星探测器项目对俄合作管理经验和启示[J]. 上海航天，30（4）：21-23，85.

大连科协. 2021. 中国科协"科创中国"试点城市（园区）名单发布，大连榜上有名！[EB/OL]. https://m.thepaper.cn/baijiahao_12993168[2022-12-31].

《地球学报》编辑部. 2009. 探月与地学科学研讨会在北京成功举行[J]. 地球学报，30（04）：446.

丁锐. 2009. 项目管理理论综述[J]. 合作经济与科技，（07）：50-51.

丁翔，盛昭瀚，李真. 2015. 基于计算实验的重大工程决策分析[J]. 系统管理学报，24（04）：545-551.

董佳敏，刘人境，张光军. 2016. 大科学工程组织管理模式对比分析及对我国的启示[J]. 科技管理研究，36（16）：183-188.

都亨，赵九章. 1964. 带电粒子穿入地磁场的一种机制（一）[J]. 地球物理学报，（03）：201-210.

杜澄，尚智丛. 2011. 国家大科学工程研究[M]. 北京：北京理工大学出版社.

段瑞春. 2016. 创新与法治——新常态、新视野、新探索[M]. 北京：中国政法大学出版社.

FAST工程办公室. 2011. FAST工程台址开挖工程管理部组织机构与功能工作职责[Z]. 北京：中国科学院国家天文台，ZH2-GZZD-001.

FAST 工程办公室. 2013. FAST 工程 2013 年计划完成情况总结[Z]. 北京：中国科学院国家天文台，ZH2-JZJH-006：207.

樊潇潇，李泽霞，宋伟，等. 2019. 重大科技基础设施预先研究管理解析及思考[J]. 科技管理研究，39（02）：31-36.

范晓娟，王佩琼. 2016. 工程社会评估的缘起与发展[J]. 工程研究——跨学科视野中的工程，8（06）：673-683.

费奇，王红卫，陈学广，等. 2011. 复杂系统工程研究[J]. 上海理工大学学报，33（06）：641-650，508.

冯东梅，武长静，张瑞雪. 2019. 基于 SNA 的大型复杂工程项目组织互惠型知识共享关系研究[J]. 科技管理研究，39（20）：169-175.

冯华，刘诗瑶，左潇，等. 2020. "天问一号"启程，我们为什么要去火星[J]. 决策探索（上），（09）：24-25.

冯俊文，高朋，王华亭. 2009. 现代项目管理学[M]. 北京：经济管理出版社.

付丽丽，孙瑜. 2022-09-09. 深度参与国际创新网络 为构建人类命运共同体贡献力量[N]. 科技日报，第 5 版.

傅宏波. 2007. 登月，中国准备好了吗？[J]. 观察与思考，（07）：22-25.

傅溪鹏. 2008. 2007 中国报告文学年选[M]. 广州：花城出版社.

高巍翔，陈茵. 1998. 神女当惊世界殊——三峡工程[M]. 北京：中国物资出版社.

高艳蕊. 2017. "子午工程"运行管理综合评价研究[D]. 北京：中国科学院大学硕士学位论文.

郜媛莹，乔黎黎，陈锐. 2018. 国家重大科技基础设施运行管理现状评估——以同步辐射光源为例[J]. 全球科技经济瞭望，33（10）：40-46，64.

葛维维. 2018. 中国希望未来能引领聚变国际大科学工程——专访中国国际核聚变能源计划执行中心主任罗德隆[J]. 中国核工业，（01）：48-49.

顾逸东. 2014. 空间科学——探索与发现之源[J]. 物理，43（09）：570-578.

郭宝柱. 2003. 中国空间活动十年成就回顾[J]. 中国航天，（08）：5，7.

郭磊，蔡虹，孙卫. 2013. 以重大科技项目为主体的我国科技计划管理比较研究[J]. 科技进步与对策，30（06）：1-6.

郭萌. 2018. 为建设科技强国提供有力支撑——我国牵头组织国际大科学计划和大科学工程明确"三步走"发展目标[EB/OL]. http://81.cn/jfjbmap/content/2018-04/12/content_203677.htm[2022-11-09].

国防科学技术工业委员会. 2007. 中国航天五十周年回顾[M]. 北京：北京航空航天大学出版社.

国杭. 2017. "墨子号"卫星提前实现全部既定科学目标[J]. 太空探索，（10）：5.

国家测绘地理信息局. 2017. 中国测绘地理信息年鉴 2017[M]. 北京：测绘出版社.

国家航天局. 2022. 正式公布：嫦娥六号、七号、八号分别计划于 2025、2026、2028 年前后发射[EB/OL]. https://baijiahao.baidu.com/s?id=1750479823061943066&wfr=spider&for=pc[2023-01-12].

国土资源部. 2016. "全球岩溶动力系统资源环境效应"国际大科学计划启动[EB/OL]. http://www.gov.cn/xinwen/2016-11/15/content_5132798.htm[2021-05-12].

国务院. 2013-02-23. 国务院关于印发国家重大科技基础设施建设中长期规划（2012—2030 年）的

通知. http://www.gov.cn/xxgk/pub/govpublic/mrlm/201303/t20130304_65957.html[2022-11-05].

国务院. 2015. 国务院关于国家重大科研基础设施和大型科研仪器向社会开放的意见[EB/OL]. http://www.gov.cn/zhengce/content/2015-01/26/content_9431.htm[2022-08-01].

国务院. 2018. 国务院关于印发积极牵头组织国际大科学计划和大科学工程方案的通知[EB/OL]. http://www.gov.cn/zhengce/content/2018-03/28/content_5278056.htm[2022-05-04].

国务院新闻办公室. 2000. 中国的航天[EB/OL]. http://www.gov.cn/gongbao/content/2001/content_61247.htm[2021-09-13].

国务院新闻办公室. 2006.《2006年中国的航天》白皮书[J]. 中国航天,（11）: 10-15.

韩金林. 2011. 中国射电天文发展的机遇和挑战[J]. 科学（上海）, 63（01）: 4-7.

郝宁. 2005. 中国宇航学会暨航天十周年学术研讨会胜利闭幕[J]. 航天器环境工程,（06）: 366.

何春藩. 1991. 太空半导体材料的开拓者——记物理学家林兰英教授[J]. 现代物理知识,（04）: 1-2.

何冬玲, 章顺应. 2021. "开放科学"的发展历程、趋势及其挑战[J]. 长沙理工大学学报（社会科学版）, 36（01）: 62-69.

何洁, 范少锋, 周锋, 等. 2013. 我国科研组织模式发展建议[J]. 中国高校科技,（07）: 16-18.

何开煦, 潘云涛, 赵筱媛. 2018. 国际大科学工程中的国家贡献评价体系构建与实证[J]. 中国科技论坛,（06）: 14-24.

何绍改. 2007a. "嫦娥"奔月之旅——中国月球探测活动大事纪略（1960年—2007年）[J]. 国防科技工业,（11）: 76-81.

何绍改. 2007b. "嫦娥"展翅出征——中国绕月探测工程采访纪实[J]. 国防科技工业,（11）: 28-41.

贺济生. 1994. 三峡工程关键技术问题的应用基础研究基金设立[J]. 泥沙研究,（03）: 31.

贺迎春. 2016. 中国航天白皮书首提航天强国发展愿景[EB/OL]. http://scitech.people.com.cn/n1/2016/1227/c59405-28980320.html[2023-01-01].

侯建国. 2021. 把科技自立自强作为国家发展的战略支撑[EB/OL]. http://www.qstheory.cn/dukan/qs/2021-03/16/c_1127209161.htm[2021-04-30].

胡鞍钢. 1986. 大系统理论要创新——钱学森同志在北京钢铁学院召开首届"系统科学与优化技术"学术讨论会上的发言[J]. 系统工程理论与实践,（01）: 1.

胡恩华, 刘洪. 2007. 管理科学研究范式的转换——以复杂性科学为研究视角[J]. 系统科学学报,（01）: 74-78.

胡群芳, 陈永杰. 2004. 中国掀起月球车研制热[J]. 中国航天,（05）: 9-10.

胡振华, 聂艳晖. 2002. 项目管理发展的历程、特点及对策[J]. 中南工业大学学报（社会科学版）,（03）: 229-232.

黄海华. 2017. 上海新增科学院院士王建宇: 双休日总会出现在实验室的量子卫星工程常务副总师[EB/OL]. https://web.shobserver.com/news/detail.do?id=72289[2022-11-25].

黄梦林, 朱明. 2014. FAST望远镜观测项目管理系统框架设计[J]. 贵州大学学报（自然科学版）, 31（01）: 88-91.

黄永军, 姜璐. 2002. 泛化的与本意的"自组织"[J]. 自然辩证法研究, 18（03）: 7-9.

黄永文, 张建勇, 黄金霞, 等. 2013. 国外开放科学数据研究综述[J]. 现代图书情报技术,（05）: 21-27.

黄振羽，丁云龙．2014．小科学与大科学组织差异性界说——资产专用性、治理结构与组织边界[J]．科学学研究，32（05）：650-659.

纪玉伟，陈媛媛，范红坤．2021．中国与其他创新型国家基础研究经费投入政策对比研究[J]．科技智囊，（03）：61-69.

姜浩峰．2016．"天眼"建造，超越以往工程概念[J]．新民周刊，（28）：86-89.

姜鹏，王启明，赵清．2013．巨型射电望远镜索网结构的优化分析与设计[J]．工程力学，30（02）：400-405.

姜鹏，朱万旭，刘飞，等．2015．FAST索网疲劳评估及高疲劳性能钢索研制[J]．工程力学，32（09）：243-249.

姜玉平．2006．钱学森与"工程控制论"的创立及其启示[J]．科学学研究，（04）：517-523.

姜玉平．2011-12-05．异域新知哺故土——钱学森与工程科学思想在中国的早期传播[N]．光明日报，第13版.

姜玉平．2015．钱学森与技术科学[M]．上海：上海人民出版社.

姜宗林，俞鸿儒．2009．高超声速激波风洞研究进展[J]．力学进展，39（06）：766-776.

蒋建东．2012．三峡工程移民安置规划总结性研究[M]．武汉：长江出版社.

蒋建科，喻思娈．2013-05-06．中国航天：探月之后还探啥[N]．人民日报，第20版.

金凤．2020．研究暗物质"龙虾眼X射线探测卫星"升空[EB/OL]．https://www.cas.cn/kj/202007/t20200727_4754255.shtml?from=timeline[2022-11-27].

金瑛，张晓林，胡智慧．2019．公众科学的发展与挑战[J]．图书情报工作，63（13）：28-33.

靳力，瞭望．2006．动态新闻[J]．航天器工程，15（03）：71-77.

经福谦．2012．学习钱老工程科学思想的几点体会[C]//中国科学院院士工作局．钱学森先生诞辰100周年纪念文集．北京：科学出版社：24-27.

荆其一，李鸿洲，张琦娟．1982．发展中的我国高空科学气球[J]．气象，（01）：32-33.

亢建明．2015．问鼎太空——中国航天"天路"征程全记录[M]．西安：陕西人民出版社，2015.

科学技术部．2012a．这十年——地球观测与导航领域科技发展报告[M]．北京：科学技术文献出版社.

科学技术部．2012b．地球观测组织中国秘书处启动会在京召开[EB/OL]．https://www.most.gov.cn/kjbgz/201201/t20120129_92125.html[2021-05-18].

科学技术部．2017a．中国参与地球观测组织（Group on Earth Observations，GEO）工作计划项目研讨会在京召开[DB/OL]．https://www.most.gov.cn/kjbgz/201708/t20170802_134356.html[2021-05-18].

科学技术部．2017b．ITER理事会第22次科技咨询委员会会议在法国召开[DB/OL]．https://www.most.gov.cn/kjbgz/201705/t20170527_133175.html[2020-05-12].

科学技术部．2021．SKA中国办公室与平方公里阵列射电望远镜（SKA）重点科学方向责任单位签署管理责任协议[EB/OL]．https://www.safea.gov.cn/kjbgz/202104/t20210401_173667.html[2021-12-16].

空间科学和技术综合专题组．2004．2020年中国空间科学和技术发展研究[C]//周光召．2020年中国科学和技术发展研究（上）．北京：中国科学技术出版社.

《空间科学学报》编委会. 2019. 中国科学院微小卫星创新研究院[J]. 空间科学学报, 39（03）: 408-409.

雷丽彩, 周晶, 李民. 2011. 我国大型工程项目的集成化决策流程分析[C]. 第二届工程和商业管理国际学术会议. 武汉: 50.

雷丽芳, 潜伟, 吕科伟. 2020. 科技举国体制的内涵与模式[J]. 科学学研究, 38（11）: 1921-1927, 2096.

雷强. 2019. 人类基因组计划: 历时十三年耗资 30 亿美元 六国科学家共同参与[EB/OL]. https://www.sohu.com/a/512300789_120099877[2022-12-16].

雷源忠. 1999. "长江三峡水轮发电机组关键技术基础性研究" 成果丰硕[J]. 中国科学基金,（05）: 43.

李伯聪, 等. 2010. 工程社会学导论: 工程共同体研究[M]. 杭州: 浙江大学出版社.

李存金. 2011. 大规模科学技术工程复杂系统管理方法论研究[C]//《中国管理科学》编辑部. 第十三届中国管理科学学术年会论文集. 内部资料: 153-157.

李东, 陈闽慷, 果琳丽, 等. 2002. 月球探测的初步设想[J]. 导弹与航天运载技术,（05）: 20-28.

李建明, 曾华锋. 2011. "大科学工程" 的语义结构分析[J]. 科学学研究, 29（11）: 1607-1612.

李健. 2016. 国家重大科研设施与仪器并放共享机制研究[D]. 北京: 中央民族大学硕士学位论文.

李俊峰, 王大洲. 2016. LAMOST 工程的立项、建设与运行[J]. 工程研究——跨学科视野中的工程,（01）: 107-122.

李迁, 盛昭瀚. 2013. 大型工程决策的适应性思维及其决策管理模式[J]. 现代经济探讨,（08）: 47-51.

李素菊. 2018. 空间减灾国际合作机制（四） 地球观测组织机制介绍[J]. 中国减灾,（15）: 50-51.

李晓艳. 2006. 中国 "探月" 成期待[J]. 中国报道,（03）: 52-55.

李秀波, 王大洲. 2019. 兰州重离子加速器装置建设的历史考察[J]. 工程研究——跨学科视野中的工程, 11（03）: 297-308.

梁茹, 盛昭瀚. 2015. 基于综合集成的重大工程复杂问题决策模式[J]. 中国软科学,（11）: 123-135.

林镝. 2009. 基于虚拟理论的 863 项目组织制度变革[J]. 科技进步与对策, 26（09）: 44-46.

林一山. 1995. 高峡出平湖: 长江三峡工程[M]. 北京: 中国青年出版社.

林渊博, 杜纲, 吕佳. 2009. 结构复杂性度量和复杂结构组织[J]. 北京理工大学学报（社会科学版）, 11（03）: 20-23.

凌云, 乔天富. 2007. 大国雄心 全球媒体强烈关注中国探月计划[J]. 国际展望,（20）: 20-25.

刘超. 2017. 郭守敬望远镜: 换个 "看法" 也不错[EB/OL]. http://www.cas.cn/cm/ 201708/t20170823_4611978.shtml[2021-04-30].

刘华杰. 2001. 混沌有多复杂? [J]. 系统辩证学学报, 9（04）: 28-30, 52.

刘戟锋, 刘艳琼, 谢海燕. 2004. 两弹一星工程与大科学[M]. 济南: 山东教育出版社.

刘军仪. 2016. 英美科研诚信建设的实践与探索[M]. 北京: 党建读物出版社.

刘诗瑶. 中国平方公里陈列射电望远镜启动[N]. 人民日报, 2021-09-13, 第 12 版.

刘诗瑶. 2016. "墨子号" 升空, 无条件安全通信成可能 揭秘全球首颗量子卫星[J]. 中国经济周刊,

（33）：43-45.

刘文云，刘莉. 2020. 欧盟开放科学实践体系分析及启示[J]. 图书情报工作，64（07）：136-144.

刘兴军，张金榕. 2018. 基于 FAST 望远镜建成对于贵州的发展研究[J]. 环球市场，（03）：201-202.

刘昱东. 2013. "两弹一星"工程管理创新研究[D]. 长沙：国防科学技术大学博士学位论文.

刘振兴. 2001. 钱学森先生与我的空间科学和应用[C]//宋健. 钱学森科学贡献暨学术思想研讨会
论文集. 北京：中国科学技术出版社：245-248.

柳卸林，等. 2014. 从科技投入到产业创新[M]. 北京：科学出版社.

卢广彦，付超，季星. 2010. 国家重大工程决策机制的构建[J]. 科技进步与对策，27（06）：81-85.

卢宇. 2017. 1.6 亿元空间科学卫星科学研究联合基金瞄准"四颗星"[EB/OL]. http://www.chinanews.
com/gn/2017/05-23/8232186.shtml[2018-04-22].

卢跃刚，潘家铮. 2003. 三峡工程答疑录：三峡工程专家称质量没任何担心[N]. 中国青年报. 2003-
07-02.

鲁铮博，史宇坤，华洪，等. 2020. 国际大洋科学钻探的数据资源与共享现状[J]. 高校地质学报，
26（04）：472-480.

陆琦. 2018. 大洋钻探：半世纪后迎来更大机遇[EB/OL]. https://news.sciencenet.cn/htmlnews/
2018/11/419774.shtm[2022-08-02].

栾恩杰. 2005. 深空探测的发展和对我们的挑战——栾恩杰在深空探测专业委员会第一届学术年会
上的讲话[J]. 中国航天，（03）：13-16.

栾恩杰. 2006. 回首五十载艰辛奋斗 祺迎新世纪更加辉煌[J]. 航天工业管理，（10）：26.

栾恩杰. 2014. 论工程在科技及经济社会发展中的创新驱动作用[J]. 工程研究——跨学科视野中的
工程，6（04）：323-331.

罗福山. 2011. 搞人造卫星最积极的人——记著名科学家赵九章院士[J]. 科学新闻，（09）：53-54.

罗格. 2006. 持续发展 成就辉煌——中国航天"十五"回顾[J]. 中国军转民，（01）：15-17.

罗亮，方少亮，陈树敏，等. 2017. 开放共享，服务创新：广东省科研设施与仪器开放共享机制研
究[M]. 广州：华南理工大学出版社：12-13.

罗小安，杨春霞. 2012. 中国科学院重大科技基础设施建设的回顾与思考[J]. 中国科学院院刊，27
（06）：710-716.

罗雨微. 2016. "一带一路"推动卫星遥感应用合作常态化[J]. 卫星应用，（10）：52-56.

吕斌. 2010. 郭光灿院士：祖国将我与量子科学紧密联系[J]. 科学 24 小时，（05）：36-38.

吕铁，贺俊. 2016. "后高铁时代"需加强基础研究和前沿技术研究[J]. 中国发展观察，（13）：35-
38.

马费成，赵志耘. 2019. 情报工程学概论[M]. 北京：科学技术文献出版社.

麦强，盛昭瀚，安实，等. 2019. 重大工程管理决策复杂性及复杂性降解原理[J]. 管理科学学报，
22（08）：17-32.

孟宪俊. 2005. 关于复杂性的科学探索与哲学意义[J]. 西安建筑科技大学学报（社会科学版），24
（02）：1-5.

米立功. 2016. 中国射电望远镜的发展[J]. 黔南民族师范学院学报，36（06）：107-110.

米立功，刘海民，肖剑，等. 2017. FAST 工程的科学精神与科普价值[J]. 黔南民族师范学院学报，

37（04）：57-62.

米立功，肖剑，何婕，等．2019．依托 FAST 的天文学特色专业建设探讨[J]．科技风，35：30-31.

苗东升．1988．自组织与他组织[J]．中国人民大学学报，（04）：67-70.

苗东升．2001．复杂性研究的现状与展望[J]．系统科学学报，（04）：3-9.

苗东升．2010．系统科学精要[M]．3 版．北京：中国人民大学出版社.

南凯．2016．构建开放共享的云服务体系[J]．中国教育网络，（04）：41.

南仁东．1994．迅速发展的中国射电天文学[J]．现代物理知识，（04）：10-11.

南仁东，姜鹏．2017．500 m 口径球面射电望远镜（FAST）[J]．机械工程学报，53（17）：1-3.

倪思洁．2018．中外科学家总结空间先导专项经验[J]．空间科学学报，38（2）：138.

倪伟波．2018．空间科学工程管理中心：以科学为引领 当好卫星工程"大管家"[J]．科学新闻，（09）：77-78.

聂继凯，危怀安．2015．大科学工程中政府角色及其作用机理研究——基于 5 个大科学工程案例[J]．科技进步与对策，（04）：6-10.

欧阳自远．1988．天体化学[M]．北京：科学出版社.

欧阳自远．2004．我国月球探测的总体科学目标与发展战略[J]．地球科学进展，（03）：351-358.

欧阳自远．2006．欧阳自远：中国探月工程的科学目标[J]．中国科学院院刊，（05）：370-371.

欧阳自远．2016．深空探测未来可期[J]．中国科技奖励，（12）：8.

庞之浩，隋彦君．2021．探月工程[M]．广州：广东教育出版社.

裴照宇，侯军，王琼．2020．光学技术在中国月球和深空探测中的应用（特约）[J]．红外与激光工程，49（05）：19-27.

彭勃，柴晓明，秦波，等．2017．SKA 建设准备阶段关键问题研究[J]．中国科学：物理学 力学 天文学，47（12）：24-39.

彭晨，陈天金．2020．欧洲典型国际农业大科学计划案例分析及启示[J]．江苏农业科学，48（14）：328-332.

彭训文．2014-11-22．中国太空探测目标更远大[N]．人民日报海外版，第 8 版.

平树．2007．中国探月工程大写意[J]．中国航天，（11）：54-57.

蒲慕明．2005．大科学与小科学[J]．世界科学，（01）：4-6.

普赖斯．1982．小科学，大科学[M]．宋剑耕，戴振飞译．北京：世界科学社.

齐二石，姜琳．2008．大型工程项目的复杂性及其集成化管理[J]．科技管理研究，（08）：191-193.

齐芳．2011-02-15．我国启动战略性先导科技专项[N]．光明日报，第 1 版.

齐健．2019．"中国天眼"已发现 93 颗脉冲星[EB/OL]．https://baijiahao.baidu.com/s?id=1643277392135201607&wfr=spider&for=pc[2021-04-30].

齐磊磊．2008．论"系统科学"与"复杂性科学"之异同[J]．系统科学学报，（04）：31-35.

齐磊磊．2012．系统科学、复杂性科学与复杂系统科学哲学[J]．系统科学学报，20（03）：7-11.

齐磊磊．2014．复杂系统的研究方法[J]．系统科学学报，22（02）：24-27.

麒航．2003．中国登月"三步"走[J]．科学新闻，（11）：46-48.

钱宏亮．2007．FAST 主动反射面支承结构理论与试验研究[D]．哈尔滨：哈尔滨工业大学博士学位论文.

钱学森. 1956-06-11. 一门古老而又年青的学科[N]. 人民日报, 03.

钱学森. 1957. 论技术科学[J]. 科学通报, （03）: 97-104.

钱学森. 1958. 工程控制论[M]. 北京: 科学出版社.

钱学森. 1982. 论系统工程[M]. 长沙: 湖南科学技术出版社.

钱学森. 1994. 运用现代科学技术实现第六次产业革命——钱学森关于发展农村经济的四封信[J]. 生态农业研究, （03）: 3-7.

钱学森, 宋健. 1981. 工程控制论[M]. 北京: 科学出版社.

钱学森, 等. 1982. 论系统工程（增订本）[M]. 长沙: 湖南科学技术出版社.

钱学森, 于景元, 戴汝为. 1990. 一个科学新领域——开放的复杂巨系统及其方法论[J]. 自然杂志, （01）: 3-10, 64.

钱学森. 2011. 原子能[A]//钱学森. 钱学森文集（1938—1956 海外学术文献）. 上海: 上海交通大学出版社: 225-236.

邱晨辉. 2017. "墨子号"提前实现三大科学目标 中国领跑量子通信[EB/OL]. http://www.xinhuanet.com/politics/2017-08/14/c_1121478053.htm[2022-05-07].

邱晨辉. 2018. 武向平院士谈中国未来射电天文设备布局: FAST 和 SKA[EB/OL]. http://news.cyol.com/yuanchuang/2018-05/29/content_17239743.htm[2022-12-30].

人力资源和社会保障部. 2018. 关于在工程技术领域实现高技能人才与工程技术人才职业发展贯通的意见（试行）[EB/OL]. http://www.mohrss.gov.cn/SYrlzyhshbzb/dongtaixinwen/buneiyaowen/ 201812/t20181207_306470.html[2023-01-03].

人民. 2017. "天眼"之父南仁东: 梦想直抵苍穹——追忆"天眼"之父南仁东[J]. 劳动保障世界, （34）: 70-71.

人民政协报. 2016. 推进国际科技合作与大科学计划 提升我国科技创新发展领跑实力——全国政协"国际科技合作与大科学计划"双周协商座谈会发言摘登[EB/OL]. http://www.cppcc.gov.cn/zxww/2016/09/12/ARTI1473647825895205.shtml[2022-07-10].

任杰, 高峰, 李意, 等. 2016. 中国与世界航天强国深空探测对标分析[J]. 军民两用技术与产品, （15）: 47-50.

任荣珍. 2004. "嫦娥"奔月有佳期——我国绕月探测工程全面展开[J]. 国防科技工业, （03）: 24-26.

《人造地球卫星环境手册》编写组. 1971. 人造地球卫星环境手册[M]. 北京: 国防工业出版社.

尚智丛, 张伟娜. 2009. 国家目标引导下的大科学工程——以北京正负电子对撞机为例[J]. 工程研究——跨科学视野中的工程, 1（02）: 143-151.

申丹娜. 2009. 大科学与小科学的争论评述[J]. 科学技术与辩证法, 26（01）: 101-107, 112.

沈黎元, 李国强, 罗永峰, 等. 2003. FAST 全球面预应力索网可行性分析[J]. 工业建筑, （增刊）: 324-331.

沈黎元. 2004. 时变索网形状控制与 FAST 反射面结构分析[D]. 上海: 同济大学博士学位论文.

沈湫莎. 2014. 量子卫星 2016 年前后升空[EB/OL]. https://www.whb.cn/zhuzhan/kandian/20141225/21211.html[2022-04-05].

沈小峰, 胡岗, 姜璐. 1987. 耗散结构论[M]. 上海: 上海人民出版社.

沈志云. 1998. 关于高速铁路及高速列车的研究[J]. 振动、测试与诊断, （01）: 4-10, 73.

盛济川，吉敏，朱晓东. 2013. 内向和外向开放式创新组织模式研究——基于技术路线图视角[J]，科学学研究，31（08）：1268-1274.

盛小平，杨智勇. 2019. 开放科学、开放共享、开放数据三者关系解析[J]. 图书情报工作，（17）：15-22.

盛昭瀚，程书萍，李迁，等. 2020. 重大工程决策治理的"中国之治"[J]. 管理世界，36（06）：202-212，254.

盛昭瀚，游庆仲，李迁. 2008. 大型复杂工程管理的方法论和方法：综合集成管理——以苏通大桥为例[J]. 科技进步与对策，（10）：193-197.

施建荣. 2016. LAMOST 望远镜[J]. 科学通报，61（12）：1330-1335.

石聪明，王锋. 2018. 中国参与国际大科学的得失分析[J]. 科技管理研究，38（01）：35-39.

石永清. 1984. 试论工程技术活动的经济评价标准——经济效益与经济效果[J]. 技术经济，（02）：35-39，10.

水利部科技教育司，三峡工程论证泥沙专家组工作组. 1990. 长江三峡工程泥沙研究文集[M]. 北京：中国科学技术出版社.

宋爱忠. 2015. "自组织"与"他组织"概念的商榷辨析[J]. 江汉论坛，（012）：42-48.

宋立荣，刘春晓，张薇. 2014. 我国大型科学仪器资源开放共享建设中问题及对策思考[J]. 情报杂志，33：1-6，13.

宋学锋. 2003. 复杂性、复杂系统与复杂性科学[J]. 中国科学基金，17（05）：8-15.

孙波. 2015. 自组织管理：实现组织一体化的新方式[J]. 中国人力资源开发，（08）：12-14.

孙东川，林福永，孙凯，等. 2014. 系统工程引论[M]. 3 版. 北京：清华大学出版社.

孙茜. 2019. 欧洲科研开放获取基础设施项目 OpenAIRE 的建设与启示[J]. 图书情报工作，63（03）：138-148.

孙自法. 2006. 徐冠华：中国 2020 年建成网络化科学数据共享体系[EB/OL]. http://news.cctv.com/science/20061024/100180.shtml[2022-12-16].

所史编委会. 2003. 中国科学院空间科学与应用研究中心史（第一卷）空间物理所册. 北京：内部资料.

谈庆明. 2011. 钱学森的科学思想——从工程科学到系统科学[J]. 上海理工大学学报，（06）：594-597，508.

唐琳. 2018a. 南仁东 以科学之魂 铸大国重器[J]. 科学新闻，（01）：50.

唐琳. 2018b. 双星计划：科学目标牵引卫星工程[J]. 科学新闻，（09）：28-31.

唐素琴，李志红. 2008. 我国大科学工程预制研究的特点及几点思考[J]. 自然辩证研究，24（01）：62-67.

陶迎春，胡业生. 2012. 小科学与大科学关系视角下的美国科学[J]. 科学学研究，30（05）：660-666.

涂序彦. 2014. "大系统控制论"的创立及其应用[J]. 控制理论与应用，（12）：1613-1615.

王安，李开孟，武威，等. 2020. 论工程评估及其知识特征[J]. 工程研究——跨学科视野中的工程，12（02）：181-191.

王赤. 2022a. 加速空间科学发展 建设世界科技强国[J]. 红旗文稿，（19）：16-19，1.

王赤. 2022b. 月球科研站助力推动我国空间科学发展[J]. 中国科学基金，36(06)：829.

王赤，宋婷婷，时蓬，等.2022.10年见证中国空间科学发展进入新时代[J].科技导报，40（19）：6-14.

王大洲.2017.工程的社会评估方法论刍议[J].自然辩证法研究，33（10）：39-44.

王德厚.2003.长江科学院三峡工程科研工作综述[J].人民长江，（08）：29-36.

王德禄，孟祥林，刘戟锋.1991.中国大科学的运行机制：开放、认同与整合[J].自然辩证法通讯，（06）：16-24.

王海名，王海霞，杨帆，等.2013.载人航天、嫦娥工程及其他空间重大工程将产生重大突破[J].中国科学院院刊，28（05）：637-639.

王慧斌，白惠仁.2019.德国大科学装置的开放共享机制及启示[J].中国科学基金，33（03）：308-312.

王建蒙.2010.星系我心：著名航天工程技术专家孙家栋[M].2版.北京：中国宇航出版社.

王建宇.2017."墨子号"与中国式的科技创新[EB/OL].https://www.sohu.com/a/169613095_260616[2023-01-05].

王晋岚.2016.全球首颗量子科学实验卫星"墨子号"成功发射[J].科学，68（05）：33.

王俊鹏，侯光明，王素娟.2012.重大科技工程技术创新系统复杂性研究[J].科技与社会，（中国软科学增刊下）：111-116.

王俊鹏.2021.重大科技工程技术创新系统的组织协同管理研究[M].北京：北京理工大学出版社.

王玲.2018.国际大科学计划和大科学工程实施经验及启示[J].全球科技经济瞭望，33（02）：33-39.

王敏，任沁沁.2014.中国已具备探测火星条件了吗[J].青海科技，（02）：95-96.

王娜.2019.大型全可动射电望远镜关键技术研究专辑·编者按[J].中国科学：物理学 力学 天文学，（09）：5.

王琴，范全林，薛长斌，等.2019.嫦娥四号对我国空间科学国际合作模式的启示与展望[J].现代物理知识，31（3）：22-27.

王绥琯，刘振兴.2003.20世纪中国学术大典：天文学、空间科学[M].福州：福建教育出版社.

王婷，陈凯华，卢涛，等.2020.重大科技基础设施综合效益评估体系构建研究——兼论在FAST评估中的应用[J].管理世界，36（06）：213-236，255.

王学睿.2013.日本参与国际大科学工程的策略及知识产权保护的做法[J].全球科技经济瞭望，28（04）：25-30.

王业飞，王大洲.2020.武汉国家生物安全实验室建设的历史考察[J].中国科技史杂志，（01）：10-21.

王一鸣.2013.研发活动的产业视角：一种新的象限模型[J].中国软科学，（01）：72-80.

王贻芳，白云翔.2020.发展国家重大科技基础设施 引领国际科技创新[J].管理世界，36（05）：172-188，17.

王永刚.2005.导向性基础研究的模式和组织机制探讨[J].软科学，（03）：1-3.

王知津，陈芊颖，韩峰，等.2020.我国开放数据研究进展与趋势（1996—2019年）[J].信息资源管理学报，10（06）：47-59.

魏宏森.2013.钱学森构建系统论的基本设想[J].系统科学学报，（01）：1-8.

吴承康.2001.国家目标与技术科学——钱学森的力学研究所建所思想[A]//庄逢甘，郑哲敏.钱学森技术科学思想与力学.北京：国防工业出版社：50.

吴季，臧振群. 2007. 闪光的足迹 美好的明天——中国空间科学 50 年发展历程简要回顾[A]//国防科学技术工业委员会. 中国航天五十周年回顾. 北京：北京航空航天大学出版社：347-350.

吴季. 2008. 中国的空间探测及其科学内涵[J]. 中国工程科学，（06）：23-27.

吴季. 2016-06-17. 科学卫星引领原创突破[N]. 光明日报，第 10 版.

吴季，等. 2016. 2016~2030 年空间科学规划研究报告[M]. 北京：科学出版社.

吴彤. 2001. 自组织方法论论纲[J]. 系统辩证学学报，（02）：4-10.

吴彤. 2008. 复杂性的科学哲学探究[M]. 呼和浩特：内蒙古人民出版社.

吴沅. 2003. 中国将启动"探月工程"[J]. 少年科技博览，（Z2）：4-5.

吴月辉. 2015-01-26. 希望下一个目标是火星[N]. 人民日报，第 20 版.

吴长锋. 2018-01-22. "墨子号"成功实现洲际量子密钥分发[N]. 科技日报，第 1 版.

吴智诚. 2007. 永远的纪念[A]//中国地球物理学会. 辉煌的历程——回顾中国地球物理学会 60 年. 北京：地震出版社：143-144.

武汉年鉴编纂委员会. 1986. 武汉年鉴（1986）[M]. 武汉：武汉年鉴编纂委员会.

希拉·贾撒诺夫，杰拉尔德·马克尔，詹姆斯·彼得森，等. 2004. 科学技术论手册[M]. 盛晓明，孟强，胡娟，等译. 北京：北京理工大学出版社.

习近平. 2014-06-10. 在中国科学院第十七次院士大会、中国工程院第十二次院士大会上的讲话[N]. 人民日报，02.

习近平. 2016-06-03. 为建设世界科技强国而奋斗——在全国科技创新大会、两院院士大会、中国科协第九次全国代表大会上的讲话[J]. 人民日报，第 1 版.

习近平. 2017. 决胜全面建成小康社会夺取新时代中国特色社会主义伟大胜利——在中国共产党第十九次全国代表大会上的报告[EB/OL]. http://www.gov.cn/zhuanti/2017-10/27/content_5234876. htm[2022-12-19].

习近平. 2022. 加快建设科技强国 实现高水平科技自立自强[J]. 求知，（05）：4-9.

项杨雪. 2016. 基于系统演化科学的产学研协同创新机制与政策研究[M]. 北京：北京邮电大学出版社.

肖伟刚. 2018. 国家科技工程项目组织实施中应该充分发挥基础研究作用[J]. 中国科学院院刊，33（01）：86-93.

新华社. 2006. 我国探月望远镜首次联测绕月卫星成功[EB/OL]. http://www.gov.cn/jrzg/2006-06/19/content_314734.htm[2022-01-05].

新华社. 2015. 中国共产党第十八届中央委员会第五次全体会议公报[EB/OL]. http://scio.gov. cn/tt/zdgz/Document/1455092/1455092.html [2022-11-09].

新华社. 2016. 习近平致信祝贺我国 500 米口径球面射电望远镜落成启用[EB/OL]. http://www. xinhuanet.com/politics/2016-09/25/c_1119620565.htm?agt=122[2022-06-05].

新华社. 2020. 习近平向国际热核聚变实验堆计划重大工程安装启动仪式致贺信[EB/OL]. http://www.xinhuanet.com/politics/leaders/2020-07/28/c_1126296276.htm[2021-5-12].

新华社. 2020. 中共中央关于制定国民经济和社会发展第十四个五年规划和二〇三五年远景目标的建议[EB/OL]. http://www.gov.cn/zhengce/2020-11/03/content_5556991.htm[2022-07-04].

新华社. 2021. "中国天眼"已发现 300 余颗脉冲星[EB/OL]. http://www.xinhuanet.com/photo/2021-

03/29/c_1127269373_3.htm[2021-04-30].

新华社. 2022-05-20. 中国扩大高水平开放的决心不会变 中国开放的大门只会越开越大[N]. 怒江日报, 01.

新华社新媒体. 2018. 中国科学家：提速与南非合作，推动 SKA 望远镜获得更丰硕成果[EB/OL]. https://baijiahao.baidu.com/s?id=1610570717203852022&wfr=spider&for=pc[2021-03-26].

新京. 2004. 中国探月计划的壮丽历程[J]. 今日科技, （05）: 2-4.

邢超. 2012. 参与或加入国际大科学工程（计划）经费投入模式刍议[J]. 中国科技论坛, （04）: 22-24.

邢超, 吴凤凤. 2017. 大科学工程项目管理实施借鉴——以 ITER 项目为例[J]. 核科学与工程, 37（03）: 341-347.

邢淑英. 2000. 中国科学院大科学工程的管理[J]. 中国科学院院刊, （01）: 33-36.

熊坤静. 2010. 三峡工程决策始末[J]. 党史文苑, （19）: 4-9.

徐海涛. 2016-09-23. 量子通信欧美不玩？潘建伟：没那么回事[N]. 新华每日电讯, 13.

徐菁. 2013. 梦圆太空: 中国的航天之路[M]. 北京: 五洲传播出版社.

徐菁. 2015a. 2014 年全球航天十大新闻 中国航天十大新闻评选揭晓[J]. 国际太空, （01）: 7-12.

徐菁. 2015b. "双星"计划: 中欧航天合作的标杆——"双星"项目亲历者访谈录[J]. 中国航天, （10）: 14-17.

徐晶晶, 张涛, 吴林强, 等. 2022. 大洋科学钻探特点与发展趋势——基于国际大洋发现计划科学框架的对比分析[J/OL]. 海洋开发与管理:1-10. DOI:10.20016/j.cnki.hykfygl.20221027.001[2023-01-30].

徐荣栏, 赵九章. 1962. 地磁扰动期间史笃默捕获区的变化[J]. 地球物理学报, （01）: 12-21.

徐荣栏. 1992. 和赵九章一起工作的回忆[J]. 院史资料与研究, （06）: 4.

徐瑞松, 马跃良, 陈彧. 2012. 资源环境遥感探测[M]. 合肥: 中国科学技术大学出版社.

许建国. 2011. 中国的目标 空间站、月球和火星探测[J]. 卫星与网络, （Z1）: 58-59.

闫德葵. 2007. 中国的深空探测[J]. 航天器环境工程, （01）: 31.

闫坤如, 龙翔. 2016. 工程伦理学[M]. 广州: 华南理工大学出版社.

晏永刚, 任宏, 范刚. 2009. 大型工程项目系统复杂性分析与复杂性管理[J]. 科技管理研究, 29（06）: 303-305.

杨风禄, 徐超丽. 2011. 社会系统的"自组织"与"他组织"辨[J]. 山东大学学报（哲学社会科学版）, （02）: 86-91.

杨毅. 2020. 首位中国科学家加入国际核聚变组织物理模拟团队[EB/OL]. https://baijiahao.baidu.com/s?id=1668936949697377882&wfr=spider&for=pc[2022-11-02].

叶培建, 黄江川, 孙泽洲, 等. 2014. 中国月球探测器发展历程和经验初探[J]. 中国科学: 技术科学, 44（06）: 543-558.

宜昌年鉴编纂委员会. 1993. 宜昌年鉴（1993 年）[M]. 北京: 中国三峡出版社.

佚名. 1962. 第二次日地关系学术讨论会（代表名单）[Z]. 北京: 中国科学院档案馆, A004-208-001: 1-3.

佚名. 2000. 韩国制定提高科技竞争力的长期计划 新材料作为 21 世纪先导科技领域[J]. 新材料产

业，（05）：10.

佚名. 2002. 深空探测：难以抵制的诱惑[J]. 瞭望新闻周刊，（42）：15-17.

佚名. 2003. 中国月球探测计划进展顺利　技术攻关有重大突破[J]. 中国航天，（08）：3.

佚名. 2007. 探月院士欧阳自远[J]. 科技风，（10）：19-22.

佚名. 2009a. 国家高技术研究发展计划（863 计划）简介[EB/OL]. http://www.cmse.gov.cn/ztbd/xwzt/qzxzgcllszntbzt/fzlc/200909/t20090925_39615.html [2023-01-01].

佚名. 2009b. 我国探月地学研究取得可喜进展[J]. 探矿工程（岩土钻掘工程），36（06）：39.

佚名. 2012a. 科技部："嫦娥一号"卫星数据应用与研究成果丰硕[EB/OL]. http://www.gov.cn/gzdt/2012-11/13/content_2263536.htm[2023-01-15].

佚名. 2012b. 《2011 年中国的航天》白皮书公布未来五年主要任务[J]. 空间电子技术，9（01）：67.

佚名. 2013. 星地量子通信地基验证试验完成[J]. 中国光学，6（03）：425-426.

佚名. 2014. 我国已具备火星探测能力　嫦娥五号将在文昌发射[J]. 中国科技信息，（01）：9.

佚名. 2018a. 我国首个空间科学探测商业卫星项目正式启动[J]. 科技传播，10（03）：16.

佚名. 2018b. 牵头国际大科学计划要具备 5 个"特质"[J]. 河南科技，（14）：4.

殷瑞钰，李伯聪，汪应洛，等. 2011. 工程演化论[M]. 北京：高等教育出版社.

殷瑞钰，汪应洛，李伯聪，等. 2013. 工程哲学[M]. 2 版. 北京：高等教育出版社.

尹玉海. 2013. 月球探索与开发的国际法律问题研究[M]. 北京：中国民主法制出版社.

尤亮，白青江，孙丽琳，等. 2015. 世界主要空间国家空间科学发展态势综述[J]. 中国科学院院刊，30（06）：740-750.

于今昌. 2012. 中学物理探究读本　探索太空的奥秘[M]. 长春：长春出版社.

于军，邱菀华. 2006. 高科技项目组织管理的模式研究[J]. 企业经济，（04）：8-11.

余晓洁，左元峰. 2013-12-18. 中国具备探火星能力，探月投入不算多——科学家回应大众对我国探月工程后续任务和火星探测的关注[N]. 新华每日电讯，第 6 版.

俞鸿儒，赵伟，袁生学. 1993. 氢氧爆轰驱动激波风洞的性能[J]. 气动实验与测量控制，7（03）：38-42.

俞盈帆，夏光，凌建中，等. 2010. 共商探月大计　促进月球开发——世界月球会议侧记[J]. 国际太空，（06）：1-5.

袁航. 2022-07-27. 践行嘱托十年间——让人类看到更深远的星空[N]. 贵州日报，第 1 版.

袁岚峰. 2017. 你完全可以理解量子信息（15）[EB/OL]. http://www.sohu.com/a/201179335_669860[2018-02-01].

约翰 N. 沃菲尔德. 2006. 管理复杂性的系统设计理论与方法[M]. 曹庆仁，甘大力，等译. 北京：中国矿业大学出版社.

翟军，梁佳佳，吕梦雪，等. 2020. 欧盟开放科学数据的 FAIR 原则及启示[J]. 图书与情报，（06）：103-111.

翟婉明，赵春发，夏禾，等. 2014. 高速铁路基础结构动态性能演变及服役安全的基础科学问题[J]. 中国科学：技术科学，44（07）：645-660.

湛垦华. 1995. 系统科学的哲学问题[M]. 西安：陕西人民出版社.

张保淑. 2019-07-17. 永远的"天宫"不朽的传奇[N]. 人民日报海外版，第 10 版.

张建启. 2019. 航天使命[M]. 北京：五洲传播出版社.

张建松. 2019. 我国科学家成功研制平方公里阵列射电望远镜（SKA）区域中心原型机[EB/OL].
    https://baijiahao.baidu.com/s?id=1649990758146424391&wfr=spider&for=pc[2021-05-18].

张劲夫. 2007. 我国第一颗人造卫星是怎样上天的[J]. 协商论坛，（02）：46-50.

张丽瑛，张家辉，孙思斗. 2013. 大科学工程电子档案形成的特点及其管理[J]. 山东档案，（06）：26-
    27.

张玲玲，赵道真，张秋柳. 2017. 依托大科学装置的产业化模式及其对策研究——以散裂中子源为
    例[J]. 科技进步与对策，34（19）：53-59.

张龙鹏，王博. 2020. 国际比较视野下的中国基础研究：基本特征、资助体系与公共政策[J]. 科技管
    理研究，40（15）：34-41.

张巧玲. 2013-07-23. 国家空间科学中心：坚守空间科学的国家使命[N]. 中国科学报，第5版.

张冉燃，杨琳. 2004. 潘厚任：在重复中实现跨越[J]. 瞭望新闻周刊，（02）：56.

张涛. 2003. 谱写中国航天新篇章[J]. 国防科技工业，（03）：16-18.

张宪，王雪青. 2011. 基于结构方程模型的建设工程项目系统复杂性测度研究[J]. 河北农业大学学
    报，34（03）：116-120.

张晓林. 2017. 走向数据驱动和计算分析支撑的知识发现[J]. 数据分析与知识发现，1（01）：1-2.

张秀华. 2009. 工程共同体的结构及维系机制[J]. 自然辩证法研究，25（01）：86-90.

张学文，田华，陈劲. 2018. R&D人员开放科学的动机与决策行为——基于竞赛模型[J]. 技术经济，
    （04）：54-59，75.

张学文，田华，陈劲. 2020. 开放科学及建构的制度逻辑[J]. 自然辩证法通讯，（05）：86-92.

张毅，王宇. 2004. 中国人为何要探月[J]. 中国地名，（03）：45-46.

张燚，王东民. 2003. 基于复杂性科学的战略管理研究[J]. 科学管理研究，（03）：28-32.

张永维. 2001. 中国科学探测与技术试验卫星[J]. 中国航天，（07）：3-6.

张志会. 2017-07-31. 俞鸿儒：大音希声[N]. 中国科学报，第8版.

张志会. 2018-04-03. 对中国科学院上海技术物理研究所张亮研究员的电话访谈[Z].

张志会，马连轶. 2018. 20世纪末中美航天商业发射的合作与冲突[J]. 当代中国史研究，25（03）：
    76-85，127.

招富刚，关皓元. 2009. 重大科技专项的三种组织管理模式[J]. 广东科技，（05）：49-52.

赵红州，蒋国华. 1988. 再论科学的国际性[J]. 瞭望周刊，（23）：24-25.

赵旌含，刘冠秀，曾刚，等. 2020. 大科学装置档案管理的问题和优化分析[J]. 兰台世界，（09）：29-
    31，36.

赵九章. 1957. 苏联的人造卫星是在宇宙空间升起的一颗福星[J]. 科学通报，（21）：657-659.

赵九章. 1963. 太阳风、外空磁场及低能带电粒子探测之进展[J]. 科学通报，（11）：9-19.

赵九章. 1968. 我所做过的科研工作及组织工作[Z]. 北京：中国科学院国家空间科学中心案处，赵
    九章-H-19.

赵九章，徐荣栏，周国成. 1963. 带电粒子在偶极磁场中的运动区域及其模型实验[J]. 科学通报，
    （11）：56-57.

《赵九章》编写组. 2005. 赵九章[M]. 贵阳：贵州人民出版社.

赵南. 1947-08-18. 工程和科学[N]. 申报，第 9 版.

赵延东，黄磊，梅亮. 2020. 科学资助组织推动开放科学发展政策的比较研究——以开放获取为例[J]. 中国软科学，（03）：57-65.

赵正旭，张涛，宋立强，等. 2019. 大型科研设施的数字化和信息传承与保护的研究[J]. 计算机时代，（10）：36-39.

郑巧英. 2014. 产学研合作的重大科技任务组织模式研究[D]. 合肥：中国科学技术大学博士学位论文.

郑应平. 2001. 钱学森与控制论[J]. 中国工程科学，（10）：7-12.

郑永春，欧阳自远. 2007. 嫦娥 1 号绕月探测——中国航天迈向深空[J]. 科技导报，（05）：47-52.

郑永春，欧阳自远. 2014. 太阳系探测的发展趋势与科学问题分析[J]. 深空探测学报，1（02）：83-92.

郑哲敏. 2001. 学习钱学森先生技术科学思想的体会[J]. 力学进展，（04）：484-488.

郑哲敏. 2004. 学习钱学森先生技术科学思想的体会[A]//郑哲敏. 郑哲敏文集. 北京：科学出版社：888-894.

郑哲敏. 2011. 序[A]//钱学森. 钱学森文集（1938—1956 海外学术文献）. 上海：上海交通大学出版社：序 1-3.

中共中央党史研究室，中共湖北省宜昌市委员会，中共湖北省委党史研究室. 2007. 中国共产党与长江三峡工程[M]. 北京：中共党史出版社.

中共中央文献研究室. 2013. 习近平关于实现中华民族伟大复兴的中国梦论述摘编[M]. 北京：中央文献出版社.

中共中央宣传部宣传教育局. 2018. 时代楷模·2018——航天员群体[M]. 北京：学习出版社.

《中国长江三峡大辞典》编委会. 1995. 中国长江三峡大辞典[M]. 武汉：湖北少年儿童出版社.

中国二十世纪通鉴编辑委员会. 2002. 中国二十世纪通鉴 1901—2000（第 3 册）[M]. 北京：线装书局.

中国工程院三峡工程阶段性评估项目组. 2010. 三峡工程阶段性评估报告（综合卷）[M]. 北京：中国水利水电出版社.

《中国水力发电史》编辑委员会. 2007 中国水力发电史 1904—2000（第 4 册）[M]. 北京：中国电力出版社.

《中国水利年鉴》编辑委员会. 1991. 中国水利年鉴（1990）[M]. 北京：水利电力出版社.

中国国际核聚变能源计划执行中心，核工业西南物理研究院. 2015. 国际核聚变能源研究现状与前景[M]. 北京：中国原子能出版社.

中国国际核聚变能源计划执行中心. 2018. 中国参与 ITER 计划[EB/OL]. www.iterchina.cn/zfcy/index.html[2022-11-03].

中国科学院. 2006. 绕月工程星地正样对接部分试验在疆进行[EB/OL]. https://www.cas.cn/ky/kyjz/200608/t20060823_1032479.shtml[2023-01-13].

中国科学院. 2009. 中国科学院大科学装置管理规定（试行）[EB/OL]. https://www.cas.cn/xx/yb/gz/yjzc/201202/t20120228_3446838.shtml[2022-08-03].

中国科学院. 2009. 中国科学院大科学装置运行管理办法（试行）[EB/OL]. https://www.cas.cn/xx/yb/gz/yjzc/201202/t20120228_3446838.shtml [2021-04-30].

中国科学院地球物理研究所. 1962. 第二次日地关系学术讨论会批日程（会议代表学术报告，1962年 8 月 31 日）[Z]. 北京：中国科学院国家空间科学中心，A004-20-002：4-11.

中国科学院贵阳地球化学研究所. 1977. 月质学研究进展[M]. 北京：科学出版社.

中国科学院国家空间科学中心. 2005. 我国第一颗人造卫星研制纪实[EB/OL]. http://www.nssc.ac.cn/tzgg2015/xsbg2015/200512/t20051215_2303522.html[2022-12-28].

中国科学院国家空间科学中心. 2014. 中国科学院"率先行动"计划暨全面深化改革纲要[EB/OL]. http://www.nssc.cas.cn/wh/xxyd/xxyd/201408/t20140822_4190549.html[2022-08-15].

中国科学院国家空间科学中心. 2017. HXMT 之"慧"：浅谈 X 射线天文[EB/OL]. https://www.sohu.com/a/149458504_610722[2021-05-09].

中国科学院国家天文台，贵州省环境科学研究设计院. 2008. 500 米口径球面射电望远镜（FAST）生态环境影响专项评价[Z]. 北京：FAST 工程办公室，ZH1-KYJD-009：117.

中国科学院国家天文台，中国中元国际工程公司. 2016. 500 米口径球面射电望远镜（FAST）项目初步设计及概算调整[Z]. 北京：FAST 工程办公室，ZH2-TZGS-002.

中国科学院国家天文台. 2018. LAMOST 一期光谱巡天取得系列亮点成果[EB/OL]. http://www.cas.cn/syky/201808/t20180807_4660331.shtml[2021-04-30].

中国科学院国家天文台. 2019a. FAST 通过工艺验收并向国内天文学家试开放[EB/OL]. http://www.cas.cn/sygz/201904/t20190425_4689879.shtml[2022-08-02].

中国科学院国家天文台. 2019b. 500 米口径球面射电望远镜（FAST）[Z]. 北京：FAST 工程办公室，FW-2020-37-3.

中国科学院国家天文台. 2020. 国家重大科技基础设施 500 米口径球面射电望远镜项目国家验收意见[Z]. 北京：FAST 工程办公室，FW-2019-16-2：4.

中国科学院国家天文台. 2021. 中国天眼 FAST 正式对全球开放[EB/OL]. http://www.nao.cas.cn/xwzx/ttnews/202103/t20210331_5987227.html[2021-04-30].

中国科学院合肥物质科学研究院. 2020. 合肥研究院在国际热核聚变实验堆计划中发挥重要作用[EB/OL]. http://www.cas.cn/yx/202007/t20200729_4754597.shtml?from=timeline[2021-05-18].

中国科学院计划财务局. 1996. 中国科学院科学技术成果汇编（应用技术分册 1995）[Z]. 内部资料：162.

中国科学院空天信息创新研究院. 2020. 全球温室气体监测数据合作专题服务网站发布[EB/OL]. http://www.bsc.cas.cn/sjdt/202012/t20201224_4772074.html[2022-07-15].

中国科学院重大科技基础设施共享服务平台. 2020. FAST 望远镜首次发现新快速射电暴[EB/OL]. http://lssf.cas.cn/lssf/500mkjwyj/xwdt/202005/t20200501_4556144.html[2021-04-30].

中国科学院综合计划局，基础科学局. 2004. 我国大科学装置发展战略研究和政策建议[J]. 中国科学基金，18（03）：166-171.

中国科学院综合计划局. 2007. FAST 关键技术的试验研究[Z]. 北京：FAST 工程办公室，KJCX2-YW-T11：27.

中国人民政治协商会议湖北省委员会学习文史资料委员会. 1993. 葛洲坝枢纽工程史料专辑[J]. 湖

北文史资料，第 1 辑：73-75.

中国水力发电年鉴编辑委员会.1985. 中国水力发电年鉴（1949—1983）[M]. 北京：水力发电杂志社.

中国中元国际工程公司. 2019. FAST 工程项目管理工作总结[Z]. 北京：FAST 工程办公室，ZH2-GLYB-009：60.

中华人民共和国国务院新闻办公室. 中国的航天[J]. 中国航天报，2000-11-25，第 1 版.

中华人民共和国中央人民政府.2016. 中共中央　国务院印发《国家创新驱动发展战略纲要》[EB/OL]. http://www.gov.cn/xinwen/2016-05/19/content_5074812.htm[2021-05-12].

《庄逢甘院士纪念文集》编委会. 2011. 庄逢甘院士纪念文集[M]. 北京：中国宇航出版社.

钟新. 2013. 科学谋划大力协同 勇担重任再探深空[J]. 国防科技工业，（01）：28-30.

仲东亭，常旭华. 2019. 典型国际大科学计划的过程管理体系分析[J]. 中国科技论坛，（02）：36-43.

曾国屏. 1988. 超循环自组织理论[J]. 科学、技术与辩证法，4：63-68，85.

周琳，郭敬丹.2020.《上海市推进科技创新中心建设条例》将于今年 5 月 1 日起施行[EB/OL]. http://m.xinhuanet.com/sh/2020-01/21/c_138722564.htm[2022-11-05].

周琳. 2016. 对话量子卫星首席科学家：量子通信三大焦点话题怎么看[EB/OL]. https://www.cas.cn/cm/201609/t20160922_4575524.shtml?from=groupmessage[2018-04-23].

周武，孟华. 2005. 中国探月工程的运筹、决策与行动[J]. 科技咨询导报，（02）：13-16.

周小林，李力，杨云.2019. 大科学计划（工程）规划制定的国际经验及对我国的启示[J]. 全球科技经济瞭望，34（03）：46-53.

朱夕子. 2004. 全面扫描中国探月计划——中国月球探测首席科学家、中国科学院欧阳自远院士答本刊记者问[J]. 中国科技奖励，（04）：10-24.

朱相丽，李泽霞，姜言彬，等.2019. 美国强磁场国家实验室管理运行模式分析[J]. 全球科技经济瞭望，34（02）：24-33.

朱毅麟. 1993. 中国的空间探测[J]. 中国航天，（11）：6-8.

朱滢.2016. "开放科学数据共享软件共享"，你准备好了吗? [J]. 心理科学进展，24（06）：995-996.

朱宇，王芷，齐志红. 2007. 中国航天——从航天大国走向航天强国[J]. 科技导报，（23）：17-22.

竺可桢. 2006. 竺可桢全集（第 10 卷）[M]. 上海：上海科技教育出版社.

邹永廖，欧阳自远，李春来. 2000. 月球探测与研究进展[J]. 空间科学学报，（S1）：93-103.

左赛春.2002. 中国航天科技进入历史性飞跃的关键时期——"飞天"之梦将成为现实[J]. 中国科技财富，（06）：61-65，60.

LT 中国推进委员会. 1995. LT 中国推进委员会成立大会纪要[Z]. 北京：中国科学院北京天文台，A017-00536-009-001.

LT 中国推进委员会. 1996. 国际大射电望远镜（LT）争建建议书[Z]. 北京：中国科学院国家天文台，ZH1-YYJD-001.

LT 中国推进委员会，中国科学院北京天文台. 1998. 500 米口径主动球面望远镜（FAST）项目建议——LT 中国推进重大发展[Z]. 北京：中国科学院国家天文台，ZH1-YYJD-002.

Amway. 2021. Arecibo's "life stories"（Ⅰ）[J]. Encyclopedia Knowledge，（02）：26-27.

Arnold E, Rush H, Bessant J.1998. Strategic planning in research and technology institutes[J]. Research and Development Management, 28（02）：89-100.

Aronova E, Baker K S, Oreskes N. 2010. Big science and big data in biology: from the international geophysical year through the international biological program to the long term ecological research（LTER）network, 1957-present: HSPS[J]. Historical Studies in the Natural Sciences, 40（02）: 183-224.

Askeland D, Fulay P, Wright W. 2011. The Science and Engineering of Materials[M]. Toronto: Nelson Education.

Atkins D E, Droegemeier K K, Feldman S I, et al. 2003. Revolutionizing Science and Engineering through Cyberinfrastructure: Report of the National Science Foundation Blue-ribbon Advisory Panel on Cyberinfrastructure[Z]. Arlington: National Science Foundation: 1-84.

Author nameless. 2014. Mode 2 Knowledge Production （Mode 2）[A]//Michalos A C. Encyclopedia of Quality of Life and Well-Being Research. Dordrecht: Springer.

Baccarini D. 1996. The concept of project complexity-a review[J]. International Journal of Project Management, 14（04）: 201-204.

Bensaude-Vincent B. 2016. Building multidisciplinary research fields: the cases of materials science, nanotechnology and synthetic biology[A]//Merz M, Sormani P. The Local Configuration of New Research Fields. New York: Springer.

Bergquist K, Hood V. 2019. ESA around the world-relations with developing countries and emerging space powers[EB/OL]. https://www.esa.int/esapub/bulletin/bullet91/b91berg.htm[2022-08-02].

Bertin J J, Cummings R M. 2006. Critical hypersonic aerothermodynamic phenomena[J]. Annual Review Fluid Mechanics, 38: 129-157.

Bosch-Rekveldt M, Jongkind Y, Mooi H, et al. 2011. Grasping project complexity in large engineering projects: the TOE （Technical, Organizational and Environmental）framework[J]. International Journal of Project Management, 29（06）: 728-739.

Brown J K, Downey G L, Diogo M P. 2009. The normativities of engineers: engineering education and history of technology[J]. Technology and Culture, 50（04）: 737-752.

Caffaro J, Kaplun S. 2010. Invenio: A Modern Digital Library for Grey Literature[EB/OL]. https://cds.cern. ch/record/1312678[2022-12-21].

Campbell C. 2019. From satellites to the Moon and Mars, China is quickly becoming a space superpower[EB/OL]. https://malaysia.news.yahoo.com/satellites-moon-mars-china-quickly-165300075.html [2019-06-10].

Chao A W, Mess K H, Tigner M, et al. 2013. Handbook of Accelerator Physics and Engineering[M]. 2nd Edition. Singapore: World Scientific.

Chen Y. 2016. China's space policy-a historical review[J]. Space Policy, 37（03）: 171-187.

Chesbrough H W. 2003. Open Innovation: The New Imperative for Creating and Profiting from Technology[M]. Cambridge: Harvard Business School Press.

Christensen J F, Olesen M H, Kjær J S. 2005. The industrial dynamics of open innovation: evidence from the transformation of consumer electronics[J]. Research Policy, 34（10）: 1533- 1549.

Clément G. 2011. Fundamentals of Space Medicine[M]. New York: Springer.

Cowton J, Dallmeier-Tiessen S, Fokianos P, et al. 2015. Open data and data analysis preservation services for LHC experiments[J]. Journal of Physics Conference Series, 664（03）：032030.

Ctzovana. 2022. CERN publishes Open Science Policy[EB/OL]. https://openscience.cern/node/22[2022-12-20].

Cyranoski D. 2016. Daring Chinese telescope is poised to transform astronomy[J]. Nature, 537（7622）：593-594.

D'Ippolito B, Rüling C. 2019. Research collaboration in large scale research infrastructures: collaboration types and policy implications[J]. Research Policy, 5（48）：1282-1296.

Dao B, Kermanshachi S, Shane J, et al. 2017. Exploring and assessing project complexity[J]. Journal of Construction Engineering and Management, 143（05）：1-10.

David P A. 2008. The historical origins of "open science": an essay on patronage, reputation and common agency contracting in the scientific revolution[J]. Capitalism and Society, 3（02）：5-8.

Erickson A S. 2014. China's space development history: a comparison of the rocket and satellite sectors[J]. Acta Astronaut, 103: 142-167.

European Commission. 2021. The EU's Open Science Policy[EB/OL]. https://research-and-innovation. ec.europa.eu/strategy/strategy-2020-2024/our-digital-future/open-science_en[2021-07-15].

European Space Agency. 2007. The First Sino-European Satellite Completes its mission[EB/OL]. https://sci.esa.int/web/double-star/-/41400-the-first-sino-european-satellite-completes-its-mission [2019-11-11].

Feliciano J. 2015. Towards a Collaborative Learning Platform: The Use of GitHub in Computer Science and Software Engineering Courses[D]. Victoria: University of Victoria.

Fischer B A, Zigmond M J. 2010. The essential nature of sharing in science[J]. Science and Engineering Ethics,（16）：783-799.

Foraya D, Moweryb D C, Nelsonc R R. 2012. Public R&D and social challenges: what lessons from mission R&D programs?[J]. Research Policy, 41（10）：1697-1702.

Giezen M. 2012. Keeping it simple? A case study into the advantages and disadvantages of reducing complexity in mega project planning[J]. International Journal of Project Management, 30（07）：781-790.

Giudice G F. 2012. Big science and the large hadron collider[J]. Physics in Perspective, 14（01）：95-112.

Gloor P A. 2006. Swarm Creativity: Competitive Advance Through Collaborative Innovation Networks[M]. New York: Oxford University Press.

Haken H. 1998. Information and Self-Organization: A Macroscopic Approach to Complex Systems[M]. New York: Springer.

Haken H. 2006. Information and Self-organization: a Macroscopic Approach to Complex Systems[M]. 3th ed. Berlin: Springer.

Hayes B. 2006. Computing science: reverse engineering[J]. American Scientist, 94(02)：107-111.

Hertogh M, Westerveld E. 2011. NETLIPSE: Managing Large Infrastructure Projects[C]//van Nunen J, Huijbregts P, Rietveld P. Transitions Towards Sustainable Mobility. Berlin: Springer: 81-98.

Hertzberg A, Smith W E. 1954. A method for generating strong shock waves[J]. Journal of Applied Physics, 25（01）：130-131.

Janssen M, Brous P, Estevez E, et al. 2020. Data governance: organizing data for trustworthy artificial intelligence[J]. Government Information Quarterly, 37（03）: 101493.

Juan Y, Yuan C, Yu-Huai L, et al. 2017. Satellite-based entanglement distribution over 1200 kilometers[J]. Science, 356（6343）: 1140-1144.

Karman V. 1967. The Wind and Beyond[M]. Boston: Little, Brown and Company.

Levin N, Leonelli S, Weckowska D. 2016. How do scientists define openness? Exploring the relationship between open science policies and research practice[J]. Bulletin of Science, Technology & Society, 36（02）: 128-141.

Malik T. 2016. NASA's $19 Billion 2017 Budget Request: A Summarys[EB/OL]. https://www.space.com/31886-nasa-2017-budget-request-reactions.html[2022-12-30].

Manning S, Massini S, Lewin Y. 2008. A dynamic perspective on next-generation offshoring: the global sourcing of science and engineering talent[J]. Academy of Management Perspectives, 22（03）: 35–54.

Marco A. 2015. When China Goes to the Moon[M]. Cham: Springer.

Micheli M, Ponti M, Craglia M, et al. 2020. Emerging models of data governance in the age of datafication[J/OL]. https://doi.org/10.1177/2053951720948087[2022-12-21].

Mihm J, Loch C H, Wilkinson D, et al. 2010. Hierarchical structure and search in complex organizations[J]. Management Science, 56（05）: 831-848.

Mirowski P. 2018. The future（s）of open science[J]. Social Studies of Science, 48（02）: 171-203.

Mitchell R K, Agle B R, Wood D J. 1997. Toward a theory of stakeholder identification and salience: defining the principle of who and what really[J]. Academy of Management Review, 22（04）: 853-886.

Motloch J L. 2016. Unlocking complexity: big science project and research agenda: theory and applications[J]. International Journal of Design& Nature and Ecodynamics，11（04）: 563-572.

Motwani D, Madan M L. 2015. Information retrieval using hadoop big data analysis[J]. Advances in Optical Science and Engineering, 166: 409-415.

Nelson M L. 2009. Data-driven science: a new paradigm?[J]. Educause Review, 44（04）: 6-7.

O'Dell S L, Weisskopf M C. 2006. The Role of Project Science in the Chandra X-ray Observatory[C/OL]. https://wwwastro.msfc.nasa.gov/research/ papers/spie6271-07.pdf [2022-12-21].

OECD. 2013. Exploring Data-Driven Innovation as a New Source of Growth: Mapping the Policy Issues Raised by "Big Data" [EB/OL]. http://www.observatorioabaco.es/biblioteca/docs/347_OECD_BIGDATA_2013.pdf[2022-12-21].

OECD.2022. Open Science[EB/OL]. https://www.oecd.org/sti/inno/open-science.htm[2023-01-30].

Peng C, Song X, Jiang H, et al. 2016. Towards a paradigm for open and free sharing of scientific data on global change science in China[J]. Ecosystem Health and Sustainability, 2（05）: 1-7.

Ramasesh R V, Browning T R. 2014. A conceptual framework for tackling knowable unknown unknowns in project management[J]. Journal of Operations Management, 32（04）: 190-204.

Reed B C. 2014. The History and Science of the Manhattan Project[M]. Berlin: Springer.

Ren G X, Lu Q H, Zhou Z. 2001. On the cable car feed support configuration for FAST[J]. Astrophysics and Space Science, 278（01-02）: 243-247.

Serrano V, Fisher T. 2007. Collaborative innovation in ubiquitous system[J]. International Manufacturing, (18): 599-615.

Stokes E D. 1997. Pasteur's Quadrant: Basic Science and Technological Innovation[M]. Washington: Brookings Institution Press.

Tenopir C, Birch B, Allard S. 2012. Academic Libraries and Research Data Services: Current Practices and Plans for the Future[R]. An ACRL White Paper. Chicago: Association of College and Research Libraries.

Tepley C A. 1997. Current developments at Arecibo for research in the atmospheric sciences at low latitudes[J]. Journal of Atmospheric & Solar Terrestrial Physics, 59 (13): 1679-1686.

The DPHEP Study Group. 2012. Status Report of the DPHEP Study Group: Towards a Global Effort for Sustainable Data Preservation in High Energy Physics[EB/OL]. https://arxiv.org/pdf/1205.4667v1[2022-12-30].

The Parliamentary Office of Science and Technology. 2008. The Parliamentary Office of Science and Technology postnote[EB/OL]. https://www.parliament.uk/globalassets/documents/post/postpn313.pdf [2022-12-30].

Tsien H S. 1944. The "Limiting Line" in mixed subsonic and supersonic flow of compressible fluids[R]. Washington: National Advisory Committee for Aeronautics, Technical note, No, 961: 1-34.

Tsien H S. 1954. Engineering Cybernetics[M]. New York：McGraw-Hill Book Company.

von Kármán T, Edson L.2022. The Wind and Beyond: Theodore von Kármán, Pioneer in Aviation and Pathfinder in Space[M]. Lexington: Plunkett Lake Press.

Warfield J N. 1976. Societal Systems: Planning, Policy and Complexity[M]. New York: John Wiley & Sons Inc.

Wegrich K, Kostka G, Hammerschmid G. 2017. The Governance of Infrastructure, Hertie Governance Report [M/OL]. Cambridge: Oxford University Press. https://doi.org/10.1093/acprof:oso/9780198787310.001.0001.

Weinberg A M. 1961. Impact of large-scale science on the United States[J]. Science, 134 (3473): 161-164.

Wiener N. 2019. Cybernetics or Control and Communication in the Animal and the Machine[M]. Cambridge: MIT Press.

Woelfle M, Olliaro P, Todd M H. 2011. Open science is a research accelerator[J]. Nature Chemistry, 3 (10): 745-748.

Wu J, Bonnet R. 2017. Maximize the impacts of space science[J]. Nature, 551: 435-436.

Yu H R, Esser B, Lenartz M, et al. 1992. Gaseous detonation driver for a shock tunnel[J]. Shock Waves, (04): 245-254.

Yu H R. 1989. Recent Developments in Shock Tube Application[A]//Takayama K. National Symposium on Shock Wave Phenomena. Sagamihara: ISAS: 1-10.

Zhang Z, Bruce S. 2019. A historical review of China-U.S. cooperation in space: launching commercial satellites and technology transfer, 1978-2019[J]. Space Policy, 50: 101333.

后　记

　　本书是本人主持的国家自然科学基金青年科学基金项目"重大工程牵动基础研究的理论模型与关键机制研究"的研究成果。在拙作即将付梓之际，我内心长舒了一口气，毕竟又完成了一件自己真心想做的事情。尽管我知道这部著作并不圆满，但是我且享受这份舒缓喜悦之情吧。毕竟，围绕国家重大工程牵引基础研究的模型与机制这一重要议题，我大胆完成了一次有意义的尝试，将科学技术史、科技政策与管理、科技哲学这三个看似紧密却又经常"互不干扰"的学科的研究方法相融合，借此探索新时代背景下我国科技自立自强的有效途径，希望能在科技政策与管理层面为我国建设世界科技强国提供一份思想上的助力。

　　本书的写作断断续续有 5 年之久，过程漫长而艰辛，历时数百个日日夜夜的伏案工作，需要大量的深度思考。作为中国学者，我们内心都有一种使命感，希望自己的科研不仅能面向国际学术前沿，为人类思想观念和文明进步提供有深度的思想，还能响应国家重大需求，为我国解决现实情境下紧迫而重要的问题提供启发。写作过程中，我始终密切关注着国内外同行们的研究进展，本书所涉及的国家重大工程、大科学装置、航天科技，以及中国科技自立自强等议题也是国内不同领域的学者近些年来经常谈及的热点。

　　对于学术之路上所有帮助过我的人，我心里始终感恩。在项目申请与执行的过程中，科技部战略规划司副司长邢怀滨老师鼓励我围绕国家重大工程与基础研究这一主题，大胆去申请国家自然科学基金，并在选题与框架设计方面给了我最直接的帮助。作为我硕士研究生期间的老师，邢老师在我学术与人生成长之路上一直给我关怀和指点，激励着我前行。我自知天资愚钝，笃信勤能补拙。受教 18 年来，老师始终说相信我的学术潜力，坚持做下去就好，总会有所成就；要做有价值的研究。邢老师的为人处世和治学风范也是我学习的榜样。中央财经大学政府管理学院张剑副教授在我多次申请国家自然科学基金的过程中曾给予了鼎力支持。中国科学院大学李伯聪教授、王大洲教授，中国科学院自然科学史研究所张九辰研究员、孙烈研究员也曾在选题和研究思路上提供了很多启发。

　　"三峡工程牵引基础研究专题"得益于我长期在博士研究生期间的导师陆佑楣院

士的指导下，对三峡工程在内的重大水利水电科技创新的长期浸染。作为一个当年稚气未脱的文科生，能受教于担任过正部级领导职务的知名水利水电专家实乃幸事。陆先生并未嫌弃我的幼稚，一点点向我科普水利科技的核心概念，回忆和讲述关于三峡工程的一些往事。陆先生低调内敛的人格魅力、举重若轻的人生格局对我的内心成长产生了深远的影响。我也曾有机会到三峡工程、金沙江上游四座大型水电站和巴西—巴拉圭交界的伊泰普水电站等国内外十余座大型水坝工程进行学术考察，时间长了也逐渐变成了半个水利"内行"。对于导师和几千名科技人员几乎付出了毕生心血的三峡工程，我也有一个逐渐深入学习和了解的过程。当我了解到三峡工程长达 40 余年的论证与设计过程中，不管政治、经济与外交环境如何变化，工程相关科研工作竟然从未间断时，我折服于三峡工程基础研究的持续性和深入性，以及党和政府对人民负责的决心和担当。在中国长江三峡集团从事博士后研究的那几年里，我有机会跟三峡工程有了更多的联结，这种联结既是学术上的，也是内在生命层面的。

"量子科学实验卫星工程牵引基础研究专题"始于与中国科学院院士、中国科学院上海技术物理研究所王建宇研究员的一次交流。王院士的一次报告让我第一次近距离了解到量子科学卫星的研制与关键技术问题攻关。会后，王院士耐心地解答了我关于量子科学卫星工程的管理模式与面临的挑战。在我的研究论文初稿出来后，他还在 2018 年来北京参加全国"两会"期间，在电话里跟我讨论了论文中存在的一些问题，提出改进建议，令我收获很大。在后续交流中，他也对我这个素昧平生的年轻学者多有指点，令我非常感动。中国科学院上海技术物理研究所张亮研究员也曾对我的研究内容多有指点和鼓励。

"中国牵头组织国际大科学计划和大科学工程研究"的研究内容直接得益于我 2020 年有幸承担的一项中国科协创新战略研究院支持的战略咨询课题。这一项目的研究契机促使我认真考量党中央和国务院分别在 2018 年 1 月和 3 月审议通过与印发的《积极牵头组织国际大科学计划和大科学工程方案》。在对中国工程院院士、SKA 国际大科学计划中国首席专家、中国科学院国家天文台武向平研究员，中国工程院院士、国家磁约束核聚变能专家委员会召集人与 ITER 理事会理事、中国科学院等离子体物理研究所李建刚研究员，以及中国科学院青藏高原研究所张强弓研究员等专家进行战略咨询的基础上，我和中国科协创新战略研究院赵正国、梁思琪老师一同作为执笔人撰写的《关于我国主动设计和牵头发起国际大科学计划和大科学工程的建议》，以中国科协《科技工作者建议》的形式，呈报至国家相关部委与科技管理部门，并被核心专报采用。中国科协创新战略研究院的王国强研究员也对本项目的开展提供了智力支持。

在"大科学装置对基础研究的牵引与典型案例"部分，爆轰驱动激波风洞牵引基础研究专题的写作素材来自本人承担的中国科协俞鸿儒院士学术成长采集工程。在此要感谢中国科学院院士、中国科学院力学研究所俞鸿儒先生多年来对我的支持。对FAST工程的案例研究则必须感谢我的朋友、中国科学院国家天文台的姜鹏研究员。时至今日，我还记得2017年的冬天，我第一次跟随他到贵州深山的大窝凼现场考察这座世界上最大的单口径射电望远镜的场景。我们爬上附近的高坡，听他平静地讲述着他和科研团队关于FAST研制的往事，谈起他们十分敬爱的南仁东老师。甘恒谦老师和姚蕊老师等也为我提供了很多帮助。关于上述两个案例的深入研究在某种程度上重塑了我对当代中国重大科技基础设施的理解，成为我在学术思想与成果产出上不竭的思想源泉。

随着开放科学的兴起，国内学者也开始关注这一重要议题。我的朋友黄磊曾真切地鼓励我去思考开放科学与大科学装置共享之间的关联，思考我国大科学装置的开放共享问题，并慷慨分享了不少有价值的研究心得。当年那些认真讨论学术问题的场景依然会不时出现在我的脑海中，其实我们内心对学术研究都有一份深深的热爱。

回首往昔，我非常慨叹。关于这本书的若干个看似互不相干又因缘际会的研究选题及相关成果，在"国家重大工程牵引基础研究"这一中心议题下竟然呈现出了一个清晰可见的学术网络，在当今我国努力实现科技自立自强的背景下表露出一种强大的生命力。本书的研究过程也见证了2017年以来我在学术之路上经历过的挫折、低谷与逐渐"开悟"后自我认知的重建，这种"凤凰涅槃"后科研硬核能力的提升让我深入体会到学术研究的真义，更加意识到自我肩负的学术使命。

本书的科研工作是在中国科学院自然科学史研究所的大力支持下完成的。转眼间我在这里已经工作了接近13年时间，这个"国家队"的科研机构培养和成就了现在的我，让我有坚定的信念成为一个更优秀的学者。我最大的感激之处在于家人和朋友们的支持和鼓励。没有他们，本书无法克服诸多困难而最终完成。在一双儿女无数个热切期盼着母亲暖心陪伴的夜晚，我还在办公室里忘我地伏案工作，心里委实多有亏欠。我希望，我对工作全身心投入的样子，能在他们幼小的心灵里种下一颗自立自强的种子。我时常对他们说：人的生命就是要无限地向上伸展啊……我也要感谢所有在完成这本书过程中给予过帮助的人，包括我指导过的硕士研究生王瑞、何艺和乔勖。在本书修改和定稿的过程中，本书的责任编辑邹聪和科学出版社的多位编辑花费了很大精力，对本书的付梓做出了贡献。最后，我希望本书抛砖引玉，能够帮助读者更好地思考、认识与解决问题，也诚望各位业内同行多多交流和指正。

张志会

2022年3月于中关村